James Rhodes, pianist

James Rhodes

James Rhodes, pianist

Hoe muziek mijn leven redde

Nieuw Amsterdam *Uitgevers*

Nederlandse vertaling Paul van der Lecq en Frank Lekens

Oorspronkelijke titel *Instrumental*
Oorspronkelijke uitgever Canongate Books Ltd, Edinburgh

Tekstredactie Marianne Tieleman
Ontwerp omslag Philip Stroomberg
Omslagfoto's Dave Brown
NUR 661
ISBN 978 90 468 1796 4
www.nieuwamsterdam.nl/jamesrhodes

FSC
www.fsc.org
MIX
Papier van verantwoorde herkomst
FSC® C004472

Voor mijn zoon

Als we trauma's tot iets van een hogere orde maken, iets wat niet verwoord kan worden, dan kunnen de overlevenden geen kant op, dan zullen ze nooit het gevoel hebben dat ze werkelijk worden begrepen... Je bewijst mensen geen respect door te zeggen: 'Ik vind het onvoorstelbaar wat jij hebt doorgemaakt.' Luister in plaats daarvan naar hun verhaal en probeer je voor te stellen dat je erbij was, hoe pijnlijk of ongemakkelijk dat ook voelt.

– Phil Klay, veteraan van het US Marine Corps

Inhoud

Al deze muziekstukken zijn gratis te beluisteren op:
http://bit.do/instrumental

Prelude

Klassieke muziek geeft me kracht.

Ik weet dat dit voor sommige mensen niet bepaald een veelbelovende openingszin is. Maar als je het woord 'klassiek' schrapt, valt het misschien alweer mee. Misschien wordt het dan zelfs begrijpelijk. Want in dat geval, met alleen het woord 'muziek', hebben we het over iets universeels, iets opwindends, iets ongrijpbaars en onvergankelijks.

Jij en ik zijn direct met elkaar verbonden door muziek. Ik luister naar muziek. Jij luistert naar muziek. Ons leven is van muziek doordrongen en wordt er net zo door beïnvloed als door de natuur, de literatuur, kunst, sport, religie, filosofie en televisie. Het is de belangrijkste verbindende factor, de favoriete drug van jongeren overal op de wereld. Muziek biedt troost, wijsheid, hoop en warmte, en dat al duizenden jaren lang. Het is balsem voor de ziel. Een piano heeft 88 toetsen en daar ligt een heel universum in besloten.

En toch...

Mijn functieomschrijving is 'concertpianist' en dus is het onvermijdelijk dat er in dit boek veel over klassieke muziek staat. Het zou me volstrekt niet verbazen als bij verschijning ten minste een deel van de pers zijn uiterste best zal doen dat feit te negeren. De reden daarvoor is dat serieuze klassieke muziek nooit, maar dan ook nooit goed verkoopt, en door velen beschouwd wordt als volstrekt onbelangrijk. En er is binnen de klassieke-muziekwereld ook niets te vinden wat dat beeld ontkracht, of het nu gaat om de musici zelf, de presentatie van het product, de platenmaatschappijen of het management, de mentaliteit en moraal van die hele bedrijfstak.

Toch is het een onmiskenbaar feit dat de muziek letterlijk mijn leven heeft gered en ook, geloof ik, het leven van talloze anderen. Muziek houdt je gezelschap als je niemand hebt, ze biedt begrip waar verwarring heerst, troost waar wanhoop is, en een bron van pure energie voor de lege huls van een afgematte, gebroken ziel.

Dus elke keer als ik geconfronteerd word met mensen die de alomtegenwoordige neiging hebben om met de ogen te gaan rollen en af te haken wanneer ze de term 'klassieke muziek' horen of lezen, denk ik aan de grote fouten die ik in het verleden heb gemaakt door gemakzuchtig mijn schouders op te halen voordat ik me ergens in verdiept had. En voor wie zo'n reflex nu ook voelt opkomen: ik vraag je, ik smeek je, om je oordeel even uit te stellen en jezelf dit af te vragen:

Stel dat er iets bestond dat niet uit de koker komt van de overheid, van sweatshops, Apple of de farmaceutische industrie, en dat zomaar, altijd en overal wat meer opwinding, glans, diepgang en kracht aan je leven kan toevoegen: zou je daar dan meer van willen weten?

Iets dat geen bijwerkingen heeft, dat je nergens toe verplicht, waar je geen voorkennis of geld voor nodig hebt, alleen wat tijd en misschien een fatsoenlijke koptelefoon.

Zou je daar meer van willen weten?

Elk leven heeft een eigen soundtrack. Maar velen van ons zijn er doof voor geworden, we zijn ermee overvoerd, moe en murw geslagen. We worden van alle kanten bestookt met muziek, in films, tv-programma's en winkelcentra, op telefoons, in liften en in de reclame. De kwantiteit heeft het allang van de kwaliteit gewonnen. Meer van alles is kennelijk beter. En jezus, wat een prijs betalen we daarvoor. Tegenover elke echt opwindende rockband, soundtrack of hedendaags componist staan enorme ladingen bagger die ons bij elke denkbare gelegenheid in de maag wordt gesplitst. De industrie die daarvoor verantwoordelijk is, behandelt ons met nauwelijks enig respect en met nog minder vertrouwen. Succes wordt niet zozeer verdiend als wel gekocht, betaald en geprostitueerd, het wordt ons ongemerkt op slinkse wijze opgedrongen.

Mijn boek is onder andere bedoeld om een alternatief te bieden voor de slappe, zelfzuchtige, ontaarde klassiekemuziekindustrie waartoe we veroordeeld zijn. En ik hoop ook aan te tonen dat de problemen in die muziekindustrie en eventuele oplossingen daarvoor ook gelden voor een veel breder scala aan soortgelijke kwesties binnen onze hele cultuur en de kunsten in het bijzonder.

En mijn levensverhaal zal daarmee vervlochten zijn. Omdat mijn verhaal laat zien dat muziek het antwoord is op dingen die onbeantwoord blijven. Daar ben ik van overtuigd, omdat ik zonder muziek niet meer zou leven, laat staan dat ik een productief, stabiel en soms gelukkig leven zou leiden.

Veel mensen zullen zeggen dat het veel en veel te vroeg is voor mij om een autobiografie te schrijven. Ik ben achtendertig jaar (op het moment van schrijven) en het idee van een autobiografie op deze leeftijd lijkt misschien een geval van idiote hoogmoed. Maar schrijven over dingen waarin ik geloof en die me in leven hebben gehouden, de ideeën uitwerken die ik al jarenlang koester, reageren op kritiek en oplossingen aandragen voor een zorgwekkend en urgent probleem, is volgens mij hoe dan ook de moeite waard.

Dat ik in de positie verkeer om daarover te kunnen schrijven, heeft te maken met bepaalde ervaringen die anderen misschien nooit hebben gehad. Omdat ik die ervaringen (tot dusver) heb overleefd en ik – volgens de redacteur die dit idee aan haar baas heeft verkocht – 'iets voor elkaar gebokst heb', is mij de gelegenheid geboden om een boek te schrijven. En van zoiets lig ik in een deuk, want zoals je in de komende tachtigduizend woorden nog wel zult merken, leef ik te midden van mijn eigen waanzin, heb ik een tamelijk gestoorde opvatting van het begrip integriteit, vrij weinig waardevolle relaties en nog minder vrienden, en ben ik, al mijn zelfbeklag ten spijt, best wel een lul.

Ik heb een hekel aan mezelf, ik heb veel te veel tics, zeg vaak de verkeerde dingen, krab op ongepaste momenten aan mijn kont (om daarna aan mijn vingers te ruiken) en kan onmogelijk in de spiegel kijken zonder dood te willen. Ik ben een ijdele, zelfingenomen, oppervlakkige, narcistische, manipulatieve, ontaarde, flikflooiende, jammerende, afhankelijke, genotzuchtige, wrede, kille, zelfdestructieve klootzak.

Laat ik je een voorbeeld geven. Vanmorgen werd ik even voor vieren wakker.

Vier uur in de ochtend is het ergst denkbare moment van welke dag dan ook. Sterker nog, het tijdvak van half vier tot half vijf is zo kut als het maar zijn kan. Half vijf is oké: dan kun je tot een uur of vijf in bed blijven rondhangen en daarna opstaan in de veilige wetenschap dat sommige mensen ook echt om vijf uur opstaan. Om nog voor het werk als een idioot te gaan hardlopen, om een vroege dienst te draaien, om te mediteren, aan yoga te doen of de eerste drie kwartier van hun dag even niet over de kinderen of de hypotheek te hoeven nadenken.

Of over wat dan ook.

Maar als je eerder op bent, dan is er duidelijk iets mis met je.

Dat moet wel.

Ik ben dit begonnen te schrijven om dertien minuten voor vier.

Er is iets mis met me.

Ik heb het zo vaak vier uur in de ochtend zien worden op (in omgekeerd chronologische volgorde) mijn Rolex (nep), iPhone dock, IWC (echt), staande klok, wandklok, autoreverse cassette/fm/cd-speler, Casio en Mickey Mouse-horloge, dat ik er een paar levens mee vooruit kan. En dan komt die onvermijdelijke mentale klik, als een schakelaar die wordt omgedraaid, dat moment van 'krijg de tyfus', wanneer je besluit om op te staan en dan maar wat te gaan doen. Om je mouwen op te stropen en de wereld in te gaan. In het besef dat het pijn gaat doen. Dat het een lange dag wordt.

Ik weet bijvoorbeeld dat ik deze ochtend al voor negen uur klaar zal zijn met mijn vier uur oefenen aan de piano, dat ik dan veertien sigaretten heb gerookt, een pot koffie heb gedronken, gedoucht heb, de krant heb gelezen, mijn mail heb doorgenomen en ben gaan tanken. Om negen uur heb ik alles gedaan wat me op deze dag te doen staat en dan is het klaar, uit, *schluss*. Wat moet ik met die wetenschap? Hoe moet ik in hemelsnaam de tijd vullen van negen uur 's ochtends tot elf uur 's avonds, het vroegste moment dat ik het licht kan uitdoen en kan proberen te gaan slapen zonder mezelf een geestelijk gestoorde loser te voelen?

En ik weet waarom ik zo vaak zo vroeg uit bed ben.

Het komt allemaal door mijn hoofd. De vijand. Die uiteindelijk mijn dood zal betekenen; een landmijn, een tikkende tijdbom, mijn aartsvijand. Dat stomme kuthoofd van mij, dat me doet huilen, krijsen, gillen, dat maakt dat ik me uit frustratie geestelijk mijn ogen uit mijn kop krab. Altijd van de partij, en alleen consequent in zijn eigen inconsequentie, nijdig, verwend, verrot, verwrongen, verkeerd, vals, geslepen, roofzuchtig.

Dit is wat er vanmorgen gebeurde:

La Tête

Een korte eenakter van James Rhodes

De personages:

Een man; slonzig, verward, stoppelbaard, mager.

Een vrouw; sexy, blond, te goed voor hem.

De man ligt in bed naast de vrouw, die zijn vriendin is. Zijn ogen schieten open.

Zij slaapt. Hij is wakker en ongedurig.

De klok staat op half vier in de ochtend.

Zijn gezicht spreekt boekdelen en verraadt dat hij het niet verdient een vriendin te hebben die zo goed is als zij. Dat hij met niemand het bed zou mogen delen. Dat dit niet zo alledaags, zo gevaarlijk intiem, zo godverdomd doodnormaal zou mogen zijn.

Het meisje is te mooi, te lief, te gul.

De man slaat zijn arm om haar heen. Ze verroert zich niet.

Hij steekt zijn hand uit en strijkt haar haren uit haar ogen.

Man: Ik hou van je, schat. Ik mis je. Ik wil je.

Vrouw: (*schor en nog half in slaap*) Ik hou ook van jou, liefje. Het is goed zo. Echt, ik meen het.

Ze valt weer in slaap.

De man begint haar rechterborst te strelen en kust haar in de nek. Hij klungelt maar wat aan en de wanhoop straalt van hem af.

Vrouw: Hmmm. Mag ik nog even blijven slapen, schatje? Je bent heel sexy. Het is nog zo vroeg.

Ze valt weer in slaap.

De man stommelt op passief-agressieve wijze het bed uit, kleedt zich luidruchtig aan en sluit de deur van de slaapkamer. Hij loopt naar de keuken en zet het koffieapparaat aan.

Man: (bauwt haar na) Het is nog zo vroeg... Tering.

Pauze als bij Harold Pinter

Man: (*loopt kwaad rond, praat tegen het publiek*) Ze kan me niet uitstaan, goddomme. Als ze een ander had, zou ze hem suf neuken. Eindeloos lang. Ze zal nu wel met zichzelf bezig zijn en dan denkt ze aan een of andere klootzak op de sportschool. Iemand die niet zo onzeker is en niet zo'n zeikerd. Zo'n proleet die blaakt van het zelfvertrouwen. Die moeiteloos wegkomt met iemand 'ouwe knakker' noemen. Die geloofwaardig over voetbal kan ouwehoeren. Die de plugkraan kan vinden en ook nog weet hoe die werkt.

Hij gaat met zijn kop koffie aan zijn computer zitten. Opent een tekstverwerkingsprogramma, steekt een sigaret op en begint te typen.

Man: (*leest voor wat hij typt*) Mijn liefste,

Terwijl ik dit schrijf, lig jij in bed te masturberen terwijl je denkt aan een van je exen, je baas of een andere goedgebouwde, knappe kloothommel. Dat weet ik wel zeker. En dus moet ik je hier vanuit de andere kamer afstraffen, in mijn gedachten.

Neemt een slokje koffie.

Ik weet dat die lui alles hebben waar het mij aan ontbreekt. In mijn hoofd dicht ik ze allemaal de magische, probleemloze realiteit van 'een gigantische pik en een briljante geest' toe. Ik kan niet geloven dat je me dit aandoet. Ik ben razend. Zo kwaad dat ik zit te trillen. De adrenaline giert door mijn lijf. Mijn ademhaling gaat als een razende tekeer. Ik ben high van te veel of te weinig zuurstof, een van de twee. Ik heb gelijk en jij hebt het mis. Ik weet aan wie en wat je in werkelijkheid denkt en wat je eigenlijk wilt, en je kunt nooit mij willen, dat kan gewoon niet. Bedankt dat je me dat zo goed duidelijk gemaakt hebt. Nu klopt mijn wereld weer min of meer. Alles is zoals het hoort en vlinders kunnen ongestraft hun vleugels uitslaan. Alles wat mijn slachtofferschap een beetje verzachtte, alles waar ik een beetje gelukkig van dreigde te worden, tevreden, een mens misschien, is weer zorgvuldig de nek omgedraaid. En het is nog geen tien over vier. Allemaal jouw schuld, wreed, hardvochtig kreng dat je bent.

De man draait het computerscherm wat meer naar de kamer toe. Hij trekt de keukenla open, pakt een mes en snijdt zijn keel door.

Einde

Dat tafereel, dat verdomde brechtiaanse meesterwerk – behalve die laatste zin, want ik ben zo'n bluffer dat ik daar toch nooit gevolg aan geef – speelde zich vanmorgen in mijn hoofd af. Zoiets ontrolt zich elke dag op duizend soortgelijke manieren, bij de meeste mensen met wie ik in contact kom. Dit is zoals mijn hoofd werkt, altijd gewerkt heeft en waarschijnlijk ook altijd zal blijven werken. Meestal lukt het me wel die gedachten voor mezelf te houden. Soms komen ze op een zijdelingse manier naar buiten. Maar ze zijn er altijd. En dat is de reden dat ik mezelf alleen maar kan zien als een geesteszieke loser.

Even een waarschuwing voordat je verder leest: dit boek zal je waarschijnlijk enorm aangrijpen als je te maken hebt gehad met seksueel misbruik, zelfbeschadiging, psychiatrische inrichtingen, drugs of suïcidale ideatie (de merkwaardig elegante medische term voor een vroegere of huidige obsessie met het plegen van zelfmoord). Ik weet dat zo'n waarschuwing in de meeste gevallen een cynische, schunnige manier is om je ertoe te verleiden verder te lezen, en eerlijk gezegd is een deel van mij daar ook precies op uit. Maar ga dit niet lezen om vervolgens in jezelf te gaan snijden, te broeden op wat jou als kind is overkomen, aan de drugs te gaan, je vrouw/hond/eigen gezicht tot moes te slaan en mij dan de schuld te geven. Als jij zo iemand bent, dan ben je het waarschijnlijk al je hele kloteleven lang gewend om anderen voor al dat soort zaken de schuld te geven, dus hou daarmee op en schuif me niet ook jouw pathologische zelfhaat in de schoenen. Ik heb dat kunstje ook vaak genoeg geflikt en het is even misplaatst als zielig.

Het betere deel van mezelf wil niet eens dat je dit boek leest. Het wil anoniem blijven, eenzaam, bescheiden, het zoekt ruimte en privacy. Maar dat betere deel is maar een fractie van wie ik ben en de meerderheid van stemmen wil dat je het koopt, leest, dat je erop reageert, erover praat, dat je van me houdt en me vergeeft, dat je er iets bijzonders aan overhoudt.

En nogmaals, hier en daar zal het in dit boek over klassieke muziek gaan. Als je daar tegen opziet, doe dan tenminste één ding voordat je dit boek weggooit of weer op de plank zet. Koop, steel of stream deze drie albums: de derde en zevende symfonie van Beethoven (al zijn negen symfonieën in de uitvoering van het London Symphony Orchestra staan voor € 10,99 op iTunes); de Goldberg-variaties van Bach (op piano gespeeld door Glenn Gould en dan liefst de studio-opname uit 1981, op iTunes voor datzelfde bedrag); het tweede en derde pianoconcert van Rachmaninov (met Andrej Gavrilov op piano, € 8,99). In het slechtste geval heb je er geld voor neergeteld, vind je ze vreselijk en ben je het bedrag kwijt van een afhaalmaaltijd. Dan scheld je me op Twitter uit voor klootzak en ga je verder met je leven. In het beste geval heb je de deur geopend naar iets wat je de rest van je leven zal verbijsteren, verrukken, ontroeren en choqueren.

Tijdens concerten praat ik over de stukken die ik speel, vertel ik waarom ik ze gekozen heb, wat ze voor me betekenen, in welke omstandigheden ze zijn geschreven. In die trant wil ik een soundtrack leveren bij dit boek. Zo ongeveer als een chic restaurant dat bij elke gang een bijpassende wijn aanbeveelt, zo wordt elk hoofdstuk vergezeld van een bepaald muziekstuk. Je kunt die opnames online beluisteren op http://bit.do/instrumental. Die muziek is gratis, met zorg gekozen en belangrijk. Ik hoop dat je het mooi vindt.

TRACK 1

Bach, Goldberg-variaties, aria

Glenn Gould, piano

In 1741 was er een rijke graaf die gebukt ging onder ziekte en slapeloosheid. Zoals dat ging in die tijd had hij een musicus in dienst die bij hem inwoonde, en die klavecimbel voor hem speelde als hij 's nachts niet kon slapen en worstelde met zijn demonen. Het was de barokversie van talkradio.

Die klavecinist heette Goldberg en werd door de graaf vaak meegenomen naar J.S. Bach om door hem verder onderricht te worden. Tijdens een van die lessen zei de graaf dat hij Goldberg weleens wat nieuw werk wilde horen spelen, liefst iets dat hem om drie uur in de ochtend wat kon opfleuren. Xanax moest nog worden uitgevonden.

Naar aanleiding daarvan componeerde Bach een van de onsterfelijkste en indrukwekkendste stukken klaviermuziek die ooit geschreven zijn, een werk dat bekend is komen te staan als de Goldberg-variaties; een aria gevolgd door dertig variaties, waarna de openingsaria – om de cirkel rond te maken – nog een keer terugkeert. Die structuur – een thema met variaties daarop – kun je vergelijken met een boek vol korte verhalen over een en hetzelfde onderwerp: een eerste verhaal waarin het thema wordt aangesneden, gevolgd door een aantal verhalen die daar op een of andere manier mee in verband staan.

Voor een pianist is dit het summum van frustrerende,

moeilijke, overweldigende, ongrijpbare, bedrieglijke, tijdloze muziek. Bij mij als luisteraar brengt het iets teweeg wat alleen de beste geneesmiddelen voor elkaar krijgen. Het is een masterclass in het Wonderbaarlijke en omvat alles wat je ooit zou willen weten.

In 1955 was er een jonge, briljante, tegendraadse Canadese pianist genaamd Glenn Gould die ze als een van de eersten niet op klavecimbel maar op piano speelde en daar ook een opname van maakte. Hij deed dat voor zijn eerste album, tot afschuw van de managers van zijn platenmaatschappij, die iets gewild hadden wat meer mainstream was. Het werd een van de best verkochte klassieke albums aller tijden, en tot op de dag van vandaag is zijn uitvoering het ideaal waar alle andere pianisten naar streven. Ze schieten allemaal tekort.

Ik zit in mijn appartement in Maida Vale. Het slechte deel van de wijk, in de buurt van Harrow Road, waar kinderen worden uitgekafferd en alcohol en crack de plaats innemen van vruchtensap en cornflakes. Mijn prachtige huis in het chique deel van de wijk (Randolph Avenue, postcode W9, dat spreekt vanzelf) ben ik kwijtgeraakt toen mijn huwelijk op de klippen liep. Daar had ik 185 vierkante meter, met een nieuwe Steinway, een grote tuin, vier plees (vraag me niet waarom), twee verdiepingen en de onvermijdelijke Smeg-koelkast.

Om eerlijk te zijn, er zaten ook bloedvlekken in het tapijt, de muren zaten vol woedende kreten en er heerste de doordringende stank van de verveling, waar geen luchtverfrisser tegenop kan. Tegenwoordig heb ik een kleine woning, maar die zit me als gegoten, met maar één plee, geen tuin, een nogal krakkemikkige Japanse piano en de oneindig veel aangenamere geur van hoop en een mogelijke verlossing.

En daar zit ik nu met een stuk of wat regisseurs, producers, cameralui, managers van Channel 4 en nog zo wat, plus mijn vriendin Hattie, mijn moeder Georgina, mijn manager Denis en mijn beste vriend Matthew. Deze vier mensen zijn er al bij vanaf het allereerste begin – mijn moeder letterlijk, de anderen in kosmische zin, of in elk geval de laatste paar jaar.

Deze mensen zijn mijn steun en toeverlaat. Ze zijn mijn alles. Afgezien van mijn zoon (een belangrijk, hartverscheurend gemis) zijn zij de sturende, lichtende krachten in mijn leven, de belangrijkste reden om te willen doorleven (dóórleven) in duistere tijden.

We zitten in mijn woonkamer, de grond bezaaid met pizzadozen, in afwachting van mijn eerste tv-programma op Channel 4: *James Rhodes: Notes from the Inside*. Dit is een groots moment voor mij. Dat zou het voor iedereen zijn, lijkt me. Maar voor mij, iemand die hier helemaal niet had mogen zijn, betekent het zo veel meer dan 'kijk naar mij, ik ben op tv', de geslachtsziekte waar realityshows als *Big Brother* en talkshowhosts als Piers Morgan ons allemaal mee besmet hebben door ons onophoudelijk via alle media in de kont te neuken.

Het is vrijwel op de dag af zes jaar geleden dat ik werd ontslagen uit een gesloten psychiatrische inrichting.

De laatste keer dat ik een psychiatrisch ziekenhuis uit liep, was in 2007, stijf van de medicijnen, geen carrière, geen manager, geen albums of concerten, geen geld en geen waardering. En nu verschijn ik voor een publiek van naar verwachting meer dan één miljoen kijkers, in een documentaire die Channel 4 op primetime uitzendt, met mijn naam in de titel. Dus ja, ondanks mijn gebruikelijke verontwaardigde, zelfingenomen, slachtofferachtige pruilsnuit is dit iets ongelofelijks.

Temeer omdat het evengoed een documentaire op Channel 5 had kunnen zijn met als titel: 'Ik heb mijn eigen penis opgegeten omdat de aliens me anders kwamen halen. Niet voor het eerst'. Of voor hetzelfde geld was het de opname geweest van een beveiligingscamera in een aflevering van *Opsporing verzocht*. Maar nee. Het is iets prachtigs, oprechts, pijnlijks en ongemakkelijks. Als een eerste date waarop je (te) veel van jezelf prijsgeeft, maar zonder dat het je iets kan schelen, want ze is mooi en sexy en zodra je haar zag, had je wel in haar weg willen kruipen om daar ter plekke te sterven.

Het uitgangspunt van de documentaire die we gemaakt hebben, is dat muziek kan helen. Muziek kan onze redding betekenen. Het is een van de weinige (niet-chemische) middelen die zich diep in ons hart en onze ziel kunnen nestelen en waar we dan ook echt baat bij hebben. En dus ga ik naar een gesloten psychiatrische inrichting met een gigantische Steinway Model D (de beste die er is, kost bijna anderhalve ton en weegt een slordige zeshonderd kilo), ontmoet daar vier schizofrene patiënten en na met ze te hebben gekletst, speel ik voor elk van hen een stukje muziek. Zij voelen zich fijner, ik trek een melancholiek gezicht en met zijn allen maken we een ontdekkingsreis in onszelf, op zoek naar een betere plek.

Kortom, de natte droom van iedere tv-bons. Braak.

Maar de film maakt indruk. In elke krant is hij de kijktip van de dag en het is een heuse tranentrekker, maar niet op de goedkope, sensatiebeluste manier van zomaar een commerciële tv-zender. Bij de presentatie aan de pers is benadrukt dat ik niet alleen als presentator en pianist fungeer, maar dat het nu juist zo ontroerend is (hun woord, niet het mijne) omdat ik zelf ook weleens ben opgenomen en een aantal maanden in gesloten psychiatrische inrichtingen heb doorgebracht. Het hele lulverhaal van een slachtoffer dat zichzelf tot een succes weet te maken, daar lusten de kranten wel pap van. En ik, ik vind het prachtig. Ik wil elke kans op publiciteit aangrijpen. Ik sleep zo veel mogelijk interviews in de wacht, of het nu op radio is of op tv, een dubbele pagina in de krant of een fotoreportage voor een tijdschrift.

Naarmate deze ontwikkeling doorzet, wil ik mijn levensverhaal en mijn minimale talent gebruiken om mijn albums te promoten, goede doelen te ondersteunen, op tournee te gaan, nog meer tv-programma's te maken en te proberen iets te betekenen voor degenen die nergens een stem in hebben. Zij die met de ellendigste, meest hopeloze symptomen en omstandigheden kampen, naar wie niemand luistert, die genegeerd en gekleineerd worden, die eenzaam zijn en reddeloos verloren. De mensen die je ziet voortsjokken door hun eigen wereldje, hoofd gebogen, doffe blik, zwijgend, weggedoken in een ijselijk stil hoekje.

Maar ik wil ook iets voor mezelf proberen te bereiken. Ik wil er geld mee verdienen, zodat ik allerlei overbodige shit kan kopen. Alles upgraden. Zichtbaar worden en in het stralende middelpunt van de aandacht staan. Mijn verstand zegt me dat ik dit nodig heb. Dat ik daarnaar hunker. Er is namelijk een kleine kans, geloof ik, dat (commercieel) succes, in combinatie met aandacht, een eind zal maken aan wat er al zo lang mis is met mij.

En lukt dat niet, dan vertrek ik naar Las Vegas, jaag er in een obsceen korte tijd een nog obscenere hoeveelheid geld doorheen en jaag mezelf daarna een kogel door de kop.

We kijken met zijn allen naar het programma. Ik voel me ongemakkelijk en kwetsbaar. Alsof je een uur lang naar je eigen stem op een antwoordapparaat zit te luisteren in een kamer vol mensen. In je blootje. Het zien van je eigen naam boven aan de trending topics op Twitter, letterlijk duizenden reacties, berichten, tweets en Facebook-updates, allemaal over jou: niets werkt beter om je te doen hunkeren naar de afzondering en geborgenheid van een isoleercel. Dat is het minpunt als je een aandachtsjunk bent zoals ik: we roepen net zo lang 'kijk naar mij!' tot mensen dat ook echt doen, en dan schrikken we, raken we in de war en gaan erover jammeren. Dat heb je met duistere motieven: zet ze in het licht en ze zullen meestal beschaamd willen wegkruipen.

In mijn rommelige kleine woonkamer wordt het programma positief ontvangen. Natuurlijk. We gaan eten. Iedereen heeft er iets aardigs over te zeggen, want zo doe je dat als je niet sociaal gestoord bent, waarna ik iedereen behalve Hattie de deur uit werk en naar bed ga.

Het enige wat mij bezighoudt, is wat voor ongelofelijke lul ik lijk op tv, met mijn slecht zittende spijkerbroek, idiote haardracht, dubieuze muzikale vaardigheden en slijmbalstem. Dat ik me beter had moeten voorbereiden en of ik me nu wel of niet een hele pief zal voelen als ik morgen herkend word in de metro. Totdat ik het zat ben en boos word en mezelf dwing te gaan nadenken over de zes concerten die mij in de komende tien dagen te wachten staan. Ik doe wat ik 's avonds altijd doe en loop in gedachten elk stuk na dat ik wil spelen, maat voor maat. Ik check alle belangrijke ingrediënten die een concert uitmaken: mijn geheugen (ik kan mezelf in mijn hoofd zien spelen, mijn handen die de juiste noten aanslaan); de structuur (de relatie van elk deel ten opzichte van alle andere delen, waar de belangrijke overgangen en wisselingen plaatsvinden, hoe al die elementen zich onderling verhouden en een groter geheel vormen); de dialoog (welk verhaal hier wordt verteld en hoe dat het beste tot uitdrukking kan worden gebracht); de stemvoering van elke passage (als zich meer dan één melodie schuilhoudt in de noten, kies ik dan de meest voor de hand liggende of zoek ik een stem in de muziek waar iets nieuws uit spreekt); enzovoort, enzovoort. Het is alsof ik een krankjorume platenspeler in mijn hersenen heb met een ingebouwde muziekcriticus die commentaar levert op de gespeelde muziek; bij elk muziekstuk begin ik vooraan en elke keer als ik een fout maak of mijn geheugen me in de steek laat, keer ik terug naar het begin. Zo kan het wel even duren, met een recital van 75 minuten. Maar het werkt wel, en het weerhoudt me ervan aan dingen te denken die, als ik niet uitkijk, me een kant op sturen waar ik alleen maar in de ellende kom.

Het lukt me om drie uur te slapen. En zodra ik wakker ben, overvalt het me. Datgene wat me vaker wel dan niet gezelschap houdt.

Er bestaat een verslaving die gevaarlijker en destructiever is dan iedere drug, hoewel alleen al het bestaan ervan zelden wordt erkend, laat staan dat erover wordt gepraat. Het is verraderlijk en alomtegenwoordig en neemt epidemische vormen aan. Het is de belangrijkste oorzaak van de heersende cultuur, gekenmerkt door luiheid, depressiviteit en verontwaardiging. Het is een kunstvorm, een identiteit, een manier van leven en gaat gepaard met een onuitputtelijk, oneindig vermogen tot zelfkwelling.

Ik heb het over Slachtofferschap.

Slachtofferschap neemt binnen de kortste keren de vorm aan van een self-fulfilling prophecy. En omdat ik er al zo lang aan toegeef, heeft het mij in zijn greep op een manier die er alleen maar toe leidt dat ik nog dieper wegzink in de zelf gefabriceerde hel van het Slachtoffer.

Op jonge leeftijd zijn me dingen overkomen, zijn me dingen aangedaan, die mij ertoe brachten te gaan leven volgens het principe dat ik en niemand anders verantwoordelijk ben voor de dingen in mij die ik verafschuw. Iemand kon mij die dingen alleen maar hebben aangedaan omdat ik in mijn diepste wezen slecht was. En alle kennis, alle begrip en alle vriendelijkheid van de wereld zullen nooit, maar dan ook nooit iets kunnen afdoen aan het feit dat dit voor mij de waarheid is. Altijd geweest is. Altijd zal blijven.

Vraag maar aan iemand die verkracht is. Als ze iets anders zeggen, liegen ze.

De enige 'happy ending' voor een Slachtoffer is het soort dat ze aanbieden in de smoezelige 'massagesalons' van Camden. Er is geen ontsnapping mogelijk. We schamen ons, we zijn boos en ontzet, we voelen ons schuldig.

Ik zat daar op die woensdagavond in dat kleine kutkamertje van me, keek naar de gigantische, weerzinwekkende klootzak die ik was op tv en besefte dat er eigenlijk niets veranderd was. Net als de meeste mensen heb ik diep van binnen een leeg zwart gat dat niets of niemand kan vullen. De meeste mensen, zeg ik, want, tja, kijk maar eens om je heen. Onze samenleving, ons bedrijfsleven, onze sociale netwerken, onze gewoontes, hobby's, verslavingen en vormen van vermaak, ze zijn gestoeld op een overdaad aan endemische leegte en onvrede. Ik noem het zelfhaat.

Ik heb een hekel aan wie ik was, wie ik ben en wie ik geworden ben en zoals we dat allemaal geleerd hebben, berisp ik mezelf om alles wat ik doe en zeg. En de wereldwijde overvloed aan intolerantie, hebzucht, verongelijktheid en gedragsstoornissen beperkt zich duidelijk niet tot een klein, gekwetst deel van de samenleving. We leven allemaal in een wereld van pijn. Misschien is het ooit anders geweest, maar tegenwoordig is dat hoe dan ook de norm. En daar kan ik me net zo kwaad om maken als om mijn eigen verleden.

Die woede loopt als een rode draad door mijn leven, die voedt mij en voedt het beest in mij. En die woede zit mij altijd en eeuwig dwars in mijn fervente pogingen om een betere versie van mezelf te worden. Mijn hoofd lijkt verdomme wel een eigen leven te leiden, een leven waar ik niets over te zeggen heb, niet vatbaar voor rede, mededogen of compromissen. Diep van binnen bekt het me af. Als kind begreep ik niets van die woorden. Nu ik volwassen ben, wacht het me op aan het voeteneinde van mijn bed en begint het een uur of twee voordat ik ontwaak tegen me te praten, en tegen de tijd dat ik mijn ogen open, gaat het als een razende tekeer, overstelpt het me met zijn gezeik over hoe goed het is dat ik eindelijk wakker ben, dat me vandaag een kutdag te wachten staat, dat ik tijd tekortkom, dat ik alles naar de klote help, dan mijn vrienden tegen me samenspannen, dat ik niemand moet vertrouwen en moet redden wat er te redden valt, al weet ik dat mijn leven toch al een verloren zaak is. Ik ben altijd dodelijk vermoeid. Het lijkt wel een venijnige variant van de ziekte ME: agressief, excessief, invasief, negatief, alle verkeerde -iefs.

Ook nu voel ik het in me. Ik besefte pas hoe godvergeten boos ik nog altijd ben toen ik dit boek begon te schrijven. Het is onvoorstelbaar wat voor rookgordijn je kunt leggen met behulp van een beetje geld, aandacht en media. En hoe geniaal Beethoven is in het bezorgen van afleiding. Waarom denk je dat zo veel succesvolle mensen altijd maar doorgaan, hun demonen proberen te ontlopen door steeds meer rotzooi te verzamelen, afleiding te zoeken, kabaal te schoppen, totdat ze plat op hun bek gaan en zichzelf in de vernieling helpen? Omdat je de oorzaken van een dergelijke machtige woede niet kunt ontlopen.

Ik kan met het grootste gemak redenen buiten mezelf vinden voor de pijn die ik van binnen voel. Ik kan overtuigend aantonen dat iedereen in mijn leven, elke gebeurtenis, elke situatie, persoon, plek en elk ding medeverantwoordelijk is voor het feit dat ik vaak zo'n ellendige, pisnijdige rotzak ben.

En ik kan al net zo overtuigend een blik naar binnen werpen, de schijnwerper op mezelf richten en me kostelijk amuseren met de niet-aflatende ellende van mijn zelfkastijding.

En het is allemaal even futiel, onbeduidend en zinloos.

Het gebeurt maar al te vaak dat ik alles en iedereen de schuld geef. Mijn woede neemt zulke psychotische vormen aan dat hij me de adem beneemt. Er is geen uitweg en niets om mijn lijden mee te verlichten, afgezien van een paar dure, riskante kortetermijnoplossingen. En die woede is de compensatie voor mijn slachtofferschap: elke verslaving levert je iets op, en woede en schuldbesef zijn de beloningen die mij stimuleren en me van dag tot dag op de been houden.

Geloof me, deze al te gemakzuchtige mengeling van zelfhaat en huilerig zelfbeklag waaraan ik niet lijk te kunnen ontkomen, is niet wat ik voor mezelf wil.

Dat weet ik wel zeker.

Dat wil toch zeker niemand? Laat staan dat iemand het zou toegeven.

Ik wil graag de bescheidenheid zelve zijn. Dienstbaar zijn aan de muziek, de wereld en degenen die het slechter hebben getroffen dan ik. Ervan getuigen dat een mens verschrikkingen kan doorstaan en overwinnen. Ik wil helpen en geven, laten groeien en bloeien. Ik wil zorgeloos, spontaan en evenwichtig in het leven staan en veel glimlachen.

Maar ik maak nog meer kans ooit eens een wip te maken met Rihanna.

De uiteindelijke reden van mijn woede is mijn besef dat niets en niemand in dit leven mij kan helpen om dit volledig te overwinnen. Geen familie, geen echtgenote, geen vriendin, geen zielknijper, geen iPads, pillen of vrienden. Kinderverkrachting is de Mount Everest van alle trauma's. Hoe kan het ook anders?

Ik ben vanaf mijn zesde jaar genomen, geneukt, gebroken, misbruikt en gemolesteerd. Keer op keer en jaren achtereen.

En dat ging als volgt.

TRACK 2

Prokofjev, Tweede pianoconcert, finale

Jevgeni Kissin, piano

Sergej Prokofjev was een van de grote muzikale rebellen. Hij schreef zijn eerste opera op negenjarige leeftijd, en tegen de tijd dat hij een tiener was en op het conservatorium van Sint-Petersburg zat, stond hij al bekend als een van de grote enfants terribles van de muziek, vanwege zijn uitzinnig dissonante, virtuoze composities die braken met de aloude conventies op het gebied van tonaliteit en de muziek een stevige schop in een nieuwe richting gaven.

Ik ben des te gekker op hem omdat hij recensies kreeg als deze in The New York Times*: 'De ketenen van de conventionele tonaliteit zijn afgeworpen. Hij is een psycholoog van de lagere sentimenten. Haat, minachting, woede (vooral woede), walging, wanhoop, spot en opstandigheid zijn bij hem legitieme emoties voor stemmingsbeelden.'*

Prachtig.

In 1912-1913 schreef Prokofjev een pianoconcert ter nagedachtenis aan een vriend die hem een afscheidsbrief had gestuurd om daarna zelfmoord te plegen. De muziek is zo schokkend, zo fel, zo onvoorstelbaar krankzinnig dat veel van de bezoekers bij de première dachten dat ze voor de gek werden gehouden. Het is nog steeds een van de moeilijkste stukken in de pianoliteratuur en slechts een handjevol pianisten is dapper genoeg om het te willen uit-

voeren. Een van hen brak een vinger tijdens een liveconcert.

Het is de zuiverste muzikale uitbeelding van compleet dolgedraaide waanzin die ik ooit gehoord heb.

Ik zit op school en voel me niet erg op mijn gemak. Het is immers 'de grote school'. Ik ben een nerveus kind. Verlegen, maak het anderen graag naar de zin en wil aardig gevonden worden. Ik ben tenger, een mooie jongen met een meisjesachtige aanblik. De school zelf is chic, duur, staat in dezelfde straat waar we wonen en is gigantisch, in mijn kleine ogen. Ik ben vijf jaar oud. Ik heb niet veel vrienden en dat maakt me weinig uit. Ik ben 'gevoelig', maar niet achterlijk of onbeholpen. Gewoon een beetje anders dan anderen. Ik hou van dansen en muziek en ik heb een levendige fantasie. Ik heb geen last van alle ballast waar volwassenen onder gebukt lijken te gaan, en zo hoort het ook. Mijn kleine wereld wordt langzaam groter, ontvouwt zich voor me en er is veel te ontdekken op school. Alweer zoals het hoort.

Op een dag (ik ben geneigd te zeggen: 'op een dinsdag', maar het is meer dan dertig jaar geleden en ik heb geen flauw idee welke dag van de week het was) ging ik met de rest van de klas naar de gymzaal. Mijn eerste gymles maakt me bang. De andere kinderen lijken te weten wat ze moeten doen. Ze kunnen touwklimmen, ze storten zich op een voetbal en krijsen van plezier. Ik ben meer het type kind dat 'toekijkt vanaf de zijlijn'. Maar meneer Lee, onze leraar, lijkt dat geen probleem te vinden. Hij werpt me telkens een bemoedigende, vriendelijke blik toe. Alsof hij weet dat ik een beetje onzeker ben, maar aan mijn kant staat en daar geen enkel probleem mee heeft. Dat blijft allemaal onuitgesproken, maar het voelt oprecht, gemeend, veilig.

Als vanzelf kijk ik tijdens de les steeds vaker zijn kant op.

En jawel hoor, elke keer als ik kijk, vang ik zijn blik, en zijn ogen lichten een beetje op. Hij glimlacht naar me op een manier die geen van de andere jongens zou opvallen, en op een diep, onaantastbaar niveau weet ik dat die glimlach speciaal voor mij bestemd is. Als hij naar me kijkt, heb ik het gevoel alsof het kabaal, de drukte en het gedrang verdwijnen en er een regenboogkleurige schijnwerper op me gericht wordt die alleen hij en ik kunnen zien.

En zo gaat het elke keer als ik les van hem heb. Hij schenkt me net genoeg aandacht om me het gevoel te geven dat ik best bijzonder ben, maar niet zo veel dat het opvalt. Maar wel genoeg om enthousiast te worden over gymles. Wat een prestatie van formaat is. Ik blijf me voor hem uitsloven, zodat hij me nog wat meer aandacht geeft. Ik stel vragen en geef antwoord, ren harder, klim hoger, klaag nergens over, zie erop toe dat mijn gymspulletjes schoon en netjes op orde zijn. Ik weet dat hij op een dag over de brug zal komen. En ja hoor, na een paar weken vraagt hij me om na te blijven en hem te helpen met opruimen. En dat voelt alsof ik de loterij gewonnen heb, met gevoel van eigenwaarde als jackpot. Een speciale prijs die zegt: jij bent het fijnste, leukste, schattigste en briljantste kind aan wie ik ooit les heb gegeven en al je geduld wordt nu beloond. Mijn borst zwelt van trots.

Dus ruimen we op en praten we. Als volwassenen onder elkaar. En ik probeer heel onverschillig te doen, alsof ik dat normaal vind en al mijn vrienden honderddertig jaar oud zijn en volwassen. En dan zegt hij: 'James, ik heb een presentje voor je', en mijn hart blijft even stilstaan. Hij neemt me mee naar het hok waar alle gymspullen en zijn bureau en stoel staan, en hij rommelt wat in zijn bureaula. En verdomd, hij haalt zomaar een mapje lucifers tevoorschijn. In een felrode omslag. Nu weet ik dat ik niet met lucifers mag spelen. En hier staat deze ongelofelijk toffe kerel die me wat lucifers geeft en zegt dat het dik in orde is om er een paar aan te strijken.

Kinderen zijn oliedom; daar zijn ze kinderen voor. Hij was zwaarlijvig, kalend, over de veertig en veel te behaard. Maar voor mij als vijfjarig jochie was hij gespierd, sterk, lief, knap, elegant en ronduit betoverend. Zie dat maar eens te begrijpen.

Ik vraag hem of hij zeker weet dat het mag en hij zegt nog eens dat ik mijn gang kan gaan en er eentje aan mag steken. Dus dat doe ik. Ik strijk een lucifer aan en wacht op de problemen die komen, het geschreeuw en getier. En als er niets gebeurt, als blijkt dat dit geen valstrik is, ga ik helemaal los. Grinnikend strijk ik de ene na de andere lucifer aan, met grote, glimmende ogen; ik ruik de zwavel, hoor het suizen van de vlam, voel de warmte tussen mijn kleine vingers.

Tip voor ouders: als je een half uurtje rust wilt om een uiltje te knappen, geef je kleuter dan een doosje lucifers. Ze zullen er volledig door in beslag worden genomen.

Dit zijn de mooiste dertig minuten uit mijn korte leventje. En ik ervaar dingen waar alle kleine jongens naar hunkeren: ik voel me onoverwinnelijk, volwassen, twee meter lang. Ik ben gezien.

En zo gaat het door. Weken achtereen. Glimlachjes, knipoogjes, bemoedigende gebaren, zakmessen, aanstekers, stickers, chocoladerepen, superhelden. Een zippo voor mijn zesde verjaardag. Stiekeme cadeautjes, speciaal voor mij bestemde gebaren en een uitnodiging om lid te worden van de naschoolse boksclub.

En daar gaat alles fout.

Het is belangrijk om te weten dat ik zelf voor die bokslessen koos. Ik werd gevraagd en ik zei ja. Het was hoe dan ook een bewuste keus. Het werd me niet opgedrongen. Deze man, deze filmster met wie ik graag bevriend wilde zijn omdat hij me aardig vond en mij het gevoel gaf dat ik bijzonder was, vroeg of ik iets met hem wilde doen na schooltijd, en ik zei ja.

Je denkt misschien dat mijn vijf jaar oude hersenen niet heel betrouwbaar zijn. Nog niet volledig gevormd, nog niet in staat te onthouden hoe alles precies ging. Dus ter ondersteuning geef ik nu het woord aan de vrouw die leiding gaf aan de lagere klassen. Daaruit kun je opmaken dat alles naar waarheid is. Dit is de ongeredigeerde tekst van een proces-verbaal dat is opgemaakt in 2010.

In september 1980 werd ik benoemd tot leidinggevende van de Junior School van Arnold House, een basisschool voor jongens in St John's Wood. Daar ontmoette ik James Rhodes voor het eerst. Hij was een knap, gracieus jongetje met donker haar en een innemende glimlach. Voor zijn leeftijd van vijf jaar was hij slim, goedgebekt en zelfverzekerd. Vanaf heel jonge leeftijd was al duidelijk dat hij talent had voor muziek. Toen hij zes was, rond 1981-1982, zat hij bij mij in de klas (ik gaf in die tijd ook les). Zijn ouders waren aardige, zeer intelligente mensen en ze woonden verderop in de straat. Hoewel ze beseften dat James talent had voor muziek, vermoed ik dat ze een allround-opleiding voor hem wilden en daar hoorden ook sportactiviteiten bij. Ze gaven James op voor boksles, een buitenschoolse activiteit. Dat kostte geld en als je een leerling voor zoiets opgaf, was dat een verbintenis voor minimaal een jaar.

Boksen was een populaire activiteit bij jongens. Deze lessen waren door het vorige schoolhoofd, George Smart, aan het curriculum toegevoegd. Er was jaarlijks een prijsuitreiking en daarbij werden voor het boksen een heel stel glimmende zilveren bekers uitgereikt. Omdat er in die tijd niet echt een lesprogramma voor lichamelijke opvoeding was en er ook geen sportvelden rond de school lagen – we zaten immers midden in Londen, in de wijk St John's Wood – was het boksen begin jaren tachtig de enige sport die werd aangeboden, en veel ouders gaven hun zonen daarvoor op.

De bokscoach was een man genaamd Peter Lee en ik geloof dat hij eind jaren zeventig al op parttimebasis aan de school verbonden was. Hij kwam uit Kent, ergens uit de buurt van Margate. Hij was een goedgebouwde man, maar niet heel groot en in die tijd waarschijnlijk achter in de veertig. Ik vond hem behoorlijk 'oud'! In 1981 werd de nieuwe gymzaal in gebruik genomen en Peter was in zijn nopjes. Hij zei al zijn hele leven met jongens te hebben gewerkt en ik herinner me nog goed hoe hij opschepte over zijn vriendschap met Jackie Pallo, kennelijk een beroemd worstelaar.

Behoorlijk wat jongens uit de lagere klassen namen boksles bij Peter Lee. Sommigen leken daar echt plezier in te hebben en ik herinner me dat dit aanvankelijk ook voor James gold. Maar vrij snel nadat hij begonnen was, merkte ik een gedragsverandering bij James. Hij werd stil en leek niet meer zo sprankelend als eerst. De jongens die naar boksles gingen, trokken in de klas hun witte korte broek en T-shirt in de schoolkleuren aan, en daarna nam ik ze mee naar de sportzaal en haalde ze veertig minuten later weer op.

Ik merkte dat James steeds minder zin kreeg om naar die lessen te gaan. Hij deed er een eeuwigheid over om zich om te kleden en liet de rest van de groep vaak wachten. Het staat me nog goed bij dat hij me een keer vroeg bij hem te blijven in de gymzaal. Daar ging ik niet op in. Ik vond het nogal slap van hem. Maar elke keer als ze gingen boksen, gewoonlijk twee keer per week, deed James moeilijk en het drong tot me door dat hij echt niet wilde. En toen ben ik er regelmatig bij gebleven. Ik vond het een walgelijke vertoning. Hele kleine kinderen die werden aangemoedigd zich ronduit agressief te gedragen. James was een tenger jongetje en voelde zich duidelijk niet op zijn gemak. Als Lee hem vroeg om na te blijven en te helpen met opruimen, dacht ik dat het bedoeld was om James het gevoel te geven dat hij bijzonder was. Terwijl ik de rest van de groep mee terugnam om zich weer te verkleden, was het altijd James die mee ging met Lee om te helpen opruimen. Ik heb dat talloze keren laten gebeuren. Dit was meer dan vijfentwintig jaar geleden, lang voordat kinderbescherming een aandachtspunt werd, maar het leek ook een kwestie van vertrouwen tussen collega's, en als een kind alleen achterbleef bij een volwassene stelde niemand daar ooit vragen bij.

Op een dag toen James bij Peter Lee was geweest en terugkwam naar de klas om zich om te kleden, had hij allemaal bloed op zijn gezicht. Toen ik hem vroeg wat er gebeurd was, barstte hij in tranen uit en ik liep meteen naar de gymzaal om Lee uit te horen. Ik kreeg te horen dat James gevallen was. Ik geloofde hem niet en op dat moment begon ik te vermoeden dat hij nu en dan geweld gebruikte tegen James. De volgende dag deelde ik mijn zorgen met een collega, het schoolhoofd, die over de hogere klassen ging. Ik vertelde hem dat James zich anders was gaan gedragen, dat het leek alsof hij ertegen opzag om naar boksles te gaan, en dat ik me afvroeg of Lee die jongen op een of andere manier angst aanjoeg. Hij zei dat ik er te veel achter zocht en dat Rhodes weleens wat eelt op zijn ziel mocht krijgen.

Ik kan me niet precies herinneren hoelang James doorging met bokslessen, maar ik weet nog wel dat hij me meer dan eens smeekte om niet te hoeven gaan. Ik herinner me ook dat ik dan uitlegde dat zijn ouders voor die lessen hadden betaald en dat ik hem daar niet zonder hun toestemming af kon halen. Ik besprak het met de moeder van James en ook zij had gemerkt dat hij niet meer helemaal 'zichzelf' was en dat hij thuis zo stil was geworden. Ze was een charmante vrouw die dol was op haar twee zoontjes, maar ik kan me niet herinneren dat hij mocht stoppen met boksen. Week in week uit zat ik in die gymzaal. Op die manier dacht ik hem in bescherming te nemen. Op een dag, toen hij Lee geholpen had met opruimen, zag ik bij zijn terugkeer in de klas dat hij bloed aan zijn benen had. Ik vroeg hem ernaar, maar hij zei geen woord, kon alleen maar zachtjes huilen. Die dag heb ik hem mee naar huis genomen en hebben we samen pianogespeeld.

Vanaf juli had ik James niet meer onder mijn hoede en ging hij naar Senior School. Ik kon hem niet meer beschermen. Als ze eenmaal zeven jaar waren, werd je als onderwijzer geacht die jongens niet meer te 'bemoederen'. Naarmate de tijd verstreek, zag ik dat ooit zo gelukkige, zelfverzekerde kind steeds bleker worden. Hij was heel ongelukkig en bleef niet tot zijn dertiende bij ons, maar werd rond negen- of tienjarige leeftijd naar een andere school overgeplaatst. Mijn collega's van de bovenbouw wilden er niet meer over kwijt dan dat hij zich heel ongelukkig voelde en daarom vertrokken was.

Ik zag James weer toen hij zeventien was en op Harrow School zat, waar hij meedeed aan een pianoconcours. Een van de andere kandidaten was mijn peetzoon. James maakte op mij de indruk van een uiterst getroebleerde jongeman. Later hoorde ik dat hij een soort zenuwinzinking had gehad. Onlangs las ik in The Sunday Times *een artikel over James als gevierd concertpianist. Tot mijn verbijstering las ik dat hij in het interview meldde ernstig te zijn misbruikt door een leraar op zijn basisschool.*

Ik voelde me helemaal ziek worden bij mijn herinneringen aan die tijd. Ik word verteerd door schuldgevoelens, omdat ik toen niet besefte wat voor een gruwelijke dingen James moest doormaken. Ik had wel geprobeerd hem in bescherming te nemen tegen wat ik aanzag voor fysieke mishandeling. Maar in mijn naïviteit kwam het nooit bij me op dat die mishandeling seksueel van aard was. Ik heb contact gezocht met James. Hij bevestigde het seksueel misbruik en vroeg me de naam te noemen van de leraar van wie ik dacht dat hij hem dat vreselijke leed had aangedaan. Ik bleek het bij het juiste eind te hebben.

Tot mijn grote verdriet moet ik achteraf constateren dat James misschien niet zijn enige slachtoffer is geweest. Er waren meer kinderen bang voor Lee en om die reden besloot ik aan het eind van dat jaar dat geen van mijn leerlingen nog naar boksles mochten. Ik werd door mijn mannelijke collega's als een overbezorgde vrouw afgeschilderd. Goddank dat ik dat was.

Ik vind het afschuwelijk dat James hier zo vreselijk en zo lang onder geleden heeft. Ik ben ook enorm trots dat hij er uiteindelijk weer bovenop is gekomen. Hij heeft het verdiend een succesvol en gelukkig leven te leiden. Littekens en diepe wonden maken ons soms sterker.

Ik schrijf dit allemaal op, omdat ik weet dat ik hiermee naar de politie moet. Misschien dat Lee nog in leven is. Misschien dat hij zelfs nog steeds in contact staat met kinderen, al waren het maar zijn eigen kleinkinderen. Ik geloof dat hij een gevaar is voor jongeren. Als priester van de anglicaanse kerk en parttime gevangenispastor zie ik wat de gevolgen zijn van ernstig misbruik op het leven van jongeren. Moge God een oordeel vellen over deze mensen die het leven van anderen ruïneren.

Chere Hunter

Dus dat is het verhaal. Mijn hoogsteigen *Fight Club*. Zoals Tyler Durden ons geleerd heeft, luidt de eerste regel van de Fight Club dat we nooit uit de school mogen klappen over de Fight Club. En dat heb ik ook niet gedaan. Bijna dertig jaar lang niet. En nu doe ik het wel. En als jij zo iemand bent die vindt dat ik mijn mond moet houden, dan flikker je maar een eind op.

Er staat heel veel in die politieverklaring dat vragen oproept. Er wordt veel geïnsinueerd, maar de feiten van het misbruik blijven buiten beschouwing. Misbruik. Wat een woordkeuze. Je kunt het beter verkrachting noemen. Misbruik is als je een hoge functie hebt en vriendjespolitiek bedrijft. Een veertigjarige man die zijn pik met grof geweld in de kont van een jongetje van zes steekt, dat noem je geen misbruik. Het komt zelfs niet in de buurt. Dat is een gewelddadige verkrachting. Die leidt tot meerdere operaties, littekens (van binnen en van buiten), tics, dwangneurosen, depressiviteit, zelfmoordgedachten, ernstige zelfbeschadiging, alcoholisme, drugsverslaving, ronduit gestoorde seksuele afwijkingen, onzekerheid over het eigen geslacht ('je lijkt wel een meisje, weet je zeker dat je geen meisje bent?'), seksuele verwarring, paranoia, wantrouwen, dwangmatig liegen, eetstoornissen, posttraumatische stressstoornis (PTSS), dissociatieve identiteitsstoornis (DID – een chiquere term voor een meervoudigepersoonlijkheidsstoornis) en zo kunnen we nog wel even doorgaan.

Letterlijk van de ene op de andere dag was ik totaal veranderd: van een dansend, springend, giechelend, levendig kind dat genoot van de beschutting en het avontuurlijke van een nieuwe school werd ik een contactgestoorde robot met loden voeten en doffe ogen. Het kwam als een ongelofelijke schok, alsof je naar volle tevredenheid over een zonnig pad loopt en er ineens een luik onder je voeten opengaat waardoor je in een ijskoud meer plonst.

Wil je weten hoe je een kind van zijn hele kind-zijn kan beroven? Neuk hem.

Neuk hem herhaaldelijk. Sla hem. Hou hem vast en duw dingen in zijn kont. Vertel hem dingen over hemzelf die alleen kleine kinderen voor waar aannemen, voordat hun gevoel voor logica en rede volledig ontwikkeld is, en dan zullen die dingen hem gaan beheersen en een onveranderlijk deel van zijn wezen gaan uitmaken.

Mijn moeder, schat die ze is, merkte niet dat er iets fout zat of wilde er niets van merken. Ik neem het haar niet kwalijk. Ze was een jonge, naïeve moeder die het leven niet goed aankon en wanhopig probeerde haar ellende te beheersen, ook al ging ze gebukt onder een slapeloosheid waar geen valium tegenop kon, met een heel gezin om voor te zorgen en zonder te weten hoe dat moest. Het was voor haar al een hele toer om 's ochtends op te staan, eten op tafel te zetten en op te blijven tot elf uur 's avonds. Ze was en is een onvoorstelbaar empathische, genereuze en liefhebbende vrouw, en ze ging met een ellendige situatie om op de beste en enige manier die ze kende.

Ik ben niet van plan de seks tot in de details te beschrijven. Dat is om verschillende redenen. Sommigen van jullie die dit lezen, zullen het misschien gebruiken om over te fantaseren. Sommigen van jullie zouden mij kunnen veroordelen omdat ik er destijds (soms) een stijve bij kreeg. Bij sommigen van jullie zal het alleen maar walging en verontwaardiging oproepen. Maar de belangrijkste reden dat ik niet in detail wil treden, is omdat ik vermoed dat ik het niet zou overleven, terwijl je ook gewoon een boulevardkrant als de *Daily Mail* kunt kopen als je de drang voelt om geprikkeld te worden, van iets te walgen of iets te veroordelen. Dat is goedkoper, het werkt sneller en het is minder traumatisch voor mij.

De reden dat ik dit pijnlijke, verschrikkelijke verhaal met je deel, is eenvoudig dit: de eerste keer in dat vergrendelde materiaalhok betekende voor mij een definitieve, permanente verandering. Vanaf dat moment was ik voor het grootste, waarachtigste deel aanwijsbaar, misselijkmakend anders.

TRACK 3

Schubert, Pianotrio nr. 2 in Es-groot, tweede deel

Vladimir Ashkenazy, Itzhak Perlman, Lynn Harrell

Een paar maanden voordat hij in 1828 op eenendertigjarige leeftijd overleed, voltooide Schubert een vijftig minuten durend trio voor piano, viool en cello. Hij had een kort, ellendig, gedesillusioneerd leven achter de rug waarin muziek de enige compensatie was voor zijn ellende. Schubert was voortdurend platzak en moest vaak bij vrienden aankloppen voor eten, onderdak en geld. Hij was altijd en eeuwig ongelukkig in de liefde, waarbij het ook al niet help dat hij klein en lelijk was, en overgevoelig voor zowel echte als ingebeelde blijken van minachting. Maar ook al was hij één brok ongeluk, zijn productiviteit was enorm: alleen tijdens zijn achttiende levensjaar schreef hij al meer dan twintigduizend maten muziek, hij componeerde in totaal negen symfonieën (Beethoven had er op eenendertigjarige leeftijd nog maar één geschreven), meer dan zeshonderd liederen, eenentwintig pianosonates en een eindeloze hoeveelheid kamermuziek.

Het overgrote deel van zijn oeuvre is tijdens zijn leven nooit uitgevoerd, maar dit trio wel. Kamermuziek was in huiselijke kring veel beter te doen dan orkestwerken, en in sommige Weense huizen werden regelmatig Schubertiaden georganiseerd: informele avonden waarop zijn muziek gespeeld werd, afgewisseld met poëzie en dans. Dit trio ging in 1828 op een van die avonden in première (ter gelegenheid van de verloving van een vriend). Het langzame deel is de perfecte belichaming van een veel te kort leven: treurig en duister, met een vleugje hoop en een inkijkje in het oneindig potentieel van zijn genialiteit.

Dit werk, van een van de weinige componisten sinds Mozart die een heel werk in hun hoofd konden componeren om het pas daarna op papier te krabbelen, is de soundtrack van een man die zo gedeprimeerd was dat hij aanvankelijk rechten ging studeren.

Het vervult ons van het verpletterende besef wat wij door zijn voortijdige dood op eenendertigjarige leeftijd allemaal moeten missen.

Stomme syfilis.

Wat interessanter is (voor mij) dan hoe ik heb geleerd om alles maar te slikken en in mijn kont te worden genomen, is de impact die een verkrachting op iemand heeft. Het is een onuitwisbare smet. Ik word er dagelijks duizenden keren aan herinnerd. Elke keer als ik moet schijten. Als ik tv kijk. Een kind zie. Moet huilen. Een flard van een krantenartikel lees. Naar het nieuws luister. Naar een film kijk. Word aangeraakt. Seks heb. Mezelf aftrek. Iets drink wat onverwachts heet is of een te grote slok van iets neem. Als ik hoest of me verslik.

Een van de bizarre symptomen van een posttraumatische stressstoornis is een overdreven gevoeligheid voor onverwachte prikkels. Bij elk hard geluid, een nies, een klap, een gil, een kreet of een claxon, of iets abrupts zoals een tikje op mijn schouder of het signaal van een mobieltje schrik ik me kapot. Die reactie is werktuiglijk, onontkoombaar, onbedoeld humoristisch en gekmakend tegelijk. En het is vooral een ramp bij klassieke muziek, waarin je voortdurend te maken hebt met plotselinge verschillen in geluidsniveau (als je een enigszins sjofele man met een koptelefoon in de metro ziet die elke paar minuten uit zijn stoel springt, kom dan even gedag zeggen).

En dan zijn er de tics. De kleine en minder kleine zenuwtrekjes die me al plagen sinds het misbruik begon. Knipperende ogen, trillende stembanden, gegrom en gepiep dat ongewild uit mijn keel komt en herhaald moet worden totdat het precies goed klinkt. En helemaal richting OCD/Gilles de la Tourette: dingen moeten op een bepaalde wijze worden aangeraakt, een zeker ritme dient onberispelijk te worden afgetikt op tafels, muren of benen, lichtknoppen moeten het juiste aantal keren worden omgedraaid, en ga zo maar verder.

Op het podium neemt het riskante vormen aan: als ik met een deel van mijn linkerhand de toetsen van een piano aanraak, moet ik met mijn rechterhand precies hetzelfde doen. Dat moet. En snel ook. Niet iets waar ik over na wil denken of dat ik in mijn spel wil moeten inpassen als ik bezig ben de dertigduizend noten van een sonate van Beethoven uit mijn geheugen op te roepen. Tijdens het spelen moet ik bovendien met enige regelmaat aan een van mijn handen ruiken (een hele opgave). Waarbij ik dan (vergeefs) de indruk probeer te wekken dat het artistiekerig gedoe is, opdat het de mensen maar niet opvalt. Ik probeer te wachten met piepen tot ik aan een luidere passage toekom, zodat het publiek het niet kan horen. Ik probeer in de gauwigheid iets aan de vingerzetting te veranderen die ik honderden uren lang in mijn hoofd heb zitten prenten, om maar de kans te krijgen mijn hand ietsje naar binnen te draaien en langs de rand van de toetsen te schrapen om van die verschrikkelijke jeuk af te komen. En God verhoede dat ik een haar op het klavier zie liggen. Dan moet ik een moment zien te vinden waarop ik die midden in de uitvoering weg kan vegen, zodat alles tenminste weer schoon is. Mijn hoofd heeft het er maar druk mee, het voelt als iets waarover ik geen enkele controle heb en als het gevolgen heeft voor mijn vertolking, is er geen enkele bevredigende verklaring waarmee mijn recensenten genoegen zullen nemen.

De mentale tics zijn veel verraderlijker. Gedachten mogen niet worden afgekapt, want dan zullen de vreselijkste dingen gebeuren. Dus als ik in paniek ben en aan iets ergs denk, zoals mijn vriendin die geweldig zit te flirten met een of andere vent, of hoe het zou voelen om mezelf pijn te doen (een variatie op hetzelfde thema), moet ik die gedachten tot het eind toe blijven volgen. Als een goedbedoelende psychiater dus tegen me zegt dat ik zo'n gedachte een halt moet toeroepen en uit mijn hoofd moet zetten, dan lach ik alleen maar en denk: 'Kun je wel vergeten, en trouwens, je mag me wel dankbaar zijn, want als ik dat zou doen, betaal jij daarvoor de prijs en zal je iets gruwelijks overkomen, je zult je baan en echtgenoot verliezen, je zult geen cent meer overhouden en een invalide worden, en dan heb je zelf een zielknijper nodig, alleen kun je die niet betalen en dan zul je eenzaam en alleen sterven, als een angstig hoopje ellende. Je mag me wel dankbaar zijn.'

En dan zijn er de echt beschamende dingen. Zoals dat ik bij elke huilbui steevast een erectie krijg. Op een of andere manier onthoudt het lichaam alles, en associeert het tranen nu met seksuele opwinding. Als hij me pijpte, dan huilde ik. Maar intussen bleef mijn lichaam gewoon functioneren: mijn pik deed wat er van hem gevraagd werd en werd stijf. En als ik nu moet huilen, denkt hij dus: 'Wacht even, dat ken ik! Huppekee, omhoog!'

Seks, ook al zo'n fijn onderwerp. De monumentale schaamte van het orgasme, alsof je de grond onder je voeten voelt wegzakken. De beelden die over je gesloten oogleden schieten als je neukt, die je dwingen met je hoofd te schudden in een poging ze kwijt te raken. Steeds weer die herinnering dat je op die, die en die plek bent betast, en wat dat toen inhield, dus wat het nu inhoudt. De niet-aflatende misère die voortkomt uit de overtuiging, diep van binnen, dat je vriendin, vrouw, verloofde op de een of andere manier bezoedeld en geschonden is, weerzinwekkend en slecht, omdat ze in haar tienertijd seks heeft gehad. Al weet je nog zo goed hoe belachelijk, hoe onzinnig, hoe onlogisch dat klinkt. Ik had seks toen ik jong was. Dat was verkeerd. Ik ben slecht. Jij had seks toen je jong was, en dus ben jij slecht. En dus kunnen we niet samen zijn, ik heb geen respect voor je. Je bent goddomme walgelijk. Trouw met me. Ik hou van je. Smerige, vunzige slet die je bent. Kun je een mooie Hallmark-kaart van maken.

Als jongetje had ik seksuele fantasieën dat ik de enige overlevende was van een nucleaire holocaust, door de straten dwaalde, vrouwen uit auto's sleurde en afschuwelijke dingen met ze deed. Ik raakte opgewonden bij het idee dat ik werd vastgehouden en moest smeken voor mijn leven, en van talloze andere bizarre en wonderlijke perversiteiten als martelingen, dominantie, pijn en God weet wat. En dat alles voor mijn negende jaar.

En dan die woedeaanvallen. Een slopende, alles verterende woede, gericht tegen de hele wereld. Tegen gelukkige kutgezinnen, gebroken gezinnen, gezinnen in het algemeen, tegen seks, succes, mislukkingen, ziekte, kinderen, zwangere vrouwen, politie, dokters, advocaten, leraren, scholen, ziekenhuizen, psychiaters, deursloten, gymmatten, autoriteiten, drugs, onthouding van drugs, vrienden, vijanden, roken, niet-roken, tegen alles en iedereen, altijd.

En bovenal een woede die zich richt op mijn diepgewortelde besef dat ik dat wat gebeurd is nooit, maar dan ook nooit helemaal kan wissen. Het is als zo'n monsterlijke wijnvlek op een gezicht, waar kinderen gefascineerd naar staren en volwassenen de ogen juist van afwenden. Het is er gewoon altijd en wat ik ook doe, het zal er ook altijd blijven. En ik kan nog zo mijn best doen om er 'mijn ding' van te maken, datgene wat mij bijzonder maakt, een excuus om alles te doen wat ik wil en zelfs op mijn achtendertigste nog een spastisch soort Holden Caulfield uit te hangen, maar ik besef elke dag, elk moment dat ik het nergens 'een plek zal kunnen geven', dat ik het 'verwerkingsproces' nooit zal kunnen voltooien, dat ik niets kan doen om het draaglijk en acceptabel te maken.

Onze geest kent een ingebouwd mechanisme om met zulke dingen om te gaan, en we noemen het 'dissociatie'. Dit is het ernstigste en langdurigste symptoom van seksueel misbruik. Het is ronduit geniaal. En het begon in het materiaalhok, al die jaren geleden.

Hij zit in me en het doet pijn. Het komt in alle mogelijke opzichten als een enorme schok. En ik weet dat het fout is. Het kan gewoon niet goed zijn. Dus treed ik uit mijn lichaam, ik zweef weg en stijg naar het plafond, kijk op mezelf neer tot het me zelfs daar te veel wordt, waarna ik de kamer uit vlieg, dwars door de dichte deur heen, mijn veiligheid tegemoet. Dat gaf een onvoorstelbaar magnifiek gevoel. Welk kind wil er nu niet vliegen? En het voelde honderd procent echt. Ik was in alle opzichten letterlijk aan het vliegen. Ik was gewichtloos, ongebonden, vrij. Het gebeurde elke keer weer en ik zag er nooit het probleem van in. Ik was alleen maar dankbaar voor de opluchting, de ervaring, de gratis roes.

En sindsdien is het een pavlovreactie: zodra een emotie of een situatie me dreigt te overweldigen, ben ik weg. In fysieke zin blijf ik ter plekke en functioneer (naar ik aanneem) gewoon op de automatische piloot, maar in mijn hoofd ontbreekt elk bewustzijn. De lichten zijn aan, maar niemand is thuis, beter kan ik het niet omschrijven. Toen ik jong was, was dat slecht omdat ik er totaal geen controle over had; het overkwam me voortdurend, zodat ik bestempeld werd als wereldvreemd, onhandelbaar, onnozel, verstrooid. Ik dwaalde rond in een wereld van grijstinten en was soms een eeuwigheid onvindbaar. Stuurde mijn moeder me naar de winkel voor een boodschap en bleef ik urenlang weg. Bij terugkeer was ik stomverbaasd om de paniek en bezorgdheid die ik had teweeggebracht: de tijd leek eenvoudig te zijn vervlogen en ik had wat rondgehangen met een willekeurige vreemde, of ik was heel ergens anders naartoe gegaan dan de bedoeling was.

En nog steeds: dan zit ik bijvoorbeeld met mijn beste vriend uitvoerig te kletsen over zijn plannen voor de Kerst, en kan ik na vijf minuten ineens vragen: 'Zeg, wat doe jij eigenlijk met de Kerst?' Niet dat zomaar wat kletsen met een vriend over de meest banale shit werkelijk bedreigend is, maar die neiging is zo ingebakken, zozeer deel van mij gaan uitmaken, dat ik vaak maar de minste of geringste aanleiding nodig heb om te verdwijnen, zonder dat ik het zelfs maar besef. Bijvoorbeeld omdat ik geen afspraken wil maken voor de Kerst, omdat het nog maar november is en ik tegen die tijd misschien wel dood ben, of op vakantie, druk met iets anders, of liever lekker veilig alleen wil zijn.

Met als gevolg dat ik belangrijke momenten in mijn leven kwijt ben. Ik kijk in mijn paspoort en zie dat ik op bepaalde plaatsen ben geweest. Ik ontmoet mensen die beweren dat ze me kennen, in sommige gevallen zelfs heel goed kennen. Ik kom in restaurants waar ik herkend word van een vorige keer, vertel een verhaal aan mensen die me er voorzichtig op wijzen dat ik het al eens eerder heb verteld, of dat ze erbij waren toen het gebeurde, maar echt... Al sla je me dood.

Aan de positieve kant betekent dit dat ik een aantal keer naar dezelfde film of hetzelfde tv-programma kan kijken zonder het te beseffen; de keerzijde is dat ik overkom als lomp, onverschillig, een beetje dom. En het is bloedirritant dat ik me vrijwel niets kan herinneren, wat zover gaat dat ik er zelfs een paar minuten voor nodig heb om te bedenken wat ik bij het ontbijt heb gegeten, waarom ik van huis ben gegaan en welke dag, welke maand en welk jaar het is.

Des te idioter dat ik me de meer dan honderdduizend noten van een pianorecital wel kan herinneren. En des te wonderbaarlijker dat ik pas echt tot rust kom als ik achter een piano zit.

Zo ben ik al zo lang als ik me kan herinneren. Als kind was dit de enige manier waarop ik de wereld een beetje aankon. Als je geen herinneringen hebt, kan het verleden je ook geen schrik aanjagen. Onze geest is goddomme briljant, ontworpen om met alle mogelijke omstandigheden om te gaan, althans totdat hij overbelast raakt en kapotgaat. En zelfs dan is er vaak nog een weg terug naar een min of meer werkbare situatie. Mijn beste vrienden weten dat en worden niet boos als ik ze twee keer binnen vijfenveertig seconden dezelfde vraag stel, of als ik me niets kan herinneren van een vakantie van een paar maanden of jaren terug. Dat is precies waarom ze mijn beste vrienden zijn en waarom ik ze op de vingers van één hand kan tellen.

TRACK 4

Bach-Busoni, Chaconne

James Rhodes, piano

(kop dicht, ik ben hier trots op)

Bach schreef meerdere reeksen van zes muziekstukken: zes partita's voor klavier, zes voor viool, zes cellosuites, zes Brandenburgse concerten en ga zo maar door. Musici zijn vreemd in die dingen.

Omstreeks 1720 schreef Bach een stuk dat door Yehudi Menuhin is omschreven als 'de mooiste compositie voor soloviool ooit'. Ik wil veel verder gaan dan dat. Als Goethe gelijk had en architectuur 'gestolde muziek' is (wat een citaat!), dan is dit stuk een betoverende combinatie van de Taj Mahal, het Louvre en St Paul's Cathedral. Dit is het laatste en langste deel van zijn tweede partita voor viool (van de zes, natuurlijk). Het is een reeks variaties (vierenzestig, ik heb ze geteld) op een thema die ons meevoeren door elke menselijke emotie en nog een paar extra. Het draait in dit geval om de liefde, met alle woede, waardigheid en waanzin die erbij horen.

Brahms zei het op zijn mooist in een brief aan de vrouw van Schumann: 'Op één notenbalk, voor een klein instrument, componeert deze man een hele wereld aan diepste gedachten en heftigste gevoelens. Als ik me voorstel dat ik dit stuk had kunnen componeren of zelfs maar had kunnen bedenken, weet ik vrijwel zeker dat de buitensporige opwinding en ontreddering mij tot waanzin zouden hebben gedreven.'

Het seksueel misbruik hield vijf jaar aan. Tegen de tijd dat ik tien was en daar van school ging, was ik veranderd in James 2.0, de robotversie. In staat om mijn rol te spelen, gevoelens van empathie te simuleren en vragen (in de meeste gevallen) op gepaste wijze te beantwoorden. Maar ik voelde niets, had nergens vertrouwen in (mijn voorwaarde om plezier te maken) en was voorgeprogrammeerd met een hele zooi gestoorde fabrieksinstellingen: een psychopaatje in de dop.

Maar te midden van dat alles overkwam me iets waarvan ik zeker weet dat het mijn leven heeft gered. Ik ben het nooit vergeten en zal het ook de rest van mijn leven nooit meer vergeten.

Er zijn maar twee dingen in mijn leven waarvan ik zeker ben: de liefde voor mijn zoon en de liefde voor muziek. En met muziek kwam ik in aanraking – kom er maar in, sentimentele *X-factor*-violen – toen ik zeven was.

De klassieke muziek, om precies te zijn.

En dan vooral Johann Sebastian Bach.

En als ik dan echt in details moet treden: zijn Chaconne voor soloviool.

In d-klein.

BWV 1004.

De bewerking voor piano van Busoni. Ferruccio Dante Benvenuto Michelangelo Busoni.

En zo kan ik nog wel een tijdje doorgaan. Data, opnameversies, lengte in minuten en seconden, cd-hoesjes, enzovoorts, enzovoorts. Geen wonder dat klassieke muziek naar de klote gaat. Aan één enkele compositie kleven tientallen details die niemand een bal kunnen schelen, behalve mij en de andere vier pianofreaks die dit lezen.

Het punt is dit: iedereen ervaart in zijn leven een beperkt aantal prinses-Diana-momenten. Er gebeurt iets wat je nooit meer vergeet en wat belangrijke gevolgen zal hebben voor de rest van je leven. Voor sommigen is het de eerste keer dat ze seks hebben (ik op mijn achttiende voor het eerst met een vrouw, een Australisch hoertje genaamd Sandy, in een kelderwoning vlak bij Baker Street; ze vroeg veertig pond, was aardig voor me en liet me porno kijken terwijl we het deden). Voor anderen is het de dood van een ouder, een nieuwe baan, de geboorte van een kind.

Voor mij zijn er tot dusver vier van zulke momenten geweest. In omgekeerde volgorde: mijn ontmoeting met Hattie, de geboorte van mijn zoon, de Chaconne van Bach-Busoni en de eerste keer dat ik verkracht werd. Drie van die momenten waren fantastisch. En statistisch gesproken is drie van de vier zo slecht nog niet.

Ik teken ervoor.

Over Bach moet ik een paar misverstanden uit de weg te ruimen.

Als je aan Bach denkt (maar waarom zou je) zie je waarschijnlijk een oudere vent voor je, welgedaan, stug, pruik op zijn kop, bars, luthers, een onromantische droogkloot die hoognodig eens een wip moet maken. Sommigen zien zijn muziek als iets van vroeger, achterhaald, saai, oppervlakkig en, zoals de fraaie architectuur rond de Place des Vosges of Regent's Park, meer iets voor andere mensen. Zijn muziek zou alleen gespeeld mogen worden in reclames voor sigaren, de wachtkamer van de tandarts en een publiek van hoogbejaarden in de Wigmore Hall.

Het levensverhaal van Bach is opmerkelijk.

Nog voor hij vier is, overlijden de twee broers en één zus die voor en na hem zijn geboren. Op zijn negende gaat zijn moeder dood en als hij tien is zijn vader. Vervolgens wordt hij bij een van zijn oudere broers ondergebracht, die hem niet kan uitstaan: hij wordt daar als een vod behandeld en krijgt geen kans zich bezig te houden met muziek, waar hij zo gek op is. Op school wordt hij voortdurend afgetuigd, zozeer dat hij meer de helft van de tijd verstek laat gaan om de rituele pakken slaag en erger te vermijden. Op tienerleeftijd maakt hij een voetreis van honderden kilometers om te kunnen studeren aan de beste muziekschool die hij kent. Hij wordt verliefd, trouwt, krijgt twintig kinderen. Elf daarvan sterven bij hun geboorte of in hun kleutertijd. Zijn vrouw gaat dood. De dood omringt hem, overstelpt hem van alle kanten.

En terwijl iedereen die hij kent doodgaat, componeert hij voor de kerk en het hof, geeft orgelles, werkt als koordirigent, componeert voor zichzelf, geeft compositieles en klavecimbelles, speelt orgel, verzorgt kerkdiensten en werkt zich helemaal de pleuris. Hij componeert ruim drieduizend stukken (nog heel veel meer werk is verloren gegaan) die driehonderd jaar later nog bijna allemaal worden gespeeld, muziek die overal ter wereld wordt uitgevoerd, beluisterd, verafgood. Hij heeft geen groepstherapie, psychiater of antidepressiva tot zijn beschikking. Hij zeurt niet en klaagt niet en hangt niet de hele dag bier zuipend voor de tv.

Hij ploetert gewoon door en probeert zijn leven zo creatief mogelijk te benutten. Niet voor de aandacht of het loon, maar – in zijn eigen woorden – voor de meerdere glorie Gods.

Dat is de man over wie wij het hier hebben. Doordrenkt van verdriet, na een jeugd vol ziekte, armoede, mishandeling en dood, een stevige drinker die in knokpartijen verzeild raakte, groupies neukte, een workaholic was en aan het hoofd stond van een gezin, en bij dat alles toch nog de tijd vond om attent te zijn voor zijn studenten, zijn rekeningen te betalen en een oeuvre na te laten dat het bevattingsvermogen van de meesten compleet te boven gaat. Beethoven noemde Bach de onsterfelijke god van de harmonie. Zelfs Nina Simone erkende dat Bach haar had geïnspireerd haar leven aan de muziek te wijden. Niet dat het haar hielp in de strijd tegen de heroïne en de alcohol, maar hé, je kunt niet alles hebben.

Een normaal gevoelsleven, dat kon je natuurlijk niet van hem verwachten. Hij werd geobsedeerd door cijfers en mathematica, op het eng-obsessieve af. Hij gebruikte het alfabet als een code waarin elke letter correspondeert met een cijfer (A B C = 1 2 3 enzovoorts). Neem BACH. B = 2, A = 1, C = 3, H = 8. Tel dat bij elkaar op en je hebt 14. Draai dat om en je krijgt 41. Die twee getallen duiken overal in zijn werk op: het aantal maten, het aantal noten in een frase, een muzikale handtekening die op strategische plekken in zijn werk verscholen zit. Bizar misschien, maar het moet hem een gevoel van veiligheid hebben gegeven, zoals iedereen met zo'n tic zich veilig waant, zolang hij maar het licht aan- en uitknipt, obsessief de maat houdt of de tel bijhoudt, en wel op de manier zoals het moet.

Toen hij twaalf was, wachtte hij tot iedereen sliep en sloop dan de trap af, greep een manuscript dat die hufter van een broer hem niet wilde laten zien, schreef dat over, borg zijn kopie op en legde het origineel weer terug op zijn plek, om daarna een paar uur te gaan slapen en om zes uur op te staan voor school. Dat hield hij zes maanden vol, totdat hij de complete partituur had om te bestuderen, op te broeden en zich eigen te maken.

Hij was zo gek op harmonie, kreeg daar zo'n geweldige kick van, dat hij bij gebrek aan genoeg vingers een stokje in de mond nam om nog meer noten te kunnen aanslaan.

Ik bedoel maar.

Terug naar de Chaconne. Als zijn eerste vrouw sterft, de grote liefde van zijn leven, schrijft hij een muziekstuk om haar te gedenken. Het is een compositie voor soloviool, een van de zes (natuurlijk!) partita's die hij voor dat instrument gemaakt heeft. Maar eigenlijk is het meer dan muziek. Het is een complete muzikale kathedraal, gewijd aan haar nagedachtenis. Het is de Eiffeltoren onder de liefdesliederen. En het hoogtepunt van deze partita is het laatste deel, de Chaconne. Vijftien minuten van een verwoestende intensiteit in een hartverscheurend d-klein.

Beeld je eens in wat je allemaal tegen een geliefde zou willen zeggen als je weet dat hij of zij doodgaat, zelfs de dingen waarvoor je geen woorden hebt. Stel je voor dat je al die woorden, gevoelens, emoties weet te verenigen op de vier snaren van een viool en samenbalt in vijftien geladen minuten. Stel dat je een manier weet te vinden om dat hele universum van liefde en verdriet waarin we leven in een muzikale vorm te gieten, dat je het op papier kunt zetten en aan de wereld kunt geven. Dat is wat Bach gedaan heeft, wel duizend keer, en alleen dat is voor mij al voldoende om mezelf er dagelijks van te overtuigen dat er op deze wereld iets groters en beters is dan mijn eigen kwelduivels.

Tot zover de hippie in mij.

In mijn ouderlijk huis vind ik dus een cassettebandje. En op dat bandje staat een live-versie van dit stuk. Live-uitvoeringen zijn altijd onmiskenbaar beter dan studio-opnames. Ze hebben iets spannends, er worden risico's genomen, je beleeft een moment in de tijd dat speciaal voor jou, de luisteraar, is vastgelegd. En natuurlijk krijg ik best wel een stijve van het applaus aan het eind, want zoiets vind ik mooi. Waardering, beloning, lof, trots.

Ik beluister dat bandje op mijn krakkemikkige oude cassettespeler (met autoreverse: weet je nog hoe fantastisch, hoe magisch dat was?). En van het ene op het andere moment ben ik weer vertrokken. Alleen vlieg ik dit keer niet naar het plafond, op de vlucht voor de fysieke pijn die ik voel, nee, ik trek me verder in mezelf terug, alsof ik rillend van de kou wegkruip onder een onvoorstelbaar warm en hypnotisch behaaglijk dekbed, op zo'n matras van drieduizend dollar die ontworpen is door de NASA. Zoiets had ik van mijn leven nog nooit ervaren.

Het is een somber stuk; zeker het begin is grimmig. Een soort treurzang, vervuld van ernst, smart en lijdzaamheid. Terwijl de variaties elkaar opvolgen, zwelt de muziek aan en ebt ze weer weg, strekt zich uit en trekt zich weer in zichzelf terug, als in een muzikaal zwart gat, al net zo onbevattelijk voor het menselijk verstand. Sommige variaties zijn in majeur, andere in mineur. Sommige zijn brutaal en agressief, andere gelaten en mat. De muziek is afwisselend heroïsch, wanhopig, treurig, vrolijk, triomfantelijk, verslagen. De tijd komt tot stilstand, versnelt, keert op zijn schreden terug. Ik snapte er de ballen van, maar ik voelde mezelf letterlijk verstarren. Het was alsof ik door Derren Brown was gehypnotiseerd nadat ik al ketamine had geslikt. Het raakte iets in mij. Ik moet nu denken aan de zin van Nabokov waarin Lolita tegen Humbert zegt dat hij bij haar van binnen iets had gescheurd; bij mij was van binnen iets uiteengereten, maar hierdoor werd het weer geheeld. Moeiteloos en per direct. En zoals ik wist, toen ik mijn zoon voor het eerst in mijn armen hield, dat ik voor hem desnoods onder een bus zou lopen, zo wist ik ook dat dit mijn leven zou worden. Muziek en nog eens muziek. Mijn leven zou gewijd zijn aan de muziek en de piano. Onvoorwaardelijk en naar volle tevredenheid, zonder de twijfelachtige luxe dat ik nog iets te kiezen had.

En al weet ik dat het een cliché is, in dat muziekstuk kon ik me geborgen voelen. Elke keer als ik me niet op mijn gemak voelde (altijd dus) speelde het door mijn hoofd. Keer op keer werden in mijn gedachten de ritmes getikt en de stemmen gespeeld, gevarieerd, verkend en uitgeprobeerd. Ik dook in de muziek als in een doolhof en dwaalde daar zielsgelukkig rond. Ik had iets gevonden waar ik mijn leven lang op kon teren; ik twijfel er niet aan dat ik anders al jaren dood was geweest. Dit stuk, en alle andere die ik dankzij deze compositie op het spoor ben gekomen, was als een krachtveld waar alleen de ellendigste, scherpste pijn doorheen wist te dringen.

Denk je eens in hoeveel steun je daaraan hebt.

Ik had inmiddels een manier gevonden om van de school van mijn verkrachter te worden overgeplaatst naar een of ander kloterig schooltje in de provincie. Ik was nu een soort van Superman in de klassieke muziek en zo vertrok ik op mijn tiende naar kostschool, met pianomuziek als mijn onzichtbaarheids- of onoverwinnelijkheidsmantel.

Het was een beetje alsof ik van de regen in de vervaarlijke diepzee belandde, want ik was een wel heel zonderling jochie geworden, een geflipte bedplasser met allerlei rare tics. Toen ik voor het eerst naar die kostschool ging, moest ik almaar kotsen en eenmaal ter plekke was ik de eerste paar dagen zo bang dat ik tegen niemand iets zei en verdwaasd ronddwaalde alsof ik een bomaanslag had overleefd, mijn gehoor kwijt was en de klap nog in mijn hersenen voelde nadreunen.

Ik was ook de enige Joodse jongen op deze school. Zo iemand hadden ze werkelijk nog nooit gezien. Het leek wel een proefje bij biologie: leerlingen die me werkelijk aanraakten en porden om te kijken of ik 'anders voelde'. Ze wisten nota bene alleen maar van mijn Joodse afkomst omdat die lul van een hoofdonderwijzer op een ochtend tijdens het appel tegenover alle leerlingen had verklaard dat ik een dagje weg was om Joods Nieuwjaar te vieren. Dat was na ongeveer een maand.

Niet dat het mij iets uitmaakte. Echt niet. Want dit was van geen enkel belang, vergeleken met wat er allemaal nog meer gebeurde. Ik kreeg regelmatig klappen, ik pijpte oudere jongens (en personeelsleden) in ruil voor een Mars (ik was toen naïever: ik gaf niet om geld, alleen om suiker), ik martelde dieren (salamanders, vliegen, niets groters voor zover ik me kan herinneren, als dat de dierenliefhebbers onder jullie kan geruststellen), ik verstopte me en bracht ontelbare uren in toilethokken door, om te poepen of te bloeden, te neuken of te pijpen. Ik wierp mezelf op mannen en oudere jongens en deed alles wat ze van me wilden, want tja, dat was ik nu eenmaal gewend. Zoals je iemand de hand schudt om gedag te zeggen, zo vond ik het doodnormaal en helemaal comme il faut om mezelf aan te bieden aan de eerste de beste verdorven klootzak bij wie ik 'die' blik herkende (pedofielen, denk maar niet dat zij die het hebben doorgemaakt je niet meteen herkennen). Toen ik als tienjarige op vakantie was ging ik bijvoorbeeld met een veertiger (die daar met zijn gezin bivakkeerde) naar de wc om hem in ruil voor een ijsje te pijpen, iets wat ik tot op de dag van vandaag niet als misbruik kan zien, want het was mijn eigen keuze. Ik had hem toegeknikt. Ik was hem voorgegaan. Ik wilde een ijsje.

Maar nu had ik de muziek. En dus was het van geen belang. Want ik wist eindelijk zeker dat alles goed was. Dat er iets bestond op deze gruwelijke kutwereld wat speciaal voor mij was, wat ik niet hoefde te delen of hoefde weg te redeneren, iets wat mij toebehoorde. Dat gold voor niets anders, alleen hiervoor.

De school had een paar oefenlokalen met krakkemikkige oude piano's. Die betekenden mijn redding. Elk moment dat ik vrij had, bracht ik daar door; ik improviseerde, probeerde klanken te combineren tot iets wat betekenisvol was. Ik ging zo vroeg mogelijk naar de ontbijtzaal, voor de anderen kwamen, omdat ik elke vorm van sociaal contact inmiddels als een bedreiging ervoer, lepelde mijn kommetje met suiker overladen Rice Krispies naar binnen, in mijn eentje en zonder een mens te spreken, en smeerde hem dan snel naar mijn piano.

En ik bakte er ook niks van. Niet dat het ertoe doet, maar echt, het was gewoon vreselijk. Kijk naar een van die duizenden Aziatische kleuters die op YouTube Beethoven uit de toetsen rammen, en stel je die dan voor met drie klunzige vingers en de hersenen van een alzheimerpatiëntje dat een beroerte heeft gehad: dan heb je zo ongeveer mijn spelniveau. Als ik tegenwoordig na een concert cd's signeer, lach ik me altijd suf om ouders die hun kind naar voren schuiven en mij dan vragen of ik de kleine Tom wil vertellen hoelang hij elke dag moet oefenen om zijn diploma te halen en een geslaagd musicus te worden. Mijn antwoord is meestal: 'Zo lang als hij zelf wil. Als hij het niet lachend en voor zijn eigen plezier doet, ga je dan niet druk maken. Als hij echt aangestoken is door het pianovirus, dan gaat het vanzelf; dan komt hij er heus wel.'

Zo ging het met mij. Ik leerde noten lezen; dat is niet moeilijk en het is een noodzakelijke eerste stap. Maar ik had natuurlijk geen flauw besef van dingen als vingerzetting en hoe dat studeren nu eigenlijk in zijn werk ging. Welke vinger je gebruikt voor welke toets is misschien wel het belangrijkste aspect van het instuderen van een muziekstuk. Als je dat goed doet, bespaar je jezelf een hoop ellende. Doe je het fout, dan wordt het een worsteling en kun je nooit helemaal zeker zijn van een geslaagde uitvoering. Er zijn zo veel factoren die een rol spelen. Om maar iets simpels te noemen: met welke vingercombinatie laat je de melodie precies zo helder, duidelijk en mooi vloeiend klinken als de componist heeft bedoeld, zonder dat je alle andere omringende noten en akkoorden verwaarloost? Sommige vingers zijn zwakker of sterker dan andere en kun je voor bepaalde noten beter niet gebruiken. De duim is bijvoorbeeld het zwaarst en welke noot je er ook mee aanslaat, hij zal altijd harder klinken dan als je bijvoorbeeld je ringvinger gebruikt, en daar moet je dus rekening mee houden. De fysieke connectie tussen de vierde en vijfde vinger is relatief zwak (vooral in de linkerhand), dus als je een passage hebt met toonladders moet je voor een gelijkmatige klank proberen van de derde vinger naar de pink over te stappen en de vierde helemaal niet gebruiken. Een triller (het supersnel afwisselen van twee noten die meestal vlak naast elkaar liggen, waarmee je een vibrato creëert, een trillend geluid) is het gemakkelijkst met de tweede en de derde vinger, maar soms moet je tegelijk met diezelfde hand een akkoord aanslaan en dan gebruik je voor die triller je vierde en je vijfde vinger, om alles een natuurlijke flow te geven.

Met de vingercombinatie die fysiek het gemakkelijkst is, bereik je helaas niet altijd het gewenste muzikale effect (het kan een schokkerig, onsamenhangend resultaat opleveren, ongelijk en onevenwichtig). Als een fysieke connectie tussen twee noten onmogelijk is (de sprong is te groot, of je komt gewoon vingers tekort), moet je leren het gewicht van je armen te gebruiken om de noten in een mooie lijn met elkaar te verbinden, ook al verbind je ze niet fysiek. Je moet je er altijd van bewust zijn dat het niet alleen om de noot gaat die je speelt, maar ook om de relatie van die noot met wat eraan voorafgaat en wat erop volgt, en het beste hulpmiddel daarbij is een juiste vingerzetting.

Soms kun je het jezelf gemakkelijk maken door een passage die bedoeld is voor de rechterhand met de linkerhand te spelen en vice versa, al is het maar één noot of een akkoord, maar die informatie vind je meestal niet in de partituur en dus moet je leren om die mogelijkheden te herkennen, er een aantekening van maken in de partituur, dat in je hoofd prenten, een vingerzetting bedenken, er tegelijk op toezien dat de melodielijn helder blijft, dat je niet te vaak de pedalen gebruikt (om de noten langer aan te houden of te dempen), dat je ook echt álle noten speelt die de componist op papier heeft gezet, dat alle loopjes gelijkmatig en afgewogen zijn, de akkoorden de juiste nadruk krijgen (als je een akkoord speelt van vijf gelijktijdige noten, moet elke afzonderlijke vinger een iets ander gewicht krijgen, en een iets andere kracht), dat tempo en volume precies goed zijn, dat de toon (hoe je het gewicht van de hand, de armen, de vingers gebruikt om het akkoord op een bepaalde wijze te laten klinken) niet te scherp of te zwak is, de polsen en de armen niet te gespannen zijn, dat je goed ademhaalt, het volume gelijkmatig en correct is, en ga zo maar door. Het is als een reusachtige wiskundige puzzel die je met gevoel voor logica moet oplossen. Als je die logica al niet in de vingers hebt, dan wordt het een schot in het duister.

Er was een soort van pianoleraar op mijn school en een enkele keer volgde ik een les bij hem, maar hij kon er verder ook niets mee. Natuurlijk niet: hij was de enige muziekleraar op school en omdat hij toevallig een klein beetje pianospeelde, was hij ook tot pianoleraar gebombardeerd. Hij wist evenveel over vingerzetting, toon, ademhaling en lichaamshouding als ik.

En dan gaat het alleen nog maar over de techniek. Het fysieke 'hoe en wat' van hoe je een stuk moet leren spelen. Dan heb je het zelfs nog helemaal niet gehad over de interpretatie of hoe je een stuk uit je hoofd kunt leren. Jezus, Bach zette er soms niet eens bij voor welk instrument iets geschreven was, laat staan dat hij iets aangaf over tempo of dynamiek. Vanaf Mozart en Beethoven begonnen componisten dat wel in hun partituur aan te geven, maar ook dan blijft het niet meer dan een vingerwijzing. Het is ondenkbaar dat een stuk muziek ooit twee keer op identieke wijze wordt uitgevoerd, zelfs al doe je het beide keren zelf. Wat interpretatie betreft kun je oneindig veel kanten op, en iedereen heeft weer een andere mening over wat de 'juiste manier' is, hoe je een componist al dan niet tot zijn recht laat komen, wat verdedigbaar is, wat opwindend, of juist saai, wat diepgang heeft. Het is volkomen subjectief.

En waar moet je zelfs maar beginnen met het leren van zo'n honderdduizend afzonderlijke noten, op een manier die maakt dat je volkomen zeker van jezelf bent, zelfs als mobieltjes afgaan, laatkomers de zaal binnenschuifelen of je per ongeluk de verkeerde vinger gebruikt, zodat je ook geen reet meer hebt aan je spiergeheugen. Sommige mensen zien in gedachten de partituur voor zich, compleet met koffievlekken en potloodaantekeningen. Sommigen vertrouwen op hun spiergeheugen. Sommigen houden zelfs de partituur erbij (wat heel erg ingaat tegen de etiquette voor solorecitals, maar nooit verkeerd is als het bijdraagt aan een fantastische uitvoering en verhindert dat je verlamd wordt door de zenuwen). Wat voor mij het beste werkt, is een stuk zonder partituur doorspelen op ongeveer een tiende van het normale tempo, want als je jezelf er op die manier doorheen kan slaan, dan hoef je je nergens zorgen om te maken. Stel je een acteur voor die een reusachtige monoloog repeteert die wel een uur duurt, de hele tekst doorloopt en na elk woord drie seconden stilhoudt: als hij dat voor elkaar krijgt, kent hij het stuk van buiten en wordt het een perfecte voorstelling. Een andere goede manier om mijn geheugen te trainen is om het in gedachten door te spelen, zonder mijn vingers te bewegen, weg van de piano en in een donkere kamer. In gedachten naar het toetsenbord kijken en zien hoe mijn vingers de juiste noten aanslaan, daar heb ik heel veel aan.

Leren pianospelen is dus om gek van te worden, want het is zowel een exacte als een inexacte wetenschap; er is een specifieke, betrouwbare manier om de techniek te leren beheersen die ten grondslag ligt aan de uitvoering (en zelfs die is afhankelijk van fysieke eigenschappen als lichaamslengte, kracht, reikwijdte van de vingers enzovoorts), en een inexacte, wazige, ondefinieerbare weg die je moet afleggen om de juiste betekenis en interpretatie te vinden van het stuk dat je wilt leren. Wat niet meeviel voor een tamelijk gestoord jochie van tien dat er zo ongeveer alleen voor stond en emotioneel en fysiek naar de klote was.

Ik herinner me de eerste keer dat ik een heel stuk uit mijn hoofd kende, de trots en onvoorstelbare blijdschap die ik voelde. Het doet er niet toe dat het 'Ballade pour Adeline' was van Richard Clayderman (of eigenlijk wel, als ik eerlijk moet zijn; het spijt me vreselijk) of dat mijn spel moet hebben gewemeld van de foute noten. Ik had iets uit mijn hoofd geleerd en kon het in zijn geheel spelen. En al mijn arpeggio's klonken snel en imponerend, precies zoals bij die kerels op mijn cassettebandjes, en holy shit, dit was het beste wat me ooit was overkomen. Mijn god, wat wilde ik het graag aan mensen voorspelen, maar er was niemand die het snapte, die het hoorde, die begreep wat dit voor mij betekende. Ik moest het voor mezelf houden, al was ik gek van enthousiasme, en dat maakte het zelfs nog specialer.

Wat een keurig aangepast jochie was ik toch.

Het enige dat zich kon meten met mijn verafgoding van alles wat met de piano te maken had, was roken. Die stomme klotesigaretten. De mooiste uitvinding sinds mensenheugenis. Dit hele boek zou een liefdesverklaring kunnen zijn aan roken. Het enige dat ik als jongen nog liever deed dan alleen zijn en pianospelen was rondzwerven, mezelf voor iedereen verstoppen en sigaretten roken. Die magische cilinders met hun uitzonderlijke medicinale kwaliteiten boden mij alles wat ik dacht te missen. Er was gemakkelijker aan te komen dat je zou denken, zeker in 1985: welwillende kioskhouders, oudere jongens, een enkele welwillende (en geile) leraar. Silk Cut was mijn beste vriend.

Als ik kijk naar hoe ik nu leef, besef ik dat er eigenlijk maar weinig is veranderd: tegenwoordig is het Marlboro, maar mijn hele leven draait nog steeds om sigaretten en de piano. Het zijn de enige dingen die mij nooit zullen – nooit kunnen – teleurstellen. Zelfs kanker schrikt me niet af: eindelijk een excuus om nu eens alle seizoenen van *Breaking Bad* te kijken en een enorme zooi drugs te nemen.

Wat ze je nooit vertellen, is hoe goed roken helpt om je gevoelens weg te stoppen. Later, toen ik in een paar psychiatrische klinieken verzeild raakte, ontdekte ik dat patiënten daar ook echt worden aangemoedigd om te roken, want dat maakt het werk van de verpleegkundigen een stuk eenvoudiger. Niets is zo angstaanjagend voor een geesteszieke als een gevoel. Goed of slecht, dat maakt geen bal uit. We kunnen er totaal van ondersteboven raken, zonder in de verste verte te weten hoe we daar op een redelijke of rationele manier mee om kunnen gaan. Als ik niet rook, is de kans dat ik mezelf opknoop minstens drieënveertig keer zo groot. En dus rook ik. Zo veel mogelijk, bij elke denkbare gelegenheid. De enkele keer dat ik probeerde te stoppen, was altijd om iemand anders een plezier te doen: mijn meisje, mijn familie, de samenleving. Kansloos. Ik ben een meester in het creëren van een crisissituatie die mijn naasten de kans biedt mij weer toestemming te geven te gaan roken. Als je de keus hebt tussen een geladen pistool (echt of denkbeeldig) of een pakje sigaretten, kies dan altijd voor het laatste. Ik weet dat ik me hier niet populair mee maak. Maar jezus, voor mij is het nu eenmaal een zegen. Ik word rustiger van alleen al de gedachte dat ik bij een of andere gelegenheid kan roken, of het nu een concert is, een feestje, een interview, een etentje. Pak me dat af (op een vliegveld, bijvoorbeeld) en er is geen land meer met me te bezeilen. Dat is de reden waarom ik op een vliegveld zo vaak weer door de beveiligingspoortjes naar buiten loop om nog een laatste rokertje op te steken, en daarna weer in de rij aansluit. Het is het meer dan waard om opnieuw door die klootzak achter het poortje te worden lastiggevallen. Niet dat ik er trots op ben. Ik weet dat ik een loser lijk. Een nicotineslaaf die beter zou moeten weten. Het maakt me geen donder uit. Het is allemaal waar, en zielig of niet, ik zal de internationale tabaksindustrie eeuwig dankbaar zijn.

Je kunt dus zeggen dat er op sommige goede dagen genoeg positieve dingen waren om een tegenwicht te bieden aan al het negatieve, en dat ik het redelijk naar mijn zin had op die kostschool. Ik belandde in een vicieuze cirkel van ellende (pesten, agressieve en ongewenste seks, totale ontreddering), afgewisseld door de rust en ruimte om te roken, piano te spelen, naar muziek te luisteren. Het doet me denken aan een soldaat die van het slagveld terugkeert naar huis en na een paar dagen weer wordt opgeroepen. En die cyclus herhaalt zich tot op de dag van vandaag. Ik ben doodsbang om het podium op te stappen, intiem te zijn met Hattie, mijn psychiater te bezoeken, tijd door te brengen met mijn zoon (met alle bijbehorende gevoelens), aan het sociaal verkeer deel te nemen, in omstandigheden terecht te komen die ik niet onder controle heb. En dan de opluchting als ik thuiskom bij mijn piano, achter gesloten deuren, met een asbak bij de hand en Amerikaanse tv-series om naar te kijken, alleen, ongestoord. Tijd alleen. De heilige graal.

TRACK 5

Beethoven, Pianosonate nr. 32, op. 111, tweede deel

Garrick Ohlsson, piano

In 1770 wordt een kind geboren in een moeilijk, gewelddadig milieu. In een familie die geteisterd wordt door alcoholisme, huiselijk geweld, scheldpartijen en wreedheden. De situatie loopt zozeer uit de hand dat hij op zijn zestiende zijn eigen vader voor de rechter sleept om de hand te kunnen leggen op diens inkomen, zodat het gezin te eten krijgt.

Als twintiger grijpt hij de klassieke muziek in haar nekvel om die in zijn eentje het romantische tijdperk binnen te sleuren, door zich te concentreren op emoties, de blik naar binnen te werpen, conventies aan zijn laars te lappen, compromisloos trouw te blijven aan zijn eigen overtuigingen, te componeren voor de orkesten van de toekomst en zo koppig te zijn om zich niets aan te trekken van wat anderen van hem vinden.

Stokdoof, creperend van de pijn, een emotioneel wrak, componeert hij in 1822, een paar jaar voor zijn dood, zijn tweeëndertigste en laatste pianosonate.

Dit is het absolute hoogtepunt van wat hij voor de piano geschreven heeft.

Twee delen, in plaats van de gebruikelijke drie of vier, die het niveau van het gewone menselijk bestaan ontstijgen en ons naar een hoger plan tillen, waar de tijd stilstaat en we daadwerkelijk in aanraking komen met de 'interioriteit' waarover hij gesproken heeft en de innerlijke werelden die zijn muziek tot uitdrukking brengt. Dit was geen muziek voor God of vorstenhof; het draaide om gevoelens, om de blik naar binnen, om het mens-zijn. Zoals e.e. cummings schreef: 'Niemand-dan-jezelf zijn – in een wereld die dag en nacht zijn best doet om jou te maken zoals iedereen – is een niet-aflatende strijd, de zwaarste strijd die een mens kan voeren.' Beethoven voerde die strijd elke dag van zijn verdomde leven.

Even een opmerking over tijd. Omdat het belangrijk is. Ruimte is niets zonder tijd. Tijd werkt als een buffer. Een veilige plek tussen de gebeurtenissen in. Als ik ergens rustig van word, is het een dag in mijn agenda die helemaal leeg is. Geen vergaderingen, etentjes, afspraken, geen vrienden om koffie mee te drinken, geen date of concert. Het besef dat ik de hele dag thuis kan blijven en alle tijd heb voor wat me te doen staat. Het is de reden waarom ik zo idioot vroeg kom opdagen als ik een afspraak heb, waarom ik vijf uur voor het vertrek van mijn vliegtuig al op Heathrow ben en een heel uur uittrek voor een autoritje van tien minuten. Zolang ik voldoende tijd heb, gaat alles goed. Voor twee uur studeren ruim zes uur tijd uittrekken, dat is zo ongeveer de juiste verhouding. En zo gaat het op elk terrein van mijn leven. Voor elk album dat ik heb opgenomen heb ik drie of vier dagen een studio afgehuurd, terwijl ik in de helft van de tijd klaar was. Examens rondde ik af binnen de helft van de toegewezen tijd. Deadlines haal ik altijd ruimschoots. Huishoudelijke karweitjes doe ik in een derde van de tijd die ervoor staat. Voor de uitoefening van je vak is dat fantastisch, voor privéaangelegenheden wat minder. Een date wil niet dertig seconden nadat ze de menukaart heeft gekregen iets bestellen en na drie kwartier alweer van tafel. Ze wil niet iemand die bijna een zenuwinzinking krijgt als ze niet nu, onmiddellijk, vertrekken naar een feestje dat vlakbij is en pas twee uur later begint. Iemand die altijd als eerste komt opdagen en van wie je weet dat hij al vanaf half vijf op je staat te wachten als je om zes uur hebt afgesproken, van de ene voet op de andere wippend als een opgewonden stokstaartje.

Ik word beheerst door honderdduizend vormen van angst. Angst voor kritiek, voor tijdgebrek, angst dat ik tekortschiet, dat ik dingen verkeerd begrijp, dat me iets ontgaat, dat ik me niet kan concentreren op andere dingen die opeens gebeuren, dat ik mensen teleurstel. Het is een almaar wisselende, onbestemde paniek en hoezeer ik ook probeer mezelf te kalmeren, die kan altijd onmiddellijk weer opdoemen voor een nieuw probleem waar ik zelfs nog niet eens aan gedacht had. Het lijkt wel een spelletje Whack-A-Mole in de stijl van David Lynch: elke keer als je zo'n beest de hersens inslaat, duiken er weer tien nieuwe voor je op. En ze kijken je smalend aan, zeggen de afschuwelijkste dingen en laten je zien wat voor een mafkees je bent.

Ik word er elke ochtend mee wakker. En zo is het altijd geweest.

Stel je een extreem neurotische Joodse moeder voor die aan de coke is en alles doet wat God verboden heeft: zo zit dat deel van mijn geest in elkaar. En dus werp ik mezelf op die piano alsof mijn leven ervan afhangt. Ik duik onder in mijn werk. En van buiten zie ik eruit als elke andere hardwerkende debiel die zijn stinkende best doet en anderen niet wil teleurstellen. Maar de waarheid is: als ik dat niet doe, dan ga ik dood, dan kan ik wel een moord begaan, dan draai ik op de ergst denkbare manier in de vernieling. Ik ben een onvoorstelbare bofkont dat mijn drang tot zelfbehoud soms gewoon lijkt op hard werken. Als de angst zich maar vermomt als bescheidenheid en toewijding aan je werk, is dat genoeg om mensen zand in de ogen te strooien.

En zo ben ik mijn schooltijd doorgekomen. Huiswerk doen uit angst, voor examens studeren in blinde paniek, uit pure zelfbescherming zo veel mogelijk tijd voor alles nemen, met tenminste de illusie dat ik veilig was. Ik was ook slim. Als kind doorlopend misbruikt worden heeft als belangrijkste voordeel dat je het vermogen ontwikkelt een goede inschatting te maken van situaties, gemoedsbewegingen, krachtvelden. Zet me tegenover een volwassene en ik weet binnen een paar seconden wat zo iemand wil horen en zien om zich op zijn gemak te voelen en voor mij open te staan. Bij leraren werkte het perfect: afhankelijk van het type mens dat ze waren, had ik beurtelings heimwee, was ik kwetsbaar, stoer, kranig, charmant, flirterig, afhankelijk of zelfstandig. En ik kreeg er alles mee gedaan. Extra tijd voor mijn examens, hogere cijfers, extra chocolade, verlof van gym, zakgeld. Noem maar op. Het komt erop neer dat ik op tienjarige leeftijd ontdekte dat ik in elke denkbare situatie kon overleven, soms zelfs goed gedijen, omdat ik beschik over de manipulatieve kracht van een superheld.

Als je misbruikt bent, ben je de rest van je leven iemand die zich weet te handhaven. Als het deel van mij dat ertussenuit kneep als ik verkracht werd de touwtjes in handen neemt, kan ik leven zonder geld, vrienden en huis, en dan lijk ik niet alleen oké, het lijkt me zelfs prima af te gaan. In duistere tijden betekent vriendschap niets, mensen zijn dan alleen maar een middel om aan bepaalde dingen te komen: geld, troost, goedkeuring, een baan, seks, en als ze hun functie eenmaal hebben vervuld is het tijd voor de volgende. Mijn 'beste vrienden' zijn degenen bij wie ik jaren achtereen kan blijven aankloppen voor meer – bedrijven hechten niet voor niets zo'n hoge waarde aan vaste klanten. Voor slachtoffers van misbruik is contact met andere mensen vaak alleen maar een transactie. Net als voor een psychopaat. Dat is waarom het zo moeilijk is een goede diagnose te stellen. Autisme, asperger, posttraumatische stressstoornis, bipolaire stoornis, narcisme en allerlei andere psychische stoornissen: in het diagnostische handboek delen ze een reeks van cruciale symptomen. Als ik in een milde bui ben, kan ik dus zeggen dat ik asperger heb en daarom heel manipulatief ben en me moeilijk in een ander kan verplaatsen, maar ik kan ook zeggen dat ik een psychopaat ben die niet in staat is tot medeleven. Beide diagnoses snijden hout. Kies zelf maar.

Het probleem, het grote probleem, is dit: hoewel je doelgericht bezig bent, hoewel je denkt dat je al die leugens wel kunt onthouden, al die verschillende personages die je speelt, afhankelijk van in wiens gezelschap je verkeert, zul je uiteindelijk – na een paar jaar – het spoor bijster raken. Het zal zich wreken. En dan slaat de twijfel toe. En beginnen de problemen. Je moet alles goed onthouden en als dat niet lukt – als je niet meer zeker weet of je voor een bepaalde persoon de slachtofferrol moet spelen, iemand die kapot is en platzak, of je juist moet voordoen als de succesvolle streber – dan stort het hele kaartenhuis in elkaar. Als je in een gloednieuwe BMW komt opdagen om een weekendje op stap te gaan met een vriend die dacht dat je moeite had de eindjes aan elkaar te knopen, moet je weer een heel verhaal opdissen, nog meer leugens in je hoofd stampen, nog meer dingen onthouden. Het is hondsvermoeiend, doodeng en de prijs kan heel hoog zijn.

Volgens de dokters heb ik onder andere een dissociatieve identiteitsstoornis, wat gepaard gaat met een aantal (dertien, als je het echt wilt weten) 'alters' die beurtelings het heft in handen nemen, afhankelijk van de situatie. Het komt er in de praktijk op neer dat ik indien nodig dertien mensen tot mijn beschikking heb om het werk te doen van één. Dat heeft wel iets van een militaire operatie en verklaart deels mijn geheugenproblemen, want de alters kunnen niet altijd goed met elkaar communiceren, als ze dat al doen. Sommige zijn goedaardig, andere ongevoelig, en ze dienen allemaal hetzelfde doel: ten koste van alles overleven.

Genezing van zo'n stoornis lijkt niet echt mogelijk, maar je kunt er wel mee leren omgaan. De alters kunnen herkend en geaccepteerd worden; je kunt ermee praten en vrienden mee worden. De alters waar je weinig aan hebt, kun je vragen om zich koest te houden, terwijl je de meer behulpzame kunt stimuleren om op te gaan in het geheel. Dat waren een paar gezellige dagen bij de therapeut.

En als het me allemaal boven het hoofd groeit en ik afscheid moet nemen van een vriend/kennis/collega, als ik de boel heb verkloot omdat het allemaal te ingewikkeld is geworden, dan geeft dat eigenlijk niks, want ik kan gewoon weer opnieuw beginnen met iemand anders, maar het is wel frustrerend om mijn nederlaag te erkennen. Het ergert me dat ik de bal kwijtraak en van het veld af moet. Ik moet beter mijn best doen. Het wordt bijna een wedstrijd. En het heeft iets treurigs, want de meeste van mijn vrienden en familieleden houden echt van me. Ze denken te weten hoe ik in werkelijkheid ben, en al hebben ze hun twijfels over sommige aspecten van mijn gedrag en karakter, ze gaan er op een naïeve maar aandoenlijke manier van uit dat die twijfels hen alleen maar tot slimme, empathische mensen maken, omdat ze al die lagen van mijn persoonlijkheid zien en toch van me houden en begrip tonen. Maar mensen die in hun jonge jaren niet zelf misbruikt zijn, kunnen gewoon niet bevatten hoe ingewikkeld het allemaal ligt.

Een voorbeeld. Een vriendinnetje legt me een vraag voor. De vraag is simpel.

'Wat zullen we eten vanavond?'

Een normaal iemand zal zeggen: 'Kip.'

Of misschien: 'Waar jij zin in hebt, liefje; mij maakt het niet uit.'

Of, als we in een royale bui zijn: 'Kies maar een restaurant, schat, dan neem ik je daar met alle plezier mee naartoe.'

Een overlevende (vooral iemand die last heeft van een posttraumatische stressstoornis of iets in die geest) kan pas antwoord geven als hij *in stilte* het volgende lijstje vragen heeft afgewerkt:

Waarom vraagt ze dit?

Welk antwoord verwacht ze van mij te horen?

Hoe zal ze reageren als ik dat zeg?

Wat wil ze eten?

Wil ze dat ik iets voorstel waarvan ik weet dat zij het lekker vindt?

Wil ze dat ik haar vraag om mee uit eten te gaan?

Waarom?

Heb ik iets verkeerd gedaan?

Heb ik iets goed te maken?

Wat wil ik eigenlijk zelf?

Waarom?

Hoe zal ze reageren als ik dat zeg?

Is dit een strikvraag?

Hebben we iets te vieren?

Wat aten we gisteren?

Wat eten we morgen?

Wat ligt er in de koelkast?

Zal ze mijn antwoord misschien als kritiek opvatten op de boodschappen die ze gedaan heeft?

Welk antwoord wil ze van me horen?

Want zou haar ideale vriendje voor antwoord geven?

Wat zou een man in een film voor antwoord geven?

Wat zou een normaal iemand voor antwoord geven?

Wie wil/moet ik zijn als ik hierop antwoord geef?

Wat zou die persoon voor antwoord geven?

Is dat een acceptabel antwoord?

Strookt dat antwoord met de 'ik' die ze denkt dat ik ben?
Ben ik tevreden met dat antwoord?
Hoe groot is de kans dat zij tevreden is met dat antwoord?
Is dat een acceptabel percentage?
Als het verkeerd valt, hoe red ik me daar dan uit?
Kan ik erop terugkomen zonder al te veel schade te hebben aangericht?
Op welke toon moet ik antwoorden?
Moet ik het misschien in de vorm van een vraag gieten?
Een verklaring?
Een instructie?
En ga zo maar door. In een mum van tijd. Schoolkinderen die worden misbruikt, nemen te veel tijd voor het beantwoorden van directe vragen, zodat het lijkt alsof ze van schrik de vraag proberen te omzeilen. Met als gevolg dat ze een etiket krijgen opgeplakt als 'moeilijk', 'dom', 'ADHD', 'opstandig'. Ten onrechte. Dus zijn ze altijd op een of andere manier de lul. Verdiep je erin.

Naarmate je ouder wordt, wordt dat gedrag steeds meer een tweede natuur, als ademhalen. Een enkele keer worden we door zo'n vraag overvallen. Met name vroeg in de ochtend of als we oververmoeid zijn. Dus voor die momenten dat we er niet alert op zijn, perfectioneren we onze afleidingsmanoeuvres: 'Mijn god, wat ben je mooi', 'Kut, er schoot net iets in mijn rug', 'Wat hou ik toch van je', 'Ik moest ineens denken aan toen... (vul hier een romantische herinnering in)', of wat nog gebruikelijker is: we staren in de verte, zogenaamd in gedachten verzonken, en doen alsof we de vraag niet hebben gehoord, terwijl onze hersenen zich al suf werken om met een gepast antwoord te komen. Alles om maar tijd te winnen en uit te puzzelen wat toch dat verrekte gepaste antwoord is.

We zijn multitaskende, razendsnel denkende, hyperalerte hufters. Die kampen met een meedogenloze, onstuitbare, eindeloze stortvloed van bedreigingen, het ene vuurtje na het andere dat moet worden geblust. En omdat lichaam en geest het verschil niet kennen tussen echte en ingebeelde angst, reageren beide alsof we midden in een heuse oorlogssituatie zitten.

Oorlog, dat is de beste omschrijving voor het dagelijks leven van iemand die seksueel misbruikt is. Je wordt van alle kanten bedreigd, je kunt je geen moment ontspannen, je pakt overal en altijd wat je pakken kan (eten, seks, aandacht, geld, drugs) omdat je doodsbang bent dat je er morgen geen kans meer voor krijgt. En je teert op een mengeling van adrenaline en doodsangst. Morele overwegingen gaan het raam uit, spelregels bestaan niet meer, je zult koste wat het kost overleven. En zo'n leven kan niet zonder gevolgen blijven.

Ik kan niet half vertellen hoe klote de fysieke symptomen van dat misbruik zijn. Ik ben jaren – tientallen jaren zelfs – aan de wc-pot gekluisterd geweest. Als kind, op kostschool, zat ik daar zo ongeveer elke nacht, meestal rond drie uur in de ochtend, vaak creperend van de pijn. Zwetend en kotsmisselijk, met het gevoel alsof er een mes in mijn darmen werd gewrongen. Het voelde alsof ik niets dan water poepte en ik durfde pas na een uur of twee de wc te verlaten. In de ochtend hetzelfde verhaal. Ik zweer je, ik heb mijn hele kindertijd maar drie of vier uur per nacht geslapen. Ideaal als je slank wilt blijven, maar minder handig in het sociaal verkeer.

Ik weet dat ik hier vrij lang op doorga. Maar echt, er is veel om op door te gaan. Het is maar al te gemakkelijk om te denken dat het misbruik ophoudt zodra de dader uit zicht verdwijnt, en moeilijk om te beseffen dat het voor een slachtoffer dan nog maar het begin is.

Als volwassene werd het er voor mij niet beter op. De

verschrikking om in een afgeladen metro te zitten op weg naar mijn werk, terwijl het zweet over mijn gezicht loopt, mijn overhemd doordrenkt is, mijn ingewanden zich in bochten wringen van de pijn, onzeker of ik wel op tijd een wc zal bereiken. Soms wel, soms niet. Ik zou een gids kunnen schrijven met de beste en makkelijkst bereikbare wc's in Londen. Tot de dag van mijn dood zal ik dankbaar zijn voor viersterrenhotels. Ik slenter het Dorchester, Lanesborough of Ritz binnen, trek een gezicht alsof ik daar thuishoor, loop regelrecht naar de plee, en zodra ik de warme, besloten beschutting van dat marmeren interieur heb bereikt kom ik tot ontploffing. Dure hotels zijn een uitkomst, alleen al omdat ze meerdere hokjes met stevige deuren hebben. In Claridge's hebben ze godbetert zelfs een apparaat dat een zachte ruis voortbrengt, om onwelvoeglijke geluiden te overstemmen. Even een noodstop in dat ene hokje van een Starbucks is uitgesloten, alleen al vanwege de angst dat zich daar dan een rij vormt, dat ze je kunnen horen, de beschuldigende blikken, de stress, de angst, niet genoeg tijd.

Ik lees mijn eigen woorden en sta versteld dat ik het op die kostschool heb gered, zelfs met behulp van de muziek, mijn fantasie en sigaretten. Een paniekerig kind dat altijd aan de schijterij is, niet kan slapen, de hele tijd zit te zenuwpezen, zonder sociale vaardigheden, altijd doodsbang, dat de hoer uithangt, rookt en drinkt, en toch de volwassenheid heeft bereikt. Het is goddomme een wonder. Maar in plaats van daar trots op te zijn en de extra tijd die me gegund is met beide handen aan te grijpen, voel ik meestal schaamte en woede dat ik er nog altijd ben.

Schaamte is wat overblijft na elke vorm van misbruik. Als er iets is wat de slachtoffers belet aan het duister te ontsnappen, is het die schaamte, en dat besef is essentieel om te begrijpen waarom ze zo ongelofelijk geflipt zijn. Mijn woordenboek definieert schaamte als 'het vernederende of wanhopige gevoel van afgrijzen, teweeggebracht door het besef dat men fouten of dwaasheden heeft begaan'. En die definitie doet me pijn. Alle slachtoffers beoordelen datgene wat hun is aangedaan op zeker moment als een fout of dwaasheid waaraan zij zich zélf schuldig hebben gemaakt. Als ze heel veel geluk hebben, raken ze er ooit van doordrongen dat dat een vergissing is, maar in de meeste gevallen is het een diepe overtuiging die ze altijd, maar dan ook altijd zullen blijven koesteren. De eerste vriendin van de familie die ik van het misbruik op de hoogte bracht, kende me al mijn hele leven. Ik was dertig toen ik het vertelde en haar eerste reactie was letterlijk: 'Nou, James, je was ook wel een ontzettend mooi jongetje.' Alweer de suggestie dat het aan mij lag. Het kwam omdat ik flirtte, naar aandacht hengelde, mooi was, sletterig, verdorven: daarom was mij dat aangedaan.

Het komt door de schaamte dat we onze mond houden. Met dreigementen kun je iemand een tijdje koest houden, maar niet jaren achtereen. Schaamte garandeert dat je blijft zwijgen, en zelfmoord is het ultieme zwijgen. Je kunt nog zo hard 'Het is jouw schuld niet!' tegen ze roepen, net als in de film *Good Will Hunting*. Je kunt evengoed beweren dat de lucht groen is. De enige manier waarop je zo'n slachtoffer kunt bereiken, is door zielsveel van hem of haar te houden en dat halsstarrig te blijven doen, al is het maar van een afstandje, om zo hun overtuigingen een klein beetje aan het wankelen te brengen. En dat is een opgave die de meeste mensen eenvoudig niet kunnen opbrengen, ze hebben er de energie en het geduld niet voor. Denk je eens in dat je zo onvoorwaardelijk kunt zijn in de liefde. Dat je alleen maar aardig, teder en liefhebbend bent, terwijl je er het grootste deel van de tijd alleen maar woede, wantrouwen, paranoia, ongeloof en vernietigingsdrang voor terugkrijgt, afkomstig van iemand die vreselijk aan je hangt. Het is alsof je een mishandelde hond uit het asiel hebt gered, die je vervolgens bedankt door zijn tanden in je kinderen te zetten en elke dag bij jou thuis op de vloer te schijten. Het is een ondankbare en vrijwel ondoenlijke taak, behalve voor een superde-luxe therapeut die er jarenlang voor is opgeleid, meer dan tweehonderd pond per uur rekent en 's avonds als hij naar zijn vrouw en kinderen gaat bij zichzelf denkt: 'Godallemachtig, ben ik even blij dat mijn werkdag erop zit.'

Ik ben veel dingen tegelijk. Ik ben musicus, man, vader, klootzak, leugenaar en oplichter. Maar inderdaad, in de eerste plaats ben ik iemand die zich schaamt. En het zou best eens kunnen dat al die negatieve dingen een gevolg zijn van mijn schaamte. En als ik dat gevoel van schaamte, van tekortschieten, van slecht zijn, van inherente boosaardigheid nu eens zou kunnen onderkennen, aanvaarden en onschadelijk maken, dan zouden de stoornissen en overtuigingen die mij het gevoel geven dat de wereld mij vijandig gezind is misschien wel wegvallen.

TRACK 6

Skrjabin, Pianoconcert, laatste deel

Vladimir Ashkenazy, piano

Skrjabin was een Russische pianist en componist. Hij begon met het schrijven van lyrische, chopineske muziek en werd langzaam avontuurlijker, atonaler en dissonanter in zijn zoektocht naar de mogelijkheden van synesthesie en de relatie tussen kleuren en muziek. Hij bedacht zelfs een instrument waarvan de noten correspondeerden met uiteenlopende kleuren, het zogenaamde clavier à lumières, *dat een rol kreeg in zijn symfonie 'Prometheus: gedicht van vuur'.*

Door het vele pianospelen kreeg hij klachten aan zijn rechterhand, wat hem er min of meer toe dwong om componist te worden in plaats van pianist, en daarna wijdde hij zijn leven aan muzikaal symbolisme en bizarre ideeën; hij zag zichzelf als een mystieke, messiaanse figuur. ('Ik ben God,' schreef hij in zijn dagboek. Iets te vaak.)

Hij en Rachmaninov waren de Blur versus Oasis van de laatnegentiende-eeuwse Russische muziek. Niemand die tijdens zijn leven beroemder was dan Skrjabin, en helaas: weinigen zijn na hun dood ook sneller vergeten.

Zijn pianoconcert, geschreven voordat hij overstapte op meer esoterische harmonische landschappen, wordt tegenwoordig nog altijd schandalig weinig uitgevoerd, al evenaart of overtreft het zelfs veel van Rachmaninovs concerten.

Toen ik dertien was, ruilde ik mijn kostschool in voor een andere. Een peperduur instituut waar het wemelde van de toekomstige leiders, captains of industry, despoten, rijke cokesnuivers en playboys. Harrow School.

En nu moet ik oppassen, want als je tegen iemand zegt dat je het geluk hebt gehad naar een school te gaan met 25 hectare grond, een eigen schietbaan, een theater, een 'cadet corps' en één leraar op iedere twaalf leerlingen, en je gaat je vervolgens beklagen, dan zal zo iemand denken, misschien terecht, dat je nu maar eens je bek moet houden. De school en de faciliteiten waren fantastisch. Op het belachelijke af. Weerzinwekkend snobistisch en rijk. En toch veranderde ik daar geen steek. Vijf jaar lang dezelfde ellende: ik hield me schuil op de plee, had seks met jongens, sloot mezelf op in oefenlokalen waar een piano stond, was altijd misselijk en in paniek en had last van allerlei tics.

Ik weet het. Ik begin het zelf ook zat te worden. Zozeer zelfs dat ik deze vijf jaar in zijn geheel oversla en archiveer onder de noemer 'Meer van hetzelfde'. Ik kan het niet verdragen nog één woord van zelfbeklag te wijden aan hoeveel ik geleden heb op een particuliere school in een lommerrijke voorstad, die dertigduizend pond per jaar kostte en voorzien was van SQUASHBANEN, EEN BIOSCOOP EN EEN EIGEN BOERDERIJ. Maar er zijn twee dingen uit die tijd die ik ter sprake moet brengen en ik zal proberen het kort te houden.

Om te beginnen werd ik daar voor het eerst verliefd. En met 'verliefd' bedoel ik dat ik werd meegesleurd in een maalstroom van gevoelens die ik nooit eerder had ervaren. Het was de best denkbare vorm van liefde, de enige soort 'eerste liefde' die bestaat. De soort die gepaard gaat met verzamelbandjes maken, totale bezetenheid, poëzie en jezelf onophoudelijk aftrekken.

Wat mij brengt op een volgend probleem voor wie op

jonge leeftijd verkracht is: je hebt een totaal verwrongen beeld van seks binnen een relatie. Het gevolg was dat ik op mijn eerste date met een meisje voorstelde te gaan neuken in de wc van het restaurant, op luchtige toon en langs mijn neus weg, alsof ik voorstelde na het eten nog een kopje koffie te drinken. Dat was niet uit geilheid, ik dacht gewoon dat het de vanzelfsprekende, normale gang van zaken was. Het werkte niet (we waren vijftien), maar die blik van afschuw op haar gezicht was iets waarmee ik nog heel vertrouwd zou raken. Het droeg alleen maar bij aan de vicieuze cirkel van mijn schaamte, en versterkte mijn idee dat seks iets smerigs, stiekems en slechts was.

Maar mijn eerste liefde was geen meisje. Het was een jongen die een klas lager zat dan ik, cello speelde en mooi en onschuldig was, een beetje zoals ik voordat alles fout liep. Yep. Zo narcistisch ben ik wel. En het was geweldig, niet omdat het reëel was (natuurlijk was het dat niet), maar omdat het op een verrukkelijke manier afleiding bood van mijn dagelijkse werkelijkheid. Het verloste me van mijn eigen ellende en verschafte me iets waarop ik al mijn opgehoopte verlangen kon projecteren, iets ter bestrijding van de leegte die ik zo wanhopig graag wilde vullen.

De hele dag door haastte ik me naar de verschillende plekken waar ik dacht dat hij zou kunnen zijn, en als ik hem dan uiteindelijk ergens aantrof, deed ik of ik daar toevallig was, kneep er stiekem met hem tussenuit voor een sigaretje, en deed mijn uiterste best om elke millimeter van zijn gezicht, handen en armen in mijn hoofd te prenten, beelden om later terug te spoelen. 's Avonds, als ik gebruikt werd door oudere jongens en stinkende mannen, was het zijn gezicht waaraan ik dacht. Het was zonder meer een obsessie. Die duurde de hele tijd dat ik daar op school zat en gaf me een reden om te leven. Zoals dat hoort bij een eerste liefde.

Ik ben geen homo. Na mijn schooltijd heb ik nooit meer seksueel contact gehad met mannen. Maar jonge liefde is daadwerkelijk blind (en niet alleen vanwege al dat gemasturbeer). Het is een liefde die geen grenzen kent en zich aan geen fatsoensnormen houdt. Ze geeft je een klap in het gezicht en haalt je onderuit, geniet van je totale onvermogen om weer overeind te komen.

Er is nooit iets tussen ons gebeurd en ik denk zelfs niet dat hij zich van mijn gevoelens bewust was – ook al een reden waarom het zo lang geduurd heeft, denk ik – maar het was werkelijk een oase van rust in de shitstorm van mijn tienerjaren. Het fungeerde als een reddingsboei van louter hersenspinsels, en die denkbeeldige wereld van ons tweeën was voldoende om mijn hoofd boven water te houden.

In combinatie met de piano, natuurlijk. Ik kreeg nu mijn eerste echte leraar, die geweldig was en alleen gehandicapt werd door het feit dat ik zijn leerling was. Zijn naam was Colin Stone en hij was, en is nog steeds, een fantastische kerel. Ik mocht roken in zijn tuin en hij verdroeg mijn ongebreidelde enthousiasme voor alles wat met de piano te maken had, luisterde naar mijn tirades tot ik erbij neerviel en liet mij muziekstukken uitproberen waar ik volstrekt niet aan toe was.

Het probleem was dat ik al de marathon liep voordat ik zelfs maar kon kruipen. Ik probeerde stukken te spelen die mijn vermogens zo ver te boven gingen dat het belachelijk was, maar ik sloeg me er wel doorheen, meegevoerd op niets dan een vloedgolf van onstuitbaar enthousiasme. De faciliteiten lieten niets te wensen over. Tientallen oefenlokalen, zeeën van vrije tijd om mezelf daar op te sluiten en te studeren. Ik kreeg zelfs toestemming in mijn eentje naar Londen te reizen om concerten bij te wonen. Ik geloof niet dat er weleens eerder een leerling was geweest die daarom had gevraagd en het gaf me een zeldzaam, verrukkelijk gevoel van vrijheid om met de metro naar de Festival Hall of de Wigmore Hall te gaan en te horen hoe de allergrootste pianisten op hun instrument aanvielen.

Mijn leven werd beheerst door obsessies: de Jongen, Bach, sigaretten. Ik luisterde elke avond tot diep in de nacht naar opnames van mijn pianohelden, met grote ogen van verbazing en ontzag voor wat ze deden. Ik zette een koptelefoon op en luisterde naar Rachmaninov, zweefde als vanouds weg op de muziek en mijn verbeelding, almaar fantaserend dat ik het was die daar speelde. Ik vond opnames van Grigori Sokolov, de allergrootste levende pianist, en er is niets waarvan ik ooit zo veel heb opgestoken over het leven, over toewijding en hartstocht, als van zijn spel – met open mond en als in een trance luisterde ik naar wat hij met een piano kon uitrichten.

Er was werkelijk maar één ding in dit ondermaanse dat ik wilde doen, besefte ik: in mijn eentje de wereld rondreizen en pianospelen in concertzalen. Verder niets. Ik zou het prima hebben gevonden op mijn vijfentwintigste dood te gaan, als ik dan tenminste eerst een paar jaar getoerd had. Al het andere was alleen maar afleiding. Ik wist dat ik onherstelbaar naar de klote was, een echte carrière en een eigen gezinnetje kon ik vrijwel vergeten, maar dit zag ik, in mijn innerlijke lachspiegel van struisvogelgedrag en dom enthousiasme, nog wel als een haalbare kaart. Van musici wordt immers verwacht dat ze compleet lijp zijn, en al helemaal van klassieke musici, die zich niet eens de luxe kunnen permitteren van gescheurde spijkerbroeken, groupies en cocaïne. Zij moeten hun gevoelens zien uit te drukken met suffe pullovers, nul sociale vaardigheden en de meest idiote bekkentrekkerij, een beschrijving waaraan ik zeker voldeed. Ik had genoeg aan een piano en mijn handen om aan de slag te kunnen. Sociale vaardigheden geen vereiste. Voor mij de perfecte carrière.

En het treurigste was dat ik ergens wel besefte dat ik nog niet goed genoeg was. Dat wist ik. Iemand die een carrière overweegt als concertpianist moest op mijn leeftijd al stukken kunnen spelen die ik van mijn levensdagen niet onder de knie zou krijgen. En foutloos. Maar al deed mijn fantastische leraar nog zo zijn best (zo regelde hij dat ik kon spelen voor het hoofd van de afdeling piano van Guildhall School, een man die me vervolgens een studiebeurs aanbood), het zat er gewoon niet in. Niet alleen ontbrak het mij aan vaardigheden, mijn ouders wilden er niets van weten. Ze zouden me niet steunen als ik daarvoor koos, ze stonden erop dat ik naar een échte universiteit ging. En omdat ik nu eenmaal een idiote, slappe lul was en ben, zei ik niet dat ze de pot op konden en dat ik toch naar het conservatorium ging. Ik slikte het en zei oké.

Het is verschrikkelijk een passie te hebben die zo heftig is dat het elke seconde van je leven beheerst, terwijl het je ontbreekt aan de morele ruggengraat om haar te volgen.

Het tweede wat ik wil vermelden, is dat ik de drank ontdekte. Ik was al weleens dronken geweest (de gymleraar en anderen hadden soms drank gebruikt om me meegaander te maken), maar dat was niet mijn eigen keuze geweest, ik had zelf nooit drank gekocht, had nooit uit eigener beweging gedronken. En de eerste keer dat ik het wel deed, op mijn dertiende, was dat het enige wat kon wedijveren met luisteren naar die Chaconne van Bach. Een halve fles wodka, van de trap vallen, alles onderkotsen, in het ziekenhuis belanden, bijna van school worden getrapt, de schaamte en de afschuw van mijn ouders, het gesprek met de politie (de wodka was gestolen), het maakte allemaal niets uit. Ik had een tweede goede vriend gevonden voor als de piano buiten bereik was. En ik dronk wanneer ik maar kon, want het was als een magisch elixer waardoor alle rumoer naar de achtergrond verdween en ik me twee meter lang en onverwoestbaar voelde; dit was de enige manier waarop mijn hoofd een beetje tot rust kwam en ik gegarandeerd binnen een kwartier uit mijn lichaam en mijn binnenwereld kon treden.

Wodka, gin en zo nu en dan whisky. Bier vond ik smerig. Niets gaf meer troost dan een rustig plekje opzoeken waar ik kon schuilen voor de waanzin van die school, terwijl alle anderen dat klotehuiswerk deden of met hun vrienden rondhingen – een plek waar je met een fles en een peuk in de koele avondlucht kon zitten, waar je het vocht van de aarde langs je broekspijpen omhoog voelde kruipen en je adem in psychedelische wolkjes zag opstijgen. Elke keer als ik daar de kans voor zag (als ik geluk had misschien één keer per week, maar naarmate ik ouder werd en minder in de gaten werd gehouden wel vaker), voelde het als drie weken vakantie in een warm land. Ik was er dan even helemaal uit, en wat misschien nog het belangrijkst was: het hielp me om te kunnen slapen. Als ik terugliep naar mijn kamer, zag ik alles heerlijk draaien en dan liet ik me op bed vallen en dreef weer weg. Precies zoals toen ik klein was. Het betekende dat ik een makkelijke prooi was voor iedereen die daar misbruik van wilde maken (maar makkelijk was ik toch al), maar elke keer als ik dronk, wist ik die staat van verdoving te bereiken. En daarvoor zal ik altijd, maar dan ook altijd dankbaar blijven.

Behalve met alcohol maakte ik rond mijn veertiende ook kennis met drugs. De schade die de gymleraar met zijn pik had aangericht, had ertoe geleid dat mijn onderrug in puin lag. Iets zo groots dat keer op keer in zoiets zo kleins wordt gewrongen, dat moet op den duur wel catastrofale gevolgen hebben. Op een dag in de vakantie werd ik kotsend van de pijn wakker en werd ik naar het ziekenhuis gebracht. Ik kreeg morfine en pethidine toegediend (de hemel op aarde) en onderging de eerste van drie operaties om de fysieke schade te herstellen. De eerste keer was het een laminectomie, om de druk van mijn wervels te verlichten, de tweede keer ook. Bij de derde operatie, een spondylodese, werden mijn wervels vastgezet met titaniumstaafjes, om me letterlijk overeind te houden.

Toen ik in het ziekenhuis kwam en mij gevraagd werd wat er gebeurd was, verklaarde ik al een aantal weken rugklachten te hebben, een pijn die almaar erger werd. En nee, ik was niet gevallen en had nergens letsel opgelopen, maar ik had de laatste tijd wel een nare hoest (door het roken, maar dat zei ik er niet bij) en die ochtend had ik heel hard moeten hoesten en daarbij iets voelen knappen. Ik heb geen idee wat mijn moeder gezegd heeft, maar dat was vast iets in dezelfde geest. De artsen keken geen moment naar mijn anus en het kwam niet bij ze op dat dit veroorzaakt was door seksueel misbruik; ze stonden versteld dat mij dit op zo'n jonge leeftijd was overkomen, maar ze weten het aan een zwakke ruggengraat of een bizar ongeval. Om eerlijk te zijn, ik had zelf ook geen idee dat dit met die verkrachtingen te maken had. Pas jaren later bezocht ik een proctoloog (ik had ernstige pijnklachten in mijn kruis en kont) die me vertelde dat zowel de problemen in mijn kruis als die met mijn ruggengraat het directe gevolg waren van de ernstige verwondingen na seksueel misbruik op jonge leeftijd.

Ik wist alleen dat ik nog nooit zo veel pijn had gehad en ik wilde dat het ophield. Toen de anesthesist me vroeg terug te tellen van tien tot één, kon ik niet nalaten haar zonder omwegen te bedanken voor wat er te gebeuren stond. Ik keek haar zo dankbaar aan dat er bij mijn ontwaken een psychiater voor een consult klaarstond die maar niet snapte waarom die anesthesie mij zo'n gigantische stijve had bezorgd. Stomme idioot.

Het waren dus de sigaretten, de alcohol, de piano en de Jongen die mij door mijn middelbareschooljaren heen loodsten, ongeveer zoals de meeste volwassenen hun miezerige werk en frustrerende familie met behulp van veel cafeïne, een sexy collega, porno en rancune weten te overleven. Het gevolg was dat de vijf jaren die ik daar doorbracht aan me voorbijtrokken in een waas van hormonen, geestverruimende middelen en dissociatieve fugue. En ik haalde de eindstreep. Ik had hoge eindcijfers (in zo'n staat van voortdurende waakzaamheid en stress kun je alleen functioneren als je ook beschikt over een bovengemiddelde intelligentie en het vermogen om heel hard en geconcentreerd te werken). Ik werd toegelaten tot de University of Edinburgh en de buitenwereld – dat gold althans voor de meeste mensen – dacht nog altijd dat ik redelijk normaal was, ook al maakte ik een wat zonderlinge en wereldvreemde indruk.

Ik vertrok op mijn achttiende van school met het gevoel dat ik achtenzestig was, en ik realiseerde me dat ik, nu ik volwassen was, de vrijheid had mezelf de rest van mijn leven in de vernieling te werken. Anderen hadden niets meer over me te zeggen en ik kon zo veel tijd in mijn eentje doorbrengen als ik wilde. En mijn innerlijke beest was vastbesloten daar gevolg aan te geven. Mijn hele verzameling persoonlijkheden wilde daar dolgraag in meegaan, tuk als ze erop waren alles te doen om me op zo veel mogelijk manieren in de ellende te werken. En dus deed ik dat. En niet zo'n klein beetje ook.

Het begon in Edinburgh. Naar mijn idee een koude, tochtige, ellendige stad die een perfecte weerspiegeling was van mijn binnenwereld. Vanaf de eerste dag dat ik daar aankwam, was ik high en pas een jaar later kwam daar een eind aan, toen ik in de eerste van een reeks gesloten psychiatrische inrichtingen terechtkwam en werd volgepropt met antipsychotica.

Holy shit, wat voelde het goed om los te gaan, compleet onder de drugs. En dan bedoel ik goed op een manier die zo sadistisch en zelfdestructief is dat je er hersenbeschadiging aan overhoudt. Ik ging met mezelf om als met mijn hoogst persoonlijke voodoopop. Om te scoren dwaalde ik om twee uur 's nachts door de gevaarlijkste buurten van Edinburgh en Glasgow, en mijn paranoia werd almaar groter; ik hoorde stemmen, wist zeker dat mijn kamer en mijn auto door de politie werden afgeluisterd, at dagenlang niets en werd zo high van de goedkope speed dat ik me soms wel achttien uur lang letterlijk niet kon verroeren. Het bezorgt je een zeldzaam gevoel van machteloosheid om je dagenlang schuil te houden zonder dat iemand je mist, in een armoedig hok, met een hart dat als een gek tekeergaat en waarvan je gewoon weet dat het elk moment uit elkaar kan barsten, en hoe wanhopig graag je ook een ambulance wil bellen, je hebt geen telefoon binnen handbereik en je legt jezelf erbij neer dat je in je eentje zult doodgaan, je gedachten gaan met je op de loop en je krijgt hallucinaties die geen mens zich in zijn hoofd zou mogen halen, je pist het bed onder, praat in jezelf, schreeuwt tegen jezelf. Je vraagt je af of je je verstand hebt verloren en je verstand roept van ja.

Ik ging al snel niet meer naar college en slikte zo veel lsd dat ik waan en werkelijkheid niet langer uit elkaar kon houden, ik zat dag en nacht te blowen, rookte heroïne (zowel het mooiste als het stomste wat ik ooit van mijn leven gedaan heb), kocht onvoorstelbare hoeveelheden speed en cocaïne (zogenaamd om te dealen, maar in werkelijkheid om het allemaal gretig zelf op te snuiven), jatte uit winkels, verstopte me voor iedereen en had geen vrienden. Totaal niet. Er was één mooi, lief meisje. Maar nadat ik een week met haar had doorgebracht, was ze zo dapper om me te vertellen dat ik geen vriendin nodig had maar een verpleegster, en als ik niet stopte met die drugs zou ze nooit meer met me praten. En daar heeft ze zich aan gehouden, de schat.

Aan het meeste van wat er dat jaar gebeurd is heb ik geen herinneringen meer. Alleen nog wat flarden: achtervolgd worden door de politie, om drie uur 's nachts met de auto vertrekken en dan niet meer weten hoe ik thuis ben gekomen, midden in de nacht zo stoned als een garnaal uit Londen vertrekken en in ruim vijf uur naar Edinburgh rijden (normaal kost dat minstens zeven uur), mijn herhaalde en altijd vergeefse pogingen om meisjes in mijn bed te krijgen, in tegengestelde richting door straten met eenrichtingverkeer rijden 'omdat het sneller is', het bezoek aan een arts die me vertelt dat ik de longcapaciteit heb van een zestigjarige (dat krijg je als je harddrugs rookt), midden in de nacht hallucinerend door de stad zwerven en vreemden aanspreken.

De bijwerkingen waren onaangenaam. Destructief en daarom ook bevredigend, maar onaangenaam. En toen ik na afloop van dat eerste jaar thuiskwam en mijn moeder zag dat ik er fysiek en mentaal verschrikkelijk aan toe was, zo erg dat ze het niet langer tegenover haar vriendinnen als 'tienerstreken' kon vergoelijken, stuurde ze me naar een psychiater. Iets waar ik me niet tegen verzette. Ik had al mijn vechtlust verloren en het was intussen veel gemakkelijker gewoon te doen wat me gevraagd werd. Hij sprak een minuut of twintig met me, pleegde een telefoontje en ik werd onmiddellijk meegenomen naar een kliniek met sloten op de deuren en de ramen, met zwijgzame, norse verplegers en de meest fantastische medicijnen.

Dat was mijn eerste ervaring met een gesloten psychiatrische inrichting.

Ik zou willen dat die klinieken spaarkaarten hadden en een stempeltje gaven, niet voor elke caffè latte die je bestelt, maar voor elke dag die je daar doorbrengt, en dat je dan voor elke volle kaart een vrije dag mag opnemen. Het was een bizarre plek, bevolkt met idioot jonge anorectische miljonairsvrouwen, onhandelbare kinderen van bekende popsterren en uitgebluste beroemdheden die vochten tegen de verleiding van 'nog een laatste lijntje'. Er werd mij een combinatie van antipsychotica voorgeschreven en na een paar dagen begon het ondraaglijke traject van groepstherapie, een-op-eengesprekken en wat er allemaal aan modieuze behandelmethodes uit Amerika was overgewaaid.

Na ongeveer een week besloot ik het spelletje maar gewoon mee te spelen, in de hoop daar weg te kunnen zonder in een geïnstitutionaliseerde zombie te zijn veranderd. Ik huilde en sprak over het kind in mezelf, deed twee keer per dag mee aan een groepsgesprek, deelde mijn gevoelens van onvermogen en vertelde over mijn zogenaamd diepe verlangen om te veranderen en nooit meer stoned te zijn.

En verdomd, het werkte. Ik boekte 'enorme vooruitgang' en werd na vijf weken weer op de samenleving losgelaten, met onder mijn arm het boekje met geplande afspraken bij de Anonieme Alcoholisten en de Anonieme Verslaafden.

De University of Edinburgh had mij duidelijk te verstaan gegeven dat ik daar niet meer welkom was – onmiskenbaar high aan tentamens deelnemen en docenten beledigen was kennelijk toch een brug te ver – dus pakte ik mijn koffers en vertrok naar Parijs. Een jaar tussen de Franse meisjes, een nieuwe taal leren en 'rust' zoeken – dat prachtige, überburgerlijke woord – leek me een goed plan.

Kort samengevat: de arme Jimmy vertrekt van een peperdure particuliere school naar de universiteit, waar het helemaal misgaat. Hij belandt in een psychiatrische kliniek, betaald door zijn ziektekostenverzekering, komt daar weer uit en vertrekt naar Parijs om daar tot rust te komen, een jaar lang rond te hangen in een van de mooiste steden ter wereld en Frans te leren.

Ik weet het, de tranen staan je nu al in de ogen.

Ik kreeg een baantje bij de Burger King, grilde daar *les*

Whoppers, huurde een appartementje dat zo klein was dat de kookplaat in de badkamer stond en dat ik over het bed (als dat was uitgeklapt) van de voordeur naar de achterwand kon kruipen zonder een voet op de grond te zetten, en besloot te stoppen met drinken en drugs gebruiken.

En het hoeft misschien niet te verbazen, maar wat volgde, was een van de mooiste jaren van mijn leven. Er diende zich een reeks meisjes aan (de beste manier om Frans te leren), er waren honderden bijeenkomsten van de Franse Anonieme Verslaafden (de op één na beste manier om Frans te leren), middernachtelijke schaakspelletjes, nachtenlang dansen in luidruchtige, zweterige clubs, nieuwe vrienden en een trage aaneenschakeling van dagen zonder alcohol of wat voor drugs dan ook. Kan een mens ongelukkig zijn in Parijs? Ik heb nog nooit een dikke Parisienne gezien, ze hebben daar het soort adembenemende architectuur dat alleen kan blijven bestaan bij de gratie van de gewoonte om zich aan het begin van elke oorlog meteen aan de vijand over te geven, ze hebben kunst, koffie, crêpes en hese accenten, een natuurlijke weerzin tegen werken en nergens een rookverbod.

Er waren een paar gevaarlijke momenten in mijn streven om clean te blijven, een paar stiekeme borrels omdat ik dacht dat ik het wel in de hand kon houden, waarna al snel tot me doordrong dat om drie uur in de ochtend dronken rondlopen door de duistere buurten van Parijs op zoek naar heroïne niet per se heilzaam was. Ongeveer halverwege mijn verblijf, op 29 maart 1995, gebeurde het wonder: het lukte me het bodempje van mijn allerlaatste borrel ooit door de gootsteen te spoelen, en dankzij het mirakel van de geleidelijke aanpak van het twaalfstappenplan bleef ik clean en nuchter.

En in zijn geheel genomen ging alles er enorm op vooruit.

De stemmen in mijn hoofd deden er het zwijgen toe (auditieve hallucinaties zijn een veel voorkomend neveneffect van zowel psychotrope drugs als psychotrauma's), de waanzin trok weg en ik kreeg een vaag vermoeden van een leven dat leuk, frivool, zelfs te doen leek. Ik kocht een klein elektronisch keyboard (het idee om een echte piano in dat appartement te wurmen was te gek voor woorden) en bespeelde dat zo goed en zo kwaad mogelijk, maar het drong tot me door dat ik het wel kon vergeten een carrière als pianist op te bouwen. Ik kon er evengoed van dromen om astronaut te worden. En dus stopte ik maar helemaal. Ik zocht afleiding in alles waar geen drugs bij kwamen kijken, wilde eerst en vooral mijn verloren jaren van eenzaamheid en angst goedmaken door binnen één jaar mijn hele tienertijd in te halen. En daarna meldde ik me aan bij een stel universiteiten in Londen om psychologie te gaan studeren.

Ja, lach maar.

Wat best leuk was: ik schreef zeven universiteiten aan om te vertellen dat ik kort geleden uit een inrichting was ontslagen, dat ik daar met succes was behandeld voor een drugsgerelateerde psychose en nu dolgraag psychologie wilde studeren aan hun mooie faculteit, blablabla, dat ik besefte de deadline voor mijn aanmelding te hebben gemist en dat Edinburgh mij geen gunstige referentie wenste mee te geven, maar ik was nu helemaal genezen en of ik toch alsjeblieft mocht komen. En zonder verder aandringen van mij en zelfs zonder dat ik op gesprek hoefde komen zeiden vijf van die universiteiten ja. Ik had nog altijd een ongewoon talent om mensen met mijn lulkoek te manipuleren.

Na een jaar lang de bloemetjes te hebben buitengezet sprak ik vloeiend Frans en keerde terug naar Londen en walste daar door de deuren van University College naar binnen. Nog altijd clean en nuchter. Nog altijd zo gek als een deur (het ging misschien wat beter, maar toch). Nog altijd op de vlucht voor een kindertijd die ik inmiddels behoorlijk diep en met redelijk succes had weggestopt.

Hier weer een kanttekening voor iemand die een dergelijk jeugdtrauma heeft opgelopen: je kunt er niet voor vluchten.

Je kun er niet voor schuilen.

Je kunt het niet ontkennen.

Je kunt het niet onderdrukken en verwachten dat het nooit meer de kop opsteekt.

Als ik geweten had wat me nog te wachten stond, had ik me zonder protest een jaar lang in eender welke inrichting laten opsluiten om het uit te zoeken, hoeveel me dat ook gekost had aan tijd, geld en gemiste kansen. De hoeveelheid ellende die ik me had kunnen besparen door me een paar maanden in mijn problemen te verdiepen (een soort sabbatical voor psychiatrische patiënten) is gigantisch. Maar wat dat betreft verkeerde ik in zalige, stompzinnige onwetendheid. Als ik er nu maar niet aan dacht en al die narigheid ontkende, als ik afleiding zocht en bepaalde situaties vermeed, meende ik mezelf immuun te kunnen maken voor het verleden. Net als een lijk dat begraven ligt in de achtertuin zou het in de loop der jaren wegrotten en verdwijnen, misschien met achterlating van een lichte stank. En dus deed ik mijn best bij mijn studie, vermeed elke vorm van zelfonderzoek en leefde van dag tot dag.

Het waren drie saaie maar redelijk productieve jaren. Ik had de piano, de alcohol en de drugs ingeruild voor meisjes en hoertjes, ik deed wat me werd opgedragen, zocht mijn toevlucht in de armen van een zoveelste blondine, brunette of wat ook, en kwam aan het eind van mijn studie. Om mensen op afstand te houden speelde ik de rol van pompeuze, enigszins excentrieke lulhannes en ik interesseerde me geen bal voor enige vorm van sociaal verkeer of persoonlijke ontwikkeling.

Wel wist ik maatjes te worden en te blijven met Matthew, de man die mijn beste vriend zou worden. Ik wist onmiddellijk dat het wel snor zat met hem. Hij was lang, idioot knap, aardig en superintelligent. Kwaliteiten die in de loop der jaren alleen maar groter zijn geworden. Hij is een psycholoog met twee doctorstitels en doet belangrijk werk waarmee hij levens verandert. En het maakt hem geen donder uit dat ik dingen vergeet (verjaardagen, afspraken, beleefdheden zoals vragen hoe het ermee gaat, enzovoorts), soms een lompe en ongevoelige indruk maak, me afhankelijk opstel, raar doe en ineens zonder aanleiding niets meer van me laat horen.

Hij was mijn eerste echte vriend.

Hij is nog steeds mijn beste vriend en dat is me meer waard dan de duizend vage kennissen die ik op de universiteit had kunnen opdoen.

Ik studeerde af met redelijke eindcijfers en ging niet naar de buluitreiking. Omdat het eens tijd werd wat geld te verdienen sloeg ik de *Evening Standard* open, solliciteerde op de eerste de beste vacature die ik tegenkwam (bij een uitgever in de financiële sector) en na een gesprek van tien minuten werd ik aangenomen.

TRACK 7

Ravel, Pianotrio

Vladimir Ashkenazy, Itzhak Perlman, Lynn Harrell

Ravel was een aseksuele Fransman die geobsedeerd werd door zijn moeder en in de loop van zijn leven nog geen negentig composities schreef. Hij was de zoon van een Zwitserse uitvinder en een Baskische moeder, een kettingrokende dandy die peentjes zweette over zijn muziek en langzaam, gestaag en met pijn en moeite zijn noten eruit perste. Hij en Debussy zijn de belangrijkste vertegenwoordigers van de impressionistische muziek die Frankrijk ooit heeft voortgebracht, en ondanks het feit dat hij lichtelijk knetter was vanwege zijn traumatische ervaringen als vrachtwagenchauffeur in de Eerste Wereldoorlog en later in Parijs hersenletsel opliep in een taxi die bij een botsing betrokken raakte, is hij nog altijd hét grote genie van de Franse muziek.

Hij hing samen met Gershwin rond in de jazzclubs van Harlem en daaraan ontleende zijn muziek een zekere zwier.

Zijn pianotrio is een oerkracht, rauw, energiek en op een of andere manier veel groter dan de drie instrumenten waarvoor het is geschreven. Dit was de laatste grote compositie die hij schreef voor hij dienst nam in het leger. Het telt vier delen, die van de uitvoerenden een bijna bovenmenselijke mate van virtuositeit vereisen. Het is een wervelende, kolkende caleidoscoop van kleuren en dromen.

Hij verklaarde dat de muziek de enige liefde was die hij

ooit had gekend, en al zijn onderdrukte seksuele energie is daar dan ook in terug te vinden.

Als dit een film was, zou ik het beeld rond deze tijd even stilzetten. Dit was een belangrijk keerpunt in mijn leven, zelfs al had ik geen flauw idee wat er in feite gebeurde. Ogenschijnlijk leek alles normaal. Je studie afmaken, een bul krijgen, een baan, carrière maken, verliefd worden, trouwen, een gezin stichten. Dit was wat er met me gebeurde en ik had geen benul, was niet in staat om het een halt toe te roepen. Ik deed dat allemaal in de volstrekt misplaatste overtuiging dat iemand zoals ik, met mijn voorgeschiedenis en mijn hoofd, zoiets voor elkaar kon krijgen. Mezelf in de vernieling jagen, zwelgen in mijn slachtofferschap, dingen verkloten: ja, daar was ik goed in. Maar een betrouwbaar, productief, genormaliseerd lid van de samenleving zijn? Weinig kans. In de film die ik hiervan zou maken, in de trant van *Sliding Doors*, zou ik een totaal andere weg inslaan, tegenovergesteld aan de idiote, rampzalige weg die ik gekozen had. En dan zou ik vrij snel tot het inzicht zijn gekomen dat vrijwel alles beter was dan doen alsof ik normaal was.

Maar dat inzicht bleef uit. Helemaal mijn eigen schuld. Zelfs als een of andere figuur uit de toekomst naar me had staan schreeuwen dat ik iets anders moest doen, zoals de geest van de toekomst in *A Christmas Carol*, dan nog zou ik hem niet geloofd hebben. Want ik was al heel lang geleden bewust of onbewust weggelopen voor mezelf en mijn realiteit en kon nu niet meer van koers veranderen, zelfs al had ik dat gewild. Er schuilt een wrange ironie in het feit dat ik het grootste deel van mijn leven wegliep voor de dingen die uiteindelijk mijn redding werden (eerlijkheid, waarheid, realiteit, liefde, zelfacceptatie), terwijl ik dacht dat ze mijn dood zouden betekenen.

Ik koos dus de vlucht naar voren, gedreven door mijn angst. Nog steeds geen piano, geen zelfonderzoek, geen verleden, geen besef van wie ik ben of hoe ik was. Ik leefde op de automatische piloot. En godskolere, het verbaast me nog steeds hoe gemakkelijk me dat af ging.

Voor mijn werk moest ik advertentieruimte en redactionele artikelen in financiële bladen die niemand las aan internationale bedrijven verkopen. En aangezien je daarvoor oudere mannen moest manipuleren, voorliegen en inpalmen, kon ik dat als geen ander. Behalve een bescheiden basisloon kreeg ik provisie voor elke klant die ik binnenhaalde, en terwijl mijn vrienden begonnen met twintigduizend pond per jaar, haalde ik met gemak drie- tot vierduizend pond per week binnen, terwijl mijn werkdag om vijf uur stopte en ik elk weekend vrij had. Toegegeven, door mijn bizarre tijdneurose was ik altijd om half acht 's ochtends op kantoor, ik werd ook gedreven door mijn wanhopige behoefte om succes te boeken en de nummer één te zijn, en het geld maakte alleen maar dat ik hongerde naar meer.

Zoek je een carrière om je onvoorstelbare zelfhaat te voeden en tegelijk je kwetsbare ego te strelen, dan doe je er niet slecht aan in de Londense City te gaan werken. En ik was ook nog eens clean en nuchter: al dat geld voor een vrijgezel van tweeëntwintig, daar kon ik wel een paar jaar afleiding en vluchtgedrag mee kopen. Ik nam meisjes mee naar de allerduurste hotels, kocht onvoorstelbaar idiote cadeaus voor ze, reisde de wereld rond, liet maatpakken maken, at in restaurants waar alleen al een voorgerecht duurder was dan een maaltijd voor vier bij de Pizza Express. Ik was een gigantische, erbarmelijke lul. Een parodie op alles wat fout is aan de carrièrejagende mens en de mensheid in zijn algemeen.

Dat is ook zo cool van seksueel misbruik: je lichaam zal het nooit meer vergeten. Ik kon nog zo hard wegrennen en mezelf iedere denkbare vorm van afleiding bezorgen, maar ik scheet verdomme elke dag in de metro zo ongeveer mijn broek vol van angst, mijn lichaam kon er niet langer tegen, mijn spieren waren altijd gespannen als knarsende oude touwen, mijn hoofd voelde alsof het zestien uur per dag in een bankschroef zat. En opnieuw bezweek mijn rug eronder.

Ik kreeg een tweede operatie, smaakte na een paar jaar clean te zijn geweest het dubieuze genoegen van eersteklas verdovende middelen en vluchtte direct weer terug in mijn leven van struisvogelpolitiek.

En toen ontmoette ik de vrouw met wie ik zou trouwen. Het arme meisje maakte geen schijn van kans. Wat vrouwen betreft was ik niet zozeer een veroveraar als wel een gijzelnemer. En Jane (op haar verzoek gebruik ik niet haar echte naam) was de perfecte kandidate. Ze was mooi, tien jaar ouder dan ik, was al twee keer getrouwd geweest en leek te zijn ontsnapt aan de jaren twintig, de wereld van de Gatsby's, de drooglegging en grootschalige feesten. Om eerlijk te zijn, ik zocht een moederfiguur, en zij... ik zou echt niet weten wat zij zocht, maar het kon onmogelijk mij zijn, tenzij dit een zeer misplaatste kosmische grap was.

Volgens mij wilde ze gewoon een man die geen klootzak was. En ik speelde daar op een wrede maar onbewuste manier op in. Ik overlaadde haar met sieraden, nam haar weekendjes mee naar Hôtel George v in Parijs, stuurde drie keer per week bloemen, stond er al na twee maanden op dat ze van haar lullige kamertje in Streatham naar mijn appartement verhuisde, betaalde alles en deed al het mogelijke om de rol te spelen van 'ideale huwelijkskandidaat'. En dat in weerwil van mezelf. Want ik wist dat het waarschijnlijk een grote fout was. Ik wist dat ik zo niet was, dat ik niet in staat was tot een relatie. Ik wilde haar redder in de nood zijn, wilde me daar goed om voelen en een lullig, Disneyachtig sprookjesbestaan leiden. En het werd een ramp. Ik wist dat het in elkaar zou klappen, dat het niet vol te houden was. En dus vroeg ik haar met me te trouwen. Want dat was wat je deed als je elkaar elf maanden kende, dat was wat normale mensen deden, daarmee zou ik de gekte kunnen compenseren, dat zou mijn leven van een vernislaagje normaliteit voorzien.

We verloofden ons. Mijn lichaam bleef maar waarschuwingen afgeven dat ik moest stoppen. Ik werd voor de derde keer geopereerd, een forse, kloterige, zware spondylodese.

We trouwden. Ik huilde tijdens mijn speech omdat ik niet bij machte was die hele gang van zaken een halt toe te roepen. Twee dagen later vond 9/11 plaats. Onze huwelijksreis was belachelijk duur en wezenloos. Ik werd door een wesp in mijn kont gestoken. Ik ontwaakte in onze bruidssuite in een exotisch hotel in Zuid-Frankrijk, besefte dat ik getrouwd was en ergens ver weg begon iets wanstaltigs te lachen en te lachen en te lachen.

Ik heb werkelijk geen idee wat me bezielde, behalve de tamelijk trieste hoop dat ik vanzelf een normaal mens zou worden als ik maar lang genoeg bleef doen wat normale mensen doen. Maar het was totaal van de pot gerukt om te denken dat een man als ik niet alleen kon trouwen, maar zo'n huwelijk ook nog zou kunnen volhouden, onderhouden en tot bloei brengen. Ik had een totaal vertekend beeld van wat liefde was. Voor mij betekende liefde aandacht vragen, medeleven wekken, punten scoren, gebaseerd op wat anderen van je denken en op externe, materiële zaken. Voor mij ging liefde niet om gedeelde waarden en gedeelde overtuigingen. Mijn beweegredenen waren naïef, gestoord, ongezond en egoïstisch. Mijn liefde was die van een kind voor zijn vader of moeder, niet die van een man voor zijn vrouw. En het valt niet mee hierover te schrijven zonder mezelf keer op keer voor mijn kop te slaan totdat er niets meer van over is. Maar de feiten zijn zoals ze zijn.

We richtten ons 'ideale huis' in met belachelijk dure meubels. Het zag er prachtig uit en voelde alsof het vacuüm was gezogen. Ik smeet met geld en deed al het denkbare om maar niet de aandacht te vestigen op de weeffout in ons huwelijk, namelijk dat ik totaal, maar dan ook totaal niet in staat was een vruchtbare relatie te onderhouden. Voor haar kan en wil ik niet spreken. Zij was en is een geweldig leuke vrouw. Ze is aardig en meelevend, empathisch en grappig, en ontzettend intelligent.

En toen werd ze zwanger. Het was een lange, onbeholpen, pijnlijke val. Het voelde alsof zich een ramp had voltrokken, al lieten de gevolgen nog even op zich wachten, en mijn wanhoop en paniek om wat er te gebeuren stond werd groter en groter. Mijn wereld lag op een onstuitbare ramkoers met onzichtbare, overweldigende krachten en intussen pretendeerde ik heel iemand anders te zijn dan wie ik was. En waarschijnlijk is dit het juiste moment om de tijd weer even stil te zetten.

TRACK 8

Sjostakovitsj, Tweede pianoconcert, tweede deel

Elisabeth Leonskaja, piano

In 1957 schreef de titaan van de Russische muziek, Dmitri Sjostakovitsj, zijn tweede pianoconcert. Het was voor de verjaardag van zijn zoon en dat was misschien de reden dat het nogal afweek van de sardonische, boze, beklemmende muziek die hij gewoonlijk schreef (luister naar zijn vijfde en belangrijkste symfonie voor een duidelijk voorbeeld daarvan).

In tegenstelling tot bijna al zijn componerende tijdgenoten woonde Sjostakovitsj zijn hele leven in Rusland, ondanks de onrust en de stalinistische waanzin die Prokofjev, Rachmaninov en anderen ertoe dreef om te vertrekken. Hij bleef achter, vocht terug door middel van de muziek en gebruikte zijn werk ook weleens om die verziekte staat op muzikale wijze te parodiëren.

Hij was gedreven, politiek bewust, onbevreesd, revolutionair, en van hem kwam de mooie uitspraak: 'Een scheppend kunstenaar werkt aan zijn volgende compositie omdat hij ontevreden is met zijn vorige.'

Dit langzame deel, dat herinneringen oproept aan Beethovens Keizersconcert, is nog altijd een van zijn mooiste, meest romantische composities, en al helemaal als je bedenkt wat voor gruwelijks er allemaal om hem heen gebeurde toen hij het schreef.

Voor bijna iedereen is de aankondiging van nieuw leven een blijde boodschap. Het hele idee van vaderschap is verworden tot een steriele lofzang op het 'wonder'. Het is één lange reeks clichébeelden van lachende vaders die kirrende baby's op hun schouders hijsen en arm in arm met hun vrouw door het park slenteren. We doen luchtig over het slaaptekort, de verpletterende verantwoordelijkheid voor het op de wereld brengen van nieuw leven, de kosten, de chaos, de emotionele belasting van het ouderschap. Er verschijnen boeken met titels in de trant van *In slaap vallen voor een rood stoplicht: Het verhaal van de man die een drieling kreeg*. Er zijn tal van handboeken over 'effectief ouderschap', wat dat in godsnaam ook moge betekenen. De werkelijkheid, tenminste voor mij, was veel duisterder.

Mijn zoon was en is een wonder. Ik zal nooit van mijn leven nog iets ervaren wat kan wedijveren met de roodgloeiende atoombom van liefde die in mijn binnenste tot ontploffing kwam toen hij werd geboren. Ik realiseerde me de betekenis van het woord 'perfectie' pas echt toen ik hem in mijn armen hield. Ook het hele idee van God had ik nog nooit ten volle kunnen bevatten. En tegen de vader die dit leest en beweert niet in God te geloven zeg ik: dat lieg je. Want ik kan je één ding vertellen: als je in het ziekenhuis bent en je vrouw staat op het punt te bevallen, met artsen en verpleegkundigen die druk in de weer zijn en de geur van ammoniak die je neusgaten binnendringt, dan gaat er maar één gedachte door je heen: 'God, alsjeblieft, laat hem gezond zijn. Maakt me niet uit hoe slim, atletisch, knap of getalenteerd hij is. Geef hem tien vingers en tien tenen.'

Maar voor mij was er ook een keerzijde. Dat kon niet anders. Iets zo overweldigends had een even heftig tegenwicht nodig om alles in balans te houden. En voor mij was dat angst. Pure, onversneden, diepgewortelde angst. Er werd mij het kostbaarste op aarde aangereikt en diep van binnen wist ik in feite dat ik niet opgewassen was tegen die verantwoordelijkheid.

Je kunt weggaan bij je vrouw, ontslag nemen van je werk, een huis verkopen, met een geldige reden vrienden, familieleden en exen in de steek laten, je kunt een huisdier bij iemand anders onderbrengen. Maar een kind? Het biologische verlengstuk van je diepste ziel? Daaraan is geen ontsnapping mogelijk.

Jack (niet zijn echte naam, ook weer op verzoek van Jane) was een buitengewoon kind. Dat zegt elke ouder over zijn kinderen. En voor jou zou hij waarschijnlijk alleen maar het zoveelste poepende, huilende, zeurende, ook wel snoezige kleintje zijn. Maar voor mij was hij, is hij en blijft hij voor altijd het aangrijpende toonbeeld van alles wat magisch is in deze wereld. Hoe ik verder ook over ons huwelijk denk, hij is verwekt uit liefde en verlangen. Hij was gewenst, hartgrondig gewenst, en meteen al vanaf het begin hebben we hem bewonderd en aanbeden; hij was ontzagwekkend en ongelofelijk en alle o's die je maar kunt bedenken.

Maar toch. Mijn voorgeschiedenis was een onvoorstelbare puinhoop en ik was te kortzichtig, lui of bang (kies zelf maar) om de boel op orde te krijgen voordat hij ten tonele verscheen. En om die reden werd zijn entree op de wereld moeilijker dan die van de meeste kinderen. Een kind van vier wiens vader negen maanden in een psychiatrische kliniek doorbrengt, heeft in feite geen vader. Een kind met een vader die zijn particuliere waanzin totaal niet onder controle heeft, heeft geen vader. Besluiten een leven te creëren voordat je er absoluut zeker van bent dat je die verantwoordelijkheid aankan, dat is een bijna onvergeeflijke zonde, en toch is dat precies wat ik deed.

Ik had een lijstje goede eigenschappen die ik als vader

wilde belichamen. Er stonden woorden op als sterk, aanspreekbaar, altijd aanwezig, geduldig, betrouwbaar, getrouwd, liefhebbend. En ik ben op al die terreinen ernstig tekortgeschoten, behalve op het laatste. Liefhebbend. De macht van de biologie, het universum, de genen, het hart, de natuur was zo sterk dat niets ter wereld zo gemakkelijk en vanzelfsprekend voor mij was en is als de liefde voor mijn zoon. Het kost me moeite liefde op te brengen voor mezelf, mijn vrienden, mijn vriendinnen en zelfs voor mijn familie. Maar mijn liefde voor hem? Zo vanzelfsprekend als ademhalen.

Omdat ik begonnen ben een paar van mijn oude demonen te bevechten, heb ik hem inmiddels wel iets te bieden, al is het rijkelijk laat. Hij zal zich nooit zorgen hoeven maken dat hij een baan moet vinden waarmee hij 'goede sier maakt'. Hij mag van mij gaan doen wat hem aan het lachen maakt, wat hem op en neer doet springen van enthousiasme en waar hij de hele wereld over wil vertellen. En als dat te weinig geld opbrengt om comfortabel van te kunnen leven, vul ik de rest met plezier aan en ondersteun ik hem zo lang als nodig. Het enige dat ik hem toewens, veel liever dan academisch of financieel succes, is dat hij zich door niets of niemand laat weerhouden in het najagen van vreugde en geluk.

Ik wil hem leren wat het geheim is van een gelukkig leven. Een geheim zo simpel dat het veel mensen lijkt te ontgaan. De truc is om gewoon alles te doen waar je blij van wordt, zolang je de mensen om je heen maar niet kwetst. Niet doen wat je denkt dat je zou moeten doen. En ook niet wat je denkt dat andere mensen van je willen. Gewoon leven op een manier die je heel veel vreugde schenkt. Vriendelijk en welgemoed 'nee' zeggen tegen de dingen die je niet aanstaan, situaties vermijden die je geen voldoening schenken, bezigheden zoeken die je verrukkelijk vindt. En ik zal niets nalaten om hem daarbij te helpen.

Ik zal wel nooit vrede kunnen hebben met het feit dat de rimpelingen uit mijn verleden bij zijn geboorte aanzwollen tot een vloedgolf. En daarbij maakt het geen donder uit dat ik eenvoudig geen keus had toen ik volstrekt naar de klote ging en instortte. Dat ik tot in de eeuwigheid voor hem door het vuur zou zijn gegaan als ik daarmee had kunnen voorkomen dat hij een vader kreeg die onaanspreekbaar was, totaal geflipt, een aanfluiting, een schim van wat een vader behoort te zijn. Hem mijn excuses aanbieden is het meest loze, onzinnige gebaar dat ik kan bedenken. De enige minuscule kans die ik heb om geloofwaardig te zijn in zijn ogen is door dat excuus te laten volgen door een aanhoudend, doelgericht, hardnekkig streven om ook echt fundamenteel te veranderen.

Of hij me nu wel of niet vergeeft, ik sta nu eindelijk voor hem klaar. Ik ben er klaar voor om zijn vader te zijn, zij het later dan ik gewild had; ik geloof in hem en in zijn vermogen om de wereld op de best denkbare manier in vuur en vlam te zetten. Ik ben ongelofelijk, onvoorwaardelijk, geweldig trots op hem.

TRACK 9

Bruckner, Symfonie nr. 7, tweede deel

Herbert von Karajan, dirigent

Een van de eerste keren dat ik in Verona was om te studeren bij mijn Italiaanse pianoleraar Edo, begon hij over de componist Anton Bruckner.

'Bagger,' zei ik. 'Schreef veel te lange stukken, niets voor de piano, saai, zonde van mijn tijd.'

De waarheid was dat ik nooit iets van hem had gehoord.

Edo gaf me letterlijk een klap in mijn gezicht. Hij zette me op een stoel en zei: 'Nu zitten blijven', en zette een cd op met Bruckners zevende symfonie. De volle zeventig minuten lang.

Ik bleef zitten. Ik was als aan de grond genageld. Het heeft me onherroepelijk veranderd.

Bruckner was een diepgelovig christen. (Ik citeer maar wat: 'Ze willen dat ik een ander soort muziek schrijf. Dat zou zeker kunnen, maar dat mag ik niet. God heeft mij uit duizenden gekozen en heeft mij, van alle mensen, dit talent geschonken. Het is aan Hem dat ik verantwoording schuldig ben. Hoe zou ik voor de Almachtige God kunnen verschijnen als ik anderen volgde en niet Hem?') Hij was klein, had last van overgewicht en een tekort aan sociale vaardigheden en was een hopeloze romanticus die meer dan eens sexy jonge vrouwen ten huwelijk vroeg en keer op keer werd afgewezen. Hij zou nooit trouwen, kreeg last van een ernstige dwangneurose die uitmondde in een verlammende obsessie met getallen, was zo kritisch op zichzelf dat hij zijn composities voortdurend herschreef en dronk te veel.

Afgezien daarvan componeerde hij een paar van de mooiste symfonieën die we kennen. Reusachtige orkestrale universums van zestig, zeventig minuten of nog langer, de hooggebergten in de muziekgeschiedenis.

De zevende symfonie bestaat uit vier delen, en elk van die epische muzikale landschappen verdient een hoofdstuk in dit boek. Maar het zal altijd het reusachtige, wanhopige tweede deel zijn waarvan ik steil achterover sla, alsof Mike Tyson me een linkse heeft verkocht.

Toen ik vader werd, zwollen de echo's uit mijn verleden aan tot een noodkreet. Ik raakte tot in het diepst van mijn wezen doordrongen van de kille, sluipende, groeiende overtuiging dat de vreselijkste dingen zouden gebeuren met datgene wat mij het liefst was. Zoiets angstaanjagends had ik nog nooit van mijn leven meegemaakt. Overal waar ik keek, zag ik enkel gevaar.

Ik had nooit geweten dat het mogelijk was zo veel krachtige emoties tegelijk te ervaren, puur, onvervalst en onmiddellijk: een enorme liefde, gekoppeld aan een paniek zo blind en scherp dat ik nauwelijks kon ademhalen. Daar stond ik dan en mij werd dit onbeschrijflijke toonbeeld van perfectie in handen gedrukt. De verpleegkundigen – zalig zijn de onwetenden – hadden evengoed op Times Square de sleutels van een Aston Martin aan een kind van vier kunnen geven met de woorden: 'Leef je uit.'

Ik stond erop om het nachtelijk voeden voor mijn rekening te nemen. Wakker was ik toch wel. Angstig, overbezorgd, alle mogelijke manieren bedenkend waarop hij elk moment zou kunnen doodgaan. Diep van binnen wist ik gewoon dat hem iets vreselijks zou overkomen, dat het alleen maar een kwestie van tijd was. Want zo ging dat met kinderen.

De positieve kant is dat hij en ik een enorm hechte band kregen. En ja, ik weet dat het ongezond is, maar ik leefde vierentwintig uur per dag met hem. Ik ademde hem in, kon geen genoeg van hem krijgen. Tot op de dag van vandaag zijn die momenten dat ik hem in mijn armen hield, diep in slaap, de gelukkigste, vredigste momenten uit mijn leven: hoe ik hem voedde terwijl hij sliep, dat prettige gewicht in mijn armen. Ik wist niet eens dat je baby's kunt voeden terwijl ze slapen. De wetenschap dat ik hem koesterde en beschermde, dat hem op dat moment niets kon overkomen.

In het kader van de verwoede race van de Londense middenklasse om hun kinderen op de beste school te krijgen, schreven we hem al jaren van tevoren in voor een hele reeks basisscholen. En de vragen die ik tijdens de kennismakingsgesprekken stelde, hadden niets te maken met de faciliteiten, het lesprogramma, de maaltijden en al die dingen meer.

Dan zaten we daar in het kantoortje van de hoofdonderwijzeres, de muren bezaaid met foeilelijke, eerlijk gezegd nogal gemakzuchtige schilderijtjes van de kinderen, en vertelde ze ons:

'Veel van onze leerlingen stromen door naar de betere middelbare scholen in Londen en vervolgens naar de meest gerenommeerde opleidingsinstituten en universiteiten van het land. We hebben een breed en inventief lesprogramma, de faciliteiten zijn optimaal, we maken veel excursies, de onderwijsinspectie is altijd zeer over ons te spreken en we hebben één leraar op iedere vijf leerlingen. We leggen niet alleen de nadruk op schoolprestaties, maar geloven ook in meditatie, pastorale zorg en zelfontplooiing door middel van teamwerk en een positieve sfeer', enzovoorts enzovoorts.

En dan vroeg ik, bleekjes en wantrouwig:

'Hebben jullie ook mannelijke leerkrachten? Hoeveel? Zijn ze weleens met een kind alleen? Checkt u of ze bekend zijn bij de politie? Hangen er beveiligingscamera's op school? Ook op de wc's? Wie loopt met de kinderen mee naar de wc? Zijn ze daar alleen? Zijn er delen van het schoolgebouw buiten het bereik van die camera's? Hoe gaat dat met het natrekken van referenties? Hoe grondig gaat u daarbij te werk? Wat doet u met kinderen die een ongelukkige indruk maken of mogelijk zijn mishandeld? Wat is de officiële procedure als er een verdenking is van misbruik? Staat die op papier? Mag ik een kopie?'

Ik begon me steeds meer als een zombie te gedragen. Na een paar weken ging ik weer aan het werk en moest ik hem om zeven uur 's ochtends achterlaten, en terwijl ik dan door de donkere straten van Londen reed, zat ik te janken achter het stuur. Ik wist wat mij overkomen was, enkel en alleen omdat ik een kind was. Het leek onvermijdelijk dat hem ook zoiets zou overkomen. Want zo zagen de kinderjaren eruit: als een oorlogszone, vol gevaar, bedreigingen, angst en pijn.

En alleen al door hem op de wereld te zetten, had ik het gevoel hem regelrecht in die omstandigheden te hebben gebracht.

En wat doe je met zo'n overweldigend schuldgevoel? Hoe kun je voorkomen dat je daaraan onderdoor gaat? Of beter gezegd, hoe kun je voorkomen dat je van het hoogste gebouw springt dat je kent, al snerend dat je nu eenmaal een ellendig stuk vreten bent?

Dus rond die tijd begon de façade die ik had opgetrokken af te brokkelen. Rond die tijd – wat de gelukzaligste tijd uit mijn leven had kunnen, had moeten zijn – zonk ik langzaam weg in een soort waanzin die ik me nooit had kunnen indenken.

Ik zeg alleen dit: ik ben als kind verkracht. Vijf jaar lang had ik ongewenste seks met een dertig tot veertig jaar oudere man die drie keer zo groot was als ik: pijnlijke, heimelijke, kwaadaardige seks, vele tientallen keren. Ik werd een ding om te gebruiken. En de fysieke, mentale en geestelijke pijn, die was nog te verdragen. Maar wat ze je niet vertellen, is dat die spoken uit het verleden hun koude, gruwelijke tentakels uitstrekken tot buiten jezelf. Ze zadelen je op met de onwrikbare overtuiging dat de kindertijd voor iedereen een enorme martelgang is en dat niets of niemand een kind daartegen in bescherming kan nemen. Alleen al door Jack op de wereld te zetten, was ik medeplichtig aan de ellende die hem ongetwijfeld nog te wachten stond. De KLOOTZAK die mij dit had aangedaan, had niet alleen mijn leven verwoest, maar door middel van mij verwoestte hij nu ook de jeugd van mijn kind. De fout lag bij mij. En die pijn kon ik niet verdragen. Hij had me mijn jeugd afgepakt. Hij had me mijn kind afgepakt. Hij had me het vaderschap afgepakt. En hij had erbij gelachen. En dát moet jij, ondanks mijn bevoorrechte leventje, mijn zelfmedelijden, de achterlijke arrogantie die zo typerend is voor een Noord-Londenaar als ik, afschuwelijk vinden.

Ik trok me steeds meer in mezelf terug. Mijn huwelijk werd aan de lopende band geteisterd door de verbeten, passief-agressieve, beschuldigende, spotzieke, flemende, vooringenomen bullshit die uit mijn mond kwam. Het feit dat Jane het zo lang met mij uithield, getuigt van niets dan haar onvoorstelbare geduld en zachtaardigheid. Het doet er niet toe dat ik in feite niet van haar kon houden 'zoals het hoorde'. We vormden een gezin. We hadden de middelen om een sterk, stabiel, liefhebbend nest te bouwen voor ons jong. En in plaats van eindelijk wakker te worden en dat tot in het diepst van mijn vezels te beseffen, zeek ik het helemaal onder.

Wat van slachtoffers het moeilijkst te verdragen en te

begrijpen is, is hun egoïsme. We zijn compleet gestoord. Het is bijna onmogelijk ons lief te hebben. We drammen en drammen totdat we eindelijk krijgen wat we willen: nog meer medelijden. Mijn vermogen om pijn te verdragen en daarnaar te verlangen kent soms geen grenzen, het is een bodemloze put vol zelfkwelling, een perverse hunkering om daar almaar meer van te willen.

Ik zou hier misschien ook ietsje anders tegenaan kunnen kijken. Ik zou kunnen denken: de geboorte van mijn zoon betekende het begin van het einde voor mijn oude leven en daarvoor in de plaats kwam een nieuw leven dat mij veel meer voldoening zou schenken. Achteraf gezien is dat ook zo en kan Deepak Chopra trots op me zijn. Maar al die jaren dat ik door drijfzand waadde, denkbeeldige brandjes bluste en voortdurend in de ban was van angst en wanhoop, hebben intussen wel hun tol geëist.

Er gebeurden dingen met mij waar ik totaal van in de war raakte, omdat ik ze al in geen eeuwigheid had ervaren: ik huilde zonder aanleiding, kon onmogelijk slapen of juist alleen maar slapen. Wat me nog het meeste beangstigde, waren de verloren momenten: dan haakte ik zonder het te beseffen geestelijk af om pas enige tijd later (uren of minuten) weer bij mijn positieven te komen, zonder dat ik nog wist wat er in de tussentijd was gebeurd. De tics uit mijn jeugd keerden terug – zenuwtrekjes, onwillekeurig gillen, ritmes tikken, eindeloos lampen aan- en uitklikken – en ik had nergens meer zin in, niet in eten, seks of tv kijken. Het licht doofde en ik had geen idee waarom en wat ik eraan kon doen.

En dus zocht ik afleiding. Ik zocht een uitweg waar geen moord of zelfmoord aan te pas kwam. En alle wegen leidden naar de muziek. Als altijd. Musicus worden zat er niet meer in, als je in geen tien jaar een piano hebt aangeraakt is dat geen optie, wist ik, maar misschien kon ik impresario worden. Alles wat mij wegvoerde van de City en een beetje in de richting bracht van de muziek was een stap de goede kant op. En dus deed ik wat een arrogante lul uit de City in zo'n geval doet: ik zocht contact met de impresario die de belangen behartigde van de grootste pianist ter wereld en vormde samen met hem een vennootschap.

Het was niet moeilijk. Een kistje champagne, een paar mailtjes, een of twee etentjes en ik kon aan de slag. Zijn naam was Franco. Hij woonde in Verona. Hij behartigde al twintig jaar de belangen van mijn held Grigori Sokolov. Grigori Sokolov, ongetwijfeld de grootste levende pianist. Misschien wel de grootste aller tijden. Een man die er keer op keer in slaagt met de toetsen van zijn piano tot in je ziel te reiken, daar alles los te wrikken, op te schudden, af te stoffen, mee op avontuur te nemen en daarna weer terug te plaatsen op een manier die net iets prettiger aanvoelt. Dat bizarre, autistische genie. Die weldoorvoede, verlegen, introverte éminence grise van de piano, die al tien jaar mijn muzikale held was, sinds ik zijn eerste plaat had gehoord. Van begin tot eind gevuld met Chopin. En live. De meeste live-albums (waaronder de mijne) zijn samengesteld uit ten minste twee concerten; de producers en geluidstechnici plakken de beste stukjes aan elkaar om één 'live'-opname te creëren. Als ze bij de platenmaatschappij in een brutale bui zijn, gaan ze na afloop zelfs nog de studio in om dubieuze passages over te spelen, 'oplappen' noemen ze dat, en ze vermelden het niet eens op de hoes. Het is schaamteloos bedrog, maar we doen het omdat we erkenning zoeken, onzeker zijn en het niet kunnen verdragen iets op de markt te brengen wat minder dan perfect is. Daar heeft Sokolov geen last van. Eén concert, één opname, een paar verkleumde, hoestende Russen in de zaal, en de meest doorleefde, waanzinnige uitvoering die ik ooit gehoord heb van Chopins tweede sonate en zijn etudes opus 25. Maar ga vooral niet op mij af: het staat op iTunes.

Ik was op slag verliefd geworden, een liefde die nog extra werd aangewakkerd door het feit dat Sokolov maar een paar albums had uitgebracht. De rest had ik online verzameld, op de manier van iemand die op jacht is naar kinderporno, via een netwerk van sociaal onderontwikkelde pianofielen (een echt bestaand woord, ik zweer het je), en vol ontzag beluisterd.

Het gaf dus een onvoorstelbare kick om te kunnen samenwerken met zijn impresario, die hem als jongeman uit Rusland naar het Westen had gehaald en een ster van hem had gemaakt, iemand die over de hele wereld volle zalen trok.

Met de zegen van Jane en een enthousiasme dat maar net opwoog tegen het lichte gevoel van misselijkheid omdat ik mijn vaste inkomen liet lopen, zegde ik mijn baan op. Franco en ik besloten allebei 30.000 euro te steken in een nieuw te openen kantoor in Londen. Maar voor het zover was, kwamen we overeen dat ik een paar weken naar Verona zou komen om de kneepjes van het vak te leren. Een kans die ik aangreep. Met beide handen.

Franco woont in de enige torenflat van Verona, die zich hoog boven de stad verheft. Hij heeft daar een prachtig uitzicht, ramen van de vloer tot aan het plafond, een koffiezetapparaat van duizend euro en een vleugel van Yamaha. Meer heeft een mens op deze wereld niet nodig. En op mijn eerste avond na het eten vroeg hij of ik pianospeelde. Ik mompelde zoiets als dat ik in geen jaren gespeeld had, maar dat ik als tiener best goed was geweest. En dus vroeg hij mij iets voor te spelen. En omdat ik hunkerde naar waardering en aandacht en een beetje in hoger sferen was vanwege de pasta, het uitzicht en de geur van een Italiaanse stad, ging ik achter de piano zitten en ramde er een stuk van Chopin uit. In mijn oren was het rommelig en gênant. Maar ik had alles onthouden, ik wist me erdoorheen te slaan en met een enigszins rood aangelopen gezicht draaide ik me naar hem om. Hij zat daar met zijn mond wagenwijd open en zonder een woord te zeggen.

En een minuut later zei hij eenvoudig: 'James, ik zit al vijfentwintig jaar in het vak en ik heb nog nooit een amateur op zo'n manier piano horen spelen. Jij wordt geen impresario. Jij komt elke maand naar Verona en dan logeer je bij mij en neem je pianoles bij mijn vriend Edo, de beste muziekdocent van heel Italië. Ik weet niet of het een succes zal worden, maar je moet het proberen.'

En dat was dat.

De dagen daarna sleepte hij me mee naar al zijn vrienden (die allemaal thuis een piano hadden) en liet me daar als een afgericht hondje mijn kunstje vertonen. Het was allemaal zo bizar en geweldig dat ik het nauwelijks kon geloven. Nadat ik tien jaar lang niet had gespeeld en me al had neergelegd bij de gedachte dat ik mijn dromen nooit zou waarmaken, had Franco even deze handgranaat naar binnen gegooid.

En op een woensdagochtend kwamen we bij Edo thuis. Dit was dus een van die kerels die mijn leven voorgoed hebben veranderd. Zo'n gewelddadige, agressieve, arrogante, dictatoriale klootzak had ik nog nooit ontmoet. De perfecte docent voor iemand zoals ik: lui, ongedisciplineerd, ongeoefend en overenthousiast. Die dag kreeg ik mijn eerste les van hem. We liepen samen naar de muziekwinkel en kochten een sonate van Mozart (die in F-groot, voor wie het interesseert). Ik balen, want a) ik hield niet van Mozart (ik had een puberale hekel aan alles wat ik niet kende of snapte en was te kleingeestig en te lui geweest om me wat meer in hem te verdiepen), en b) ik begon liever met een groots, indrukwekkend concert van Rachmaninov.

En toen gingen we aan de slag. Op een manier die volstrekt nieuw voor mij was. Langzaam, omzichtig, met een bijna onmenselijke aandacht voor ieder detail, een intense concentratie, een oneindige reeks potloodaantekeningen. Hij leerde me trucjes die alles mogelijk maakten, en vooral zijn ritmemethode was heel bruikbaar. De lastige passages in het pianospel betreffen vaak loopjes van snel opeenvolgende noten. Hij brak die loopjes op in clusters van telkens drie of vier noten. Die verdeelde hij dan verder in diverse ritmes: tien in totaal, waarbij telkens de nadruk op een andere noot binnen die groep wordt gelegd, door die noot te accentueren of de voorgaande noot te punteren (dat wil zeggen: vijftig procent langer aanhouden dan staat aangegeven). Het was een beetje alsof een marathonloper elke werktuiglijke handeling die zijn lichaam tijdens het lopen uitvoert in stukjes hakt en daarna al die microbewegingen keer op keer herhaalt, de een na de ander, om ze tot slot weer samen te voegen.

Ik trainde mijn vingers om elke variant op elke cluster van noten op elke denkbare manier te spelen en daarna speelde ik zo'n hele passage door, en verdomd, tegen de tijd dat ik het vijftig keer gedaan had, klonk het net zo perfect als het geschreven was. Het was alsof er een deur voor me openging: neem een paar uur de tijd om zo'n passage langzaam en systematisch door te werken en je hebt een veel snellere en effectievere manier om met een briljante vertolking te komen dan als je meteen grof geschut in stelling brengt. Dat was een openbaring, want het betekende dat alle stukken die me onmogelijk hadden geleken nu ineens binnen mijn bereik kwamen. Eindelijk begreep ik de 'tweetiende van een seconde'-regel waar Edo me over verteld had: het idee dat zo'n tijdspanne voor de meeste mensen in een oogwenk voorbij is, terwijl het voor een deelnemer aan de Formule 1-races het verschil uitmaakt tussen de eerste en de tiende plaats. De meeste mensen kunnen in een vrij korte periode redelijk piano leren spelen, maar om de top te bereiken, moet je die tweetiende van een seconde zien te overbruggen; als je geweldig wilt zijn in plaats van gewoon goed, moet je daar misschien wel vijfentwintig jaar lang gestaag, geconcentreerd en systematisch aan blijven werken. Ik voelde me als iemand met een verlamd onderlijf die ineens weer kon lopen, zij het door keiharde training.

En dus deed ik dat. Ik ging keihard studeren. Elke maand vloog ik van Gatwick Airport naar Verona, bracht dan vier dagen bij Edo door, vertrok weer naar huis en studeerde. Het was even zenuwslopend als opwindend. Hij was zo'n tiran, zo kritisch en zo onvoorstelbaar dominant. Vaak smeet hij uit pure walging een mobieltje mijn kant op, dat ik dan vanuit mijn ooghoeken zag aan komen zeilen, of hij schold me de huid vol, stak een tirade af in het Italiaans waarbij het spuug alle kanten op vloog. De hoogst enkele keer dat ik speelde op een manier die hij acceptabel vond, haalde hij gewoon zijn schouders op en vroeg: 'Wat doen we hierna?' Mijn partituren staan nog altijd vol met zijn kanttekeningen: prachtige afkortingen als ZHVZMU ('zoek het verdomme zelf maar uit', uit te spreken op zijn geërgerde, teleurgestelde, norse toon), KINDERMOORDENAAR (om zijn afkeuring uit te spreken over een vertolking van mij) en het eenvoudige maar doeltreffende SHIT. Maar het kon me allemaal niets schelen, want ik speelde stukken waarvoor ik al mijn hele leven groot ontzag had: de derde sonate en het tweede pianoconcert van Chopin, Beethovens Waldsteinsonate en sonate opus 109, de partita's van Bach, monumentale stukken van Chopin, zoals de Polonaise-Fantaisie en zijn Fantaisie in f-klein, etudes van Rachmaninov en de Hongaarse rapsodieën van Liszt.

We kochten zelfs een nieuwe piano, een werkelijk schitterende Steinway, Model B. En voor wat het waard is, Steinways zijn ook werkelijk de beste piano's ter wereld.

Daar kan gewoon niets aan tippen. En hun prijzen weerspiegelen dat: ik moest voor die aanschaf mijn hypotheek verhogen (met een misselijkmakende 55.000 pond). Hij stond bij ons in de voorkamer, echt het kostbaarste voorwerp dat ik ooit gekocht heb.

Ik studeerde urenlang, en zoals het hoorde: langzaam, methodisch, weloverwogen, om daarna als beloning voor mezelf het hele stuk door te spelen. Dan merkte ik dat mensen die langs ons huis liepen even halt hielden om te luisteren (uit verlegenheid sloot ik de luiken, maar ik gluurde er wel doorheen om ze te zien staan). We hadden een oppas voor Jack die elke dag een paar uur langskwam zodat ik kon doorwerken, en later op de dag bracht ik tijd met mijn gezin door: eten maken, wandelen, spelen, gewoon samen zijn. Het was bijna iets om in te geloven. Het kabaal in mijn hoofd was weggezakt en vervangen door noten en muziek, en daardoor leek ik wat beter te functioneren. Het leven was niet meer zo wankel en wat vriendelijker en eenvoudiger. Het leek alsof het te doen was.

En Jack bleef een wonder: hij leerde lopen, praten, lachen, graaien. Nog steeds het mooiste wat ik ooit in mijn leven had gezien. Oppervlakkig gezien had ik alles: een mooie, succesvolle echtgenote die me tot steun was, een perfect kind, een prachtig huis van 185 vierkante meter met een reusachtige tuin en een gloednieuwe Steinway, tijd en ruimte om de carrière van mijn dromen na te jagen, veel geld op de bank, een dure auto, fijne vrienden: een leven waarin het mij aan niets leek te ontbreken.

Er zijn veel dingen die ik zou willen. Cricketwedstrijden die niet vijf dagen duren en dan toch nog in gelijkspel eindigen. Veel meer aandacht en geld voor de geestelijke gezondheidszorg en voor centra waar de slachtoffers van seksueel misbruik worden opgevangen. Het lijf van een bodybuilder. Een bezorgservice van Kentucky Fried Chicken.

Maar wat ik vooral zou willen, is dat ik genoegen kon nemen met hoe iets eruitziet, in plaats van hoe het voelt. Ik zou willen dat ik toen naar mijn leven had gekeken en tegen mezelf had kunnen zeggen: 'Prima. Je hebt het voor elkaar. Maak het je gemakkelijk, ontspan en geniet ervan.' Hoeveel gemakkelijker zou mijn leven zijn verlopen zonder al mijn hersenspinsels. Ik had kunnen weten dat het gevoel van opluchting dat wordt teweeggebracht door een verandering van loopbaan per definitie tijdelijk is, zoals dat geldt voor elk wondermiddel: een nieuwe vriendin, wat meer geld, een nieuw huis of voor mijn part een vakantie. Het wordt almaar moeilijker jezelf ervan te overtuigen dat er echt iets is veranderd, en het duurde dan ook niet lang voordat de persoontjes in mijn hoofd die er het zwijgen toe hadden gedaan weer op de voorgrond traden om me te vertellen hoe verknipt ik was.

De onrust die ik had gevoeld bij de geboorte van mijn zoon keerde terug. Ik voelde de kille tentakels van iets smerigs en slijmerigs dat langs mijn nek omhoog begon te kruipen. Dat verdomde ding dat me maar niet met rust wilde laten, hoezeer ik het ook probeerde te negeren. De reusachtige, schunnige zaadvlek die me al tientallen jaren als een kwaadaardige, loslopende pitbull achternazat.

De piano begon zich weer tegen me te keren, het studeren op al die prachtige nieuwe stukken verloor langzaam zijn glans en daarvoor in de plaats kwamen de zelfverwijten, omdat het me niet lukte ze perfect uit te voeren. Mijn frustratie werd steeds groter en ik raakte met de dag verder op drift, alsof iemand een keteltje water had opgezet in mijn buik en mijn hoofd en ik het almaar warmer kreeg. Ik kon niet zeggen wat er gebeurd was en waarom, maar er was duidelijk iets niet in de haak.

En om dan te functioneren als een volwassen man, als vader, als beschaafd mens, dat valt bepaald niet mee. Ik ging zo lang mogelijk door, op de automatische piloot, maar het was vechten tegen de bierkaai en dat wist ik. De vraag was niet of de bom zou barsten, maar wanneer.

Ironisch genoeg gebeurde dat de eerste keer dat ik hulp zocht. Het werd me steeds duidelijker dat ik niet kon functioneren zoals ik wilde, of op de manier die mijn gezin van mij verlangde. Het was me lange tijd gelukt mijn vrouw in onwetendheid te laten, wat niet moeilijk is in een tijd van loopbaanveranderingen, krappe deadlines, een nieuw huis en dan nog eens een peuter erbij. Ik had weleens een vage opmerking tegen haar gemaakt over seksueel misbruik, maar we hadden het nooit besproken of echt onderkend. Van de oprechte liefde die we aanvankelijk voor elkaar gevoeld hadden, was niets meer over, of misschien moet ik zeggen dat die liefde inmiddels diep begraven lag onder het eindeloze bekvechten, mijn struisvogelgedrag en egomanie.

De pijn kon ik aan, maar wat ik uiteindelijk niet meer kon verdragen, was dat mijn gezin daarvoor de rekening betaalde. En op een dag kwam ik online iets tegen over een vrijwilligersorganisatie die hulp bood aan mannelijke slachtoffers van seksueel misbruik. Ik weet niet precies waarom, maar ik zocht telefonisch contact. Misschien was het uit verveling, of misschien was ik het beu om het beu te zijn. Misschien was het een laatste, wanhopige poging om te zien of er nog iets te redden viel, of het leven draaglijk te maken was.

Ze waren gevestigd in de buurt van London Bridge en boden me voor de volgende dag een vertrouwelijke afspraak aan. En de vraag blijft: als ik geweten had wat er stond te gebeuren, zou ik dan zijn gegaan? Ik vermoed van niet.

Ik ging erheen (twee uur te vroeg, zoals gebruikelijk) en werd ten slotte zo'n typische psychiatrische Ikea-behandelkamer binnengeloodst: twee gerieflijke, maar niet al te gerieflijke stoelen, daartussenin een lage salontafel, daarop een doosje Kleenex, gedempte kleuren, deerniswekkende zeegezichten aan de muur. Er zat een vrouw met het lieftalligste gezicht dat je je maar kunt voorstellen. Open, zachtaardig, onvoorstelbaar liefdevol en mild. En hoezeer ik me ook had voorgenomen om de hete brij heen te draaien, niet met al te persoonlijke ontboezemingen te komen, op mijn hoede te blijven: het kwam er allemaal uit. Ik spuide dertig jaar ellende van begin tot eind. Zo gedetailleerd als ik me maar kon herinneren. Ik maakte niet één keer oogcontact met haar maar ging ertegenaan als een acteur die auditie doet voor de rol van 'autistisch, gestoord, beschaamd misbruikslachtoffer'. En voor zover ik me herinner, stelde ze me na afloop maar één vraag: 'Heb je dit aan je vrouw verteld?' Dat klonk voor mij zo totaal niet van deze wereld – alsof ze me vroeg of ik nog plannen had voor een maanwandeling.

'Natuurlijk heb ik dat niet aan mijn vrouw verteld!'

<Ongeloof.>

'Waarom niet?'

'Godskolere! Waarom zou ik dat in godsnaam aan mijn vrouw vertellen?'

'Omdat ze je vrouw is. Dit komt nu allemaal bij je naar boven, het pad dat je hebt ingeslagen zal steeds smaller en gevaarlijker worden, en je zult alle hulp nodig hebben die je kunt krijgen.'

<Niet-begrijpende blik.>

Dat is ook al zoiets wat ze je niet vertellen. Als je eenmaal begint te praten, dan ben je de lul. De daders die je bezwoeren dat je je mond moest houden, blijken al die tijd gelijk te hebben gehad. Je kunt het duveltje niet meer terug in het doosje stoppen. Het is alsof je een steenpuist opensnijdt, behalve dat er een schijnbaar eindeloze stroom pus, gal en gif naar buiten spuit die niet afneemt, maar juist in kracht en hoeveelheid toeneemt totdat je er goddomme in verzuipt.

'Je moet het haar vertellen. Doe het vandaag nog. Je moet haar vragen om je bij te staan.'

Ik was gaan praten met een buitenstaander, zonder te vertellen wie ik was en zonder scholen en docenten bij de naam te noemen, en ik had haar wel tien keer gevraagd of dit onder ons bleef, wat ze beaamd had. En nu was het kennelijk de bedoeling dat ik mijn vrouw dingen ging vertellen die ik al mijn hele leven voor alles en iedereen verborgen had gehouden.

En het punt is: ik wist dat ze gelijk had. Niet omdat ik dacht dat ik haar hulp nodig had, maar omdat alles nu open en bloot op straat lag en het net zoiets was als bungeejumpen: als je eenmaal in de diepte bent gesprongen, is er geen weg meer terug. Ik was in een vrije val beland, Jane kon mijn parachute zijn en ik wist gewoon dat ik nu in gevaar verkeerde. Als je maar lang genoeg denkt dat het je dood wordt als je je geheimen prijsgeeft, dan zul je daar uiteindelijk in gaan geloven. Als een verkrachter een kind van vijf jaar oud keer op keer voorhoudt dat er verschrikkelijke dingen met hem zullen gebeuren als hij er ooit iets over zegt, dan slikt hij die woorden en trekt ze niet meer in twijfel, dan wordt dat zijn absolute waarheid. En nu had ik er iemand over verteld, de klok tikte voort, de tijd begon te dringen en ik was de lul, meer dan ik ooit voor mogelijk had gehouden. Ik was feitelijk een kind van vijf dat zich vermomd had als een man van eenendertig, met geen enkel verweer, niets om me achter te verschuilen, ik moest dit doorzetten.

Ik stuurde mijn vrouw een sms'je en vroeg of ze diezelfde avond een hapje met me wilde eten in een favoriet restaurant van ons. Toen ik daar aankwam voelde ik me klam, misselijk, gewoon ziek van ellende. Ik besefte dat wat ik haar ging vertellen het einde van onze relatie betekende, en dat ze op geen enkele manier in staat was mij te geven wat ik nodig had. Ik wist niet eens wat ik nodig had. Ik had het gevoel een zelfmoordaanslag te hebben beraamd, alsof ik een rugzak vol explosieven had waarmee ik een hele zooi onschuldigen om het leven zou brengen, zonder daar nog onderuit te kunnen. Ik weet het, die vergelijking is onzinnig. Maar een mens kan soms het gevoel hebben in Auschwitz te zijn beland, ook al lijkt het in werkelijkheid eerder op Center Parcs. Echte compassie berust op het besef dat je iemands gevoelens voor waar moet aannemen. Doet er helemaal niets toe dat jij en ieder ander het misschien wel de grootst denkbare onzin vinden. Voor mij was dit een reële angst. Het was mijn realiteit, hoe idioot die misschien ook lijkt.

Ze wist dat er iets loos was. Ik zag er beroerd uit en kon haar niet recht in de ogen kijken. Dus toen ze me vroeg wat er aan de hand was, vertelde ik haar het hele verhaal. Harteloos, kortaf, zakelijk. En ik wist meteen dat het voorbij was. Dat die kutvent niet alleen mij, maar vijfentwintig jaar later ook nog eens mijn huwelijk kapotgemaakt had.

Ik moet er vooral bij zeggen dat mijn echtgenote een geweldige vrouw was en is. Ze kan waanzinnig liefdevol en meelevend zijn. En ik weet dat het geen kwestie was van niet willen, maar van niet kunnen. Zij had gewoon niets kunnen doen wat de boel nog had kunnen redden. Alsof ze iemand weer in elkaar moest zetten die zich op een handgranaat had geworpen. Hoe graag je dat ook wil, het gaat gewoon niet. We verlieten het restaurant en reden in stilte naar huis. En daarna zat ik op de kamer van mijn zoon en keek naar zijn vierjarige lijfje. En kon godverdomme alleen maar janken.

TRACK 10

Liszt, Totentanz

Sergio Tiempo, piano

Liszt is de lul die het op zijn geweten heeft dat pianisten complete recitals uit het hoofd moeten spelen. Dat was nog nooit eerder vertoond, concerten waren in die tijd een bonte mix van musici en genres waarbij de uitvoerenden altijd van blad speelden. En toen kwam deze negentiende-eeuwse rockster, de Paganini van de piano en de Keith Richards van zijn tijd, die alle conventies doorbrak door lange, uit het hoofd geleerde pianorecitals te geven en sneller, luider, krachtiger en heftiger te spelen dan ooit tevoren. Hij componeerde verraderlijke, hondsmoeilijke stukken voor de piano: transcripties van alle symfonieën van Beethoven voor piano solo, virtuoze kunststukjes op basis van thema's uit de populaire opera's van die tijd en tientallen etudes die nog steeds bijna onmogelijk zijn uit te voeren, tenzij je goddomme een machine bent.

Hij was een wonderkind dat zich al snel ontwikkelde tot een rokkenjagende, puissant rijke publiekslieveling. Op den duur werd het hem allemaal wat te veel, en luttele affaires en kinderen later trad hij op zesenveertigjarige leeftijd toe tot een franciscaner orde. Maar tot hij in 1886 op vijfenzeventigjarige leeftijd overleed, bleef hij wel spelen en componeren.

Hij schreef twee pianoconcerten en nog een paar andere

stukken voor piano en orkest, waaronder de zogenaamde Dodendans. De dood was nogal een obsessie voor hem: hij bezocht Parijse ziekenhuizen en gestichten en zelfs gevangenissen om naar de terdoodveroordeelden te gaan kijken. Veel van zijn werken hebben titels die daarmee in verband staan en dit stuk, deze overweldigende, angstaanjagende, veertien minuten durende aanval van pianistieke razernij, is gebaseerd op het beroemde Dies Irae, het doodsthema dat tal van componisten hebben gebruikt, van Rachmaninov tot Berlioz.

De uitvoering van Sergio Tiempo is live opgenomen en ik heb werkelijk nog nooit zo'n idioot bombastische vertolking gehoord. De man heeft twee wonderbaarlijke handen, deinst nergens voor terug en heeft een absoluut vertrouwen in wat hij wil overbrengen. Het is verbijsterend.

Achteraf snap ik het wel: ik had een stokoud, verschrikkelijk geheim prijsgegeven. Ik had mijn vrouw erbij betrokken (onvrijwillig: zij dacht dat ze was getrouwd met een fatsoenlijke, onbeschadigde, eerlijke vent), was begonnen aan een belachelijk ambitieuze nieuwe loopbaan en mijn zoon was net vier geworden. Wat dacht ik verdomme dan dat er zou gebeuren?

Hier nog een waarschuwing voor de slachtoffers van seksueel misbruik. Het is kennelijk heel gebruikelijk dat je compleet op drift raakt als je kind de leeftijd nadert die jij had toen het misbruik begon. Ik wist dat niet. Mijn psyche wel. Het overviel me compleet. Er zat iets in mij dat al klauwend wanhopig vocht om naar buiten te komen, en ik kon het onmogelijk nog in bedwang houden. Het voelde alsof mijn hoofd een computer was die overbelast raakte en simpelweg explodeerde. Mijn hersenen voelden werkelijk gloeiend heet. Het voelde bizar en bepaald niet prettig, eerder iets om doodsbang van te worden. En ik was bereid me aan elke strohalm vast te klampen, hoe tijdelijk ook.

Ik wist dat ik mijn toevlucht kon nemen tot drank en drugs. Ik wist ook dat het mijn dood zou betekenen (nou, oké dan), maar belangrijker nog: dat ik daarmee waarschijnlijk ook het leven zou verwoesten van degenen die mij het dierbaarst waren.

En net toen ik verwoed op zoek ging naar iets wat het midden hield tussen moord en zelfmoord, ontdekte ik scheermesjes.

Ik had gedaan wat elke zichzelf respecterende man in mijn situatie zou doen en was online gegaan om naar een oplossing te zoeken. En wat ik daar aantrof, was de heerlijk geschifte wereld van de online forums. Anonieme, intonatievrije, zuiver tekstuele beerputten die zich voordoen als hulpmiddel, maar in werkelijkheid een dekmantel zijn voor mensen om al hun verschillende neurosen, perversiteiten, eigenaardigheden en menselijke zwakheden te spuien, in de hoop verlost te worden van het gevoel dat ze overal altijd alleen voor staan, en zo mogelijk iemand te vinden die er zelfs nog erger aan toe is. En op een van die websites ging het over snijden in jezelf. Alsof het iets verkeerds was: mensen die een terugval hadden gehad, razend waren op zichzelf en heel graag wilden stoppen. Ik had er weleens over gehoord, meestal ging het om tienermeisjes, maar het was nooit bij me opgekomen dat ik het ook zelf kon doen.

Maar alles deed pijn en destijds leek het een goed idee. Dus alsof het de normaalste zaak van de wereld was liep ik de trap af, wipte even langs bij de plaatselijke drogist en kocht daar een pakje scheermesjes (Wilkinson Sword) en wat zwachtels.

Dit deel van mijn boek kan makkelijk een stortvloed van ellende veroorzaken bij iemand met soortgelijke problemen. Sla het dus over of bel een vriend of vriendin. En voordat je mij al te zeer veroordeelt om wat ik je nu ga vertellen, moet ik misschien eerst iets vertellen over de kunst van het snijden in jezelf.

Zelfbeschadiging is een wondermiddel. In het Verenigd Koninkrijk heeft het de vorm aangenomen van een ware epidemie en we staan nu al boven aan de Europese ranglijst. Wij zoeken ons heil niet in tapas en siësta, maar in kleine metalen voorwerpen met scherpe randjes en verband. Er is namelijk geen snellere en effectievere manier om compleet high te worden, afgezien van heroïne (niet roken maar spuiten) en crack. Geen kater, geen negatieve bijwerkingen (als je het goed doet), kost geen drol, je kunt het overal doen en je kunt alle benodigdheden scoren bij de drogist (en als die gesloten is in de keukenla).

Het bevat alle vertrouwde elementen die illegale drugs zo aantrekkelijk maken (het rituele karakter, de concentratie, de kick, de afzondering, de vlucht, de algemene 'fuck de wereld'-woede), met daarbovenop nog een dosis peilloze zelfhaat, het feit dat je er niet voor gearresteerd kunt worden (of je moet wel heel veel pech hebben) en dat je het allemaal zelf in de hand hebt, en het gevoel dat het een gezonde (nou ja...) uitlaatklep is voor je woede en dat je de wereld toeschreeuwt hoeveel pijn je hebt zonder een kik te geven. Ken je nog dat gevoel op de middelbare school dat je iemand wilde verklikken door wie je gepest of geslagen werd, maar dat niet durfde? Maak dat gevoel duizend maal groter en stel je dan voor dat je terug kunt in de tijd en zo iemand keer op keer in de fik kunt steken, dat je hem kunt dwingen toe te kijken hoe je zijn hele gezin uitmoordt en als hij dan langzaam in de vlammen omkomt, maak je vlak voor zijn snufferd een vreugdedans. Al die gevoelens en meer liggen binnen je bereik met een pakje scheermesjes van één pond en een zwachtel van twintig pence.

Het heeft dan ook geen zin om dit alleen maar te zien als een kwaad dat moet worden bestreden. Je zult dit nooit, maar dan ook nooit kunnen bestrijden met praten, met voorlichtingscampagnes, met folders in wachtkamers en goedbedoelende leraren. Het effect is gewoon te sterk, de beloning te groot, de endorfinestoot te krachtig.

Het is niets anders dan een betrouwbaar, effectief overlevingsmechanisme. En het is net zo wijdverbreid als de nauwelijks verbloemde valiumverslaving van de jaren zeventig. Desastreus genoeg worden de meesten die dit gedrag vertonen verkeerd begrepen, verkeerd gediagnosticeerd en verkeerd behandeld. Zelfbeschadiging is géén aanwijzing voor suïcidale gedachten. Het vormt géén bedreiging voor anderen. Het hoeft géén invloed te hebben op je functioneren. Russell Brand, Johnny Depp, Colin Farrell, Alfred Kinsey en Sid Vicious zijn slechts een paar van de beroemde mannen die zich eraan hebben bezondigd. De lijst van vrouwen is veel langer.

Het zijn niet alleen magere tienermeisjes die dit doen (hoewel veel te veel van die meisjes er regelmatig aan toegeven). Het is altijd een reactie op een cultuur waarin we worden opgejaagd zonder gezien of gehoord te worden, zonder te zijn opgewassen tegen het tempo en de stress van het moderne leven. Een wereld waarin we kinderen moeten opvoeden, geld moeten verdienen en almaar beter moeten presteren op een manier die niet vol te houden is, of we nu man zijn of vrouw. En zelfs als we erin slagen aan al die eisen te voldoen, merken we tot onze verrassing dat het geen donder uitmaakt. We blijven het gevoel houden dat we niks voorstellen, dat we tekortschieten.

Maar die dag vond ik een remedie, een manier om me niet meer zo'n enorme lul te voelen.

Ik kom thuis in een leeg appartement. Jack is de deur uit met Jane. Trillend stal ik mijn gereedschapssetje voor me uit op de badkamervloer, neem plaats in kleermakerszit. Ik kijk naar mijn armen en neem een besluit: welke en waar.

Het lijk me het best om te beginnen met de linkerbovenarm. Ik trek dus mijn T-shirt uit en neem een enkel scheermesje uit de verpakking. Het ding glimt allemachtig en heeft iets angstaanjagends: glad, buigzaam, heel klein, idioot scherp. Ik druk het in mijn arm, beweeg het naar boven en naar binnen en kerf een snee van zo'n twee tot drie centimeter lang, terwijl ik het mesje blijf aandrukken. Eerst gebeurt er niets. Geen pijn, niets. En dan, een paar seconden later, zie ik mijn huid letterlijk opensplijten en er verschijnt bloed, als bij toverslag, met pijn die door mijn lichaam schiet, vlees dat opengaat. En het bloed blijft komen. Veel meer dan ik had verwacht. Ik had totaal verkeerd ingeschat hoe hard ik moest drukken. Aan die zwachtels had ik geen fuck en dus greep ik naar een handdoek en gebruikte die. Ik begon in paniek te raken: overal op de wit betegelde vloer lag bloed, de handdoek raakte doordrenkt, ik beleefde totaal geen plezier aan mijn roes. Ik had het helemaal verkloot.

Ik belde mijn beste vriend Matthew, want hij en zijn vrouw waren een soort medisch powerduo: hij psycholoog, zij afdelingshoofd van de Eerste Hulp in een ziekenhuis dat op tien minuten rijden van mijn huis lag. En natuurlijk kwam hij langs, nam me mee naar het ziekenhuis van zijn vrouw en sprak haar even onder vier ogen, zodat er geen psycholoog aan te pas kwam en ik niet achter aan de lange rij ellendige dronkaards hoefde aan te sluiten. En zij maakte voorzichtig mijn arm schoon, hechtte en verbond de wond en stuurde me weer naar huis.

Ik haalde alles uit de kast om ervoor te zorgen dat ze hun mond hielden. Dat ze me niet uithoorden, mijn vrouw niet belden, niet met me mee naar huis gingen, mijn mesjes niet in beslag namen. Om hen ervan te verzekeren dat het mijn eerste keer was en dat het nooit meer zou gebeuren, dat ik enorm geschrokken was en een verschrikkelijke fout had gemaakt. Waar heb je anders vrienden voor, nietwaar? Ze lieten me goddank met rust en wijdden zich weer aan hun eigen bezigheden. Dus ik ging naar huis, maakte de vloer schoon en probeerde het nog eens. Iets minder hard drukken, iets meer aandacht voor het hoe en wat. En deze keer ging het perfect. Drie sneetjes van ruim twee centimeter, niet zo diep dat ze gehecht moesten worden en niet zo oppervlakkig dat de pijn te snel wegtrok. Precies goed. En het voelde alsof ik heroïne had gespoten. Maar dan zuiverder. Dat gevoel, als je voldaan achterover valt op de badkamervloer, leeg, gelukkig, dat was alles waarop ik had gehoopt en meer.

Dat is het punt met in jezelf snijden: je wordt er niet alleen high van, het is ook een manier om je woede te ventileren op jezelf en de wereld, je kunt de pijn reguleren en in afzondering genieten van het ritueel, de endorfine, het schunnige geweld dat je jezelf aandoet, en je doet niemand pijn behalve jezelf. Het voelde alsof ik een schandelijke seksuele verhouding had, maar dan zonder een fortuin aan hotelkamers uit te geven, mijn vrouw te bedriegen en almaar sms'jes en mailtjes te moeten wissen.

En het beantwoordde aan zijn doel. Ik had iets gevonden wat me in elk geval tijdelijk hielp om beter te functioneren, aanspreekbaar te zijn, ook voor mijn gezin, een masker te dragen. Het werd een stiekeme, dagelijkse drug die voorkwam dat ik compleet instortte en me net genoeg kracht gaf om me tegenover de buitenwereld als een echtgenoot en vader te gedragen, al was het net niet genoeg om het gevoel weg te nemen dat er iets niet helemaal in de haak was met mij.

Ik bracht Jack naar zijn peuterklas, speelde piano, sneed tussen het studeren door in mezelf, haalde hem aan het eind van de dag weer op en daarna brachten we de avond met ons drieën door, als gezin. Het was schizofreen, idioot en verkeerd, maar ik kon me daar niet van losmaken.

Door een rare kronkel in mijn hoofd kan ik aan de dingen die ik fijn vind alleen genoegen beleven als ik ze stiekem doe. Alles wat plezier geeft, leidt tot schaamte, behalve roken. Seks: in het geniep en zonder dat iemand er iets van merkt, in het donker. Pianospelen: rolluiken naar beneden, deur dicht, nooit in het bijzijn van anderen, tenzij ze een kaartje hebben gekocht. Drugs: alleen en in een morsig kamertje waar niemand me stoort. Snijden in mezelf: in de badkamer met de deur op slot. Eten: in de meeste gevallen snel en gejaagd, in de keuken, ver weg van nieuwsgierige blikken. Geld uitgeven aan leuke dingen: zonder dat mijn vrouw ervan weet, online, waar ik geen hinder heb van winkelpersoneel, anoniem bezorgd door een postbode die er het zijne van zal denken. Mijn zoon in mijn armen houden: in het holst van de nacht, als de wereld slaapt, alleen op zijn kamer, met zijn oorverdovende ademhaling.

Het leven is kort, riskant, kil en kwaadaardig. En daar handelde ik naar. Ik had er per direct een eind aan moeten maken. Mijn excuses moeten aanbieden, echtscheiding aanvragen, mijzelf operatief uit het totaalplaatje verwijderen, het land ontvluchten en ergens ver weg een nieuwe start maken om daar misschien nog een paar jaar in relatieve rust te kunnen doorbrengen. Maar dat deed ik niet. Nee, ik besloot mijn eerste openbare concert te organiseren.

Echt een subliem idee. Net op het moment dat alles in duigen dreigt te vallen, als ik aan alle kanten onder druk sta – om mijn huwelijk tot een succes te maken, de beste vader ter wereld te zijn, briljant piano te spelen, man te zijn – besluit ik er nog een schepje bovenop te doen en mijn eerste concert te geven. Om tegenover mezelf en mijn naasten te bewijzen dat ik geen totale niksnut ben en dat het studeren ook echt resultaat afwerpt.

Ik vond een concertzaal met zo'n vierhonderd stoelen

die ik kon afhuren op de South Bank in Londen, op een steenworp afstand van de Festival Hall. Ik regelde dat de opbrengst naar een goed doel ging (iets voor kinderen, omdat het anders zo arrogant leek dat ik er geld voor vroeg en om de indruk te wekken dat mijn motieven min of meer nobel en altruïstisch waren). En ik stelde de datum vast op een paar weken later.

Ik had een waanzinnig programma samengesteld: drie reusachtige werken van Bach, Beethoven en Chopin (de heilige drie-eenheid van de pianomuziek), misschien zo'n 120.000 noten, die ik allemaal uit het hoofd moest leren, met de juiste vingerzetting, het juiste toucher, de nuances, het juiste pedaalgebruik, alles in het voortdurende bewustzijn van de voorafgaande en de volgende noot, al die klanken uit mijn piano verenigd tot één glorieus geheel, uitgestort over een verwachtingsvol publiek. Het is een crime, vooral als je zoiets voor het eerst doet. De meeste concertpianisten – nou goed, alle concertpianisten – beginnen al op hun negende of tiende met optreden, in Azië nog jonger. Ik was net eenendertig. Ik had geen benul van plankenkoorts, hoe het is om voor publiek te spelen, mijn ademhaling, hoe om te gaan met lawaai uit het publiek en hoe ik me twee uur lang zo diep kon blijven concentreren. Echt, ik kon zelfs geen half uurtje *Eastenders* kijken zonder de draad kwijt te raken.

De zaal zat stampvol. Ik heb geen idee waarom. Er kwamen vrienden en vrienden van vrienden, en de zaaleigenaren moeten hun hele database hebben gemaild, want er waren ook onbekenden, echte liefhebbers, zomaar wat mensen, een opeengepakt publiek van honderden concertgangers. Er werden nog wat extra stoelen bij elkaar gescharreld, ik ging achter de coulissen bijna over mijn nek, de zaallichten doofden, nog wat gehoest, de unieke geluiden die je overal ter wereld hoort als het publiek zich klaarmaakt, in afwachting van een onbeschrijflijke ervaring. En dan kom ik op.

Psychiaters zeggen vaak dat je op zoek moet naar 'een veilige plek'. Een plek waar je in gedachten naartoe kunt en waar je je prettig en op je gemak kunt voelen. In iemands armen misschien, op een geliefd strand, op een slaapkamer uit je jeugd. Ik weet nu dat mijn plekje eeuwig en altijd achter de vleugel is, met een enkele spot gericht op de toetsen en de rest van de zaal in totale duisternis gehuld. Het enige wat ik zie, is een zwart-wit klavier met 88 toetsen en bij voorkeur de gouden letters van het woord 'Steinway'.

En shit, wat ben ik daar blij om. Want als ik eenmaal trillend ben opgekomen en op het krukje zit, neemt iets het van mij over. Ik verdwijn, maar op een positieve manier. Zonder uit mijn lichaam weg te zweven, zonder een brandende pijn in mijn kont, zonder tranen, bloed en een steen in mijn maag. Het is echt weergaloos, alsof ik door vier handen op een hot stone-massage van Bach wordt getrakteerd. Het is allemaal in een flits voorbij en tegelijkertijd lijkt de wereld te vertragen en verdwijnen al mijn tijdsneurosen in het niets. Er is oneindig veel ruimte tussen de noten en ik sta versteld van het geluid dat mijn vingers voortbrengen (niet vanwege de kwaliteit van mijn spel, maar om het eenvoudige feit dat ik dit doe), een gevoel van thuiskomen. Dit moet ongeveer zijn waar Sting het over had toen hij zat te zwijmelen over tantrische seks.

Het gaat goed. Een enkel fout nootje maar geen grote ontsporingen (ik heb er nog een opname van), fatsoenlijke stemvoering (waar de melodie goed uit naar voren komt), nieuwe muzikale interpretaties (voor mij dan) van stukken die al eeuwenlang gespeeld worden. En ik realiseer me dat al die fantasieën over het geven van een concert die ik als kind had, die me in leven hielden en een gevoel van veiligheid gaven, terecht waren geweest. Het is echt zo overweldigend. En ik weet dat ik dit voor altijd wil blijven doen. Wat er verder ook gebeurt.

Na afloop vierden we het met een uitgebreid diner. Iedereen was aardig voor me. Zelfs Edo, die uit Italië was overgevlogen, gaf complimentjes. Mijn vrouw had bloemen voor me meegenomen. De dimsum ging schoon op. Mijn adrenalinepeil schoot omhoog, omlaag, stuiterde alle kanten op. Ik kon die nacht niet slapen. Tegenwoordig, een paar jaar en een paar honderd concerten verder, ben ik daar al aardig aan gewend. Maar toen? Het was alsof ik voor het eerst seks had gehad met mijn spirituele tegenhanger. En bloedgeil, ook dat nog. Een grotere high dan van heroïne spuiten, in mezelf snijden en alles wat destructief was. Dit was mijn hoogsteigen nirvana.

En ik kon er een paar weken op teren. Ik sneed nog steeds geregeld in mezelf en hield dat verborgen voor Jane (het kwam goed uit dat ik T-shirts met lange mouwen droeg). Ik had nog altijd te kampen met stemmen in mijn hoofd die ik niet begreep en niet wilde horen. Maar ik kon redelijk functioneren. En ik genoot nog na van mijn eerste concert. Ik had geproefd van iets wat aan de onsterfelijkheid raakte. Als ik erop terugkijk, was ik die paar weken na het concert aan het koorddansen zonder me bewust te zijn van de haaien die onder mij rondzwommen en aasden op mijn val. Het leven draaide om mijn zoontje, mijn piano, mijn scheermesjes en mijn verwoede pogingen om mijn vrouw en de rest van de wereld ervan te overtuigen dat alles helemaal in orde was.

Het lukte me redelijk goed om niet te veel over dingen na te denken (lastiger dan het klinkt) en ik wierp mezelf op nieuwe projecten. En ook al sneed ik in mezelf, ik had korte tijd het idee dat alles goed zou komen met ons.

Ik denk niet dat ik ooit zal begrijpen wat er daarna gebeurde. Op papier lijkt het alsof dit de ideale springplank was voor een nieuwe carrière. Ik had een impresario kunnen vinden, meer concerten kunnen geven, mijzelf een weg kunnen banen in de wondere wereld van de muziek. Ik had mijn eigen plekje kunnen veroveren. Mijn leven zou een aaneenschakeling zijn geweest van concerten geven, studeren, tijd doorbrengen met Jack, aan mijn huwelijk werken. Dat zou mooi zijn geweest. Normaal en bijzonder tegelijk. Ik had de scheermesjes kunnen wegleggen, een fatsoenlijke psychiater kunnen zoeken om een paar van mijn mentale landmijnen onschadelijk te maken, en als ik dan dag in dag uit mijn ene voet voor de andere had gezet, zou ik langzaam het goede leven zijn binnengewandeld.

Er was niets, maar dan ook niets wat me daarvan weerhield. Nogmaals, daarom is het zo moeilijk geduld op te brengen met mensen zoals ik. Ik zie twee deuren voor me. Op de ene deur staat duidelijk 'Het goede leven' en op de andere 'De hel'. En ik liep niet alleen die slechte deur in, ik deed het fluitend, een en al onverschilligheid, vastberaden mijn mouwen opstropend. Als een arrogante klootzak stapte ik godverdomme de totale fucking vernietiging tegemoet.

TRACK 11

Brahms, Ein deutsches Requiem, eerste deel

Herbert von Karajan, dirigent

Wat componeren betreft was Brahms zowel een traditionalist als een vernieuwer. Hij was een van de boegbeelden van de Oostenrijkse muziekscene maar mengde zich niet in de twisten tussen de conservatieven en de 'modernen', de aanhangers van Liszt en Wagner en hun radicalere visie op componeren. Zelf was hij behoudender in zijn aanpak. Hij was (samen met Bach en Beethoven) een van de grote drie B's, een van de grote muzikale stamvaders van onze tijd: zijn symfonieën, concerten, kamermuziek en pianocomposities maken nog steeds deel uit van het mainstreamrepertoire.

In zijn jeugd zat de familie zozeer op zwart zaad dat hij piano moest spelen in 'danslokalen' (lees: bordelen) om geld te verdienen, en misschien komt het door een paar nare ervaringen in dat milieu dat hij nooit meer een echte, normale relatie met een vrouw heeft gehad. Hij geilde wel enorm op Schumanns vrouw Clara. Dat hij meteen na de dood van Robert naar haar toe snelde en dat ze veel van de brieven aan elkaar hebben vernietigd, suggereert dat ze iets te verbergen hadden.

Na de dood van zijn moeder in 1865 schreef hij, kapot van verdriet, dit Deutsche Requiem. Het kende een moeizame start omdat de paukenist bij de première de notatie 'pp' (heel zacht) per ongeluk opvatte als 'ff' (heel hard) en alle andere instrumenten met zijn paukenslagen overstemde, maar daarna is het uitgegroeid tot een van Brahms' meest uitgevoerde en bewonderde werken.

Religieus getinte rouw kan bijzonder aangrijpend zijn, en met de requiems van Mozart en Fauré behoort dit tot de absolute hoogtepunten in het genre.

Op een avond sloeg mijn vrouw haar arm om me heen. Niks geks aan. Wel lief, eigenlijk. Het was een stressvolle middag geweest en ik had weer in mezelf gesneden. Ik had de frequentie teruggebracht tot één of twee keer per week, maar dit was een verse wond en toen haar hand mijn arm raakte, vertrok ik van de pijn. Dat ging vanzelf. Ze vroeg wat er scheelde, ik begon te stamelen, ze wilde me niet geloven toen ik 'niks' zei, het klonk als een leugen en ze beval me (een vraag was het niet) mijn arm te laten zien. Wat ik dus deed. Ik was het zat om dingen voor haar te verbergen. Ik had teruggedacht aan hoe het was toen we elkaar net leerden kennen, hoe lief ze was, hoe stabiel en onverwoestbaar onze relatie had geleken. Dat kon niet allemaal weg zijn, al was ik nog zo'n grote eikel geworden.

Dus ik trok mijn overhemd uit en liet mijn arm zien en ze schrok zich te pletter, ging helemaal over de rooie. Ik had met een scheermes het woord *toxic* (giftig) in mijn bovenarm gekerfd.

Ja, ik weet het: heel puberaal en melodramatisch. Maar zo voelde ik me toen. En die scheermesletters zien er retecool uit. Maar zij vatte het veel ernstiger op dan ik. Ik zag haar woede, en daaronder liefde, bezorgdheid, medeleven, angst. Ze eiste dat ik hulp zou zoeken en dat beloofde ik natuurlijk. Ze liet zich niet inpalmen door mijn sussende 'het stelt allemaal niet zo veel voor'. Ze gaf me een week de tijd.

En na die onthulling van mijn zoveelste geheim begon ik steeds sneller te ontsporen. Ik deed geen oog meer dicht. Kon geen stap verzetten. Geen hap binnenkrijgen. Geen stom woord zeggen. Het was echt: bewegingloos op bed, glazige blik, geknetter in mijn hoofd, totaal naar de klote. Als je dat punt eenmaal hebt bereikt, kan het je allemaal niets meer schelen. Een dieper niveau van zelfhaat en schaamte is gewoon ondenkbaar. Je bent op de bodem en alles ligt aan gruzelementen. Het is opwindend, bevrijdend en gruwelijk tegelijk. Het was alsof de schakel in mijn binnenste die altijd alles bij elkaar had gehouden nu definitief was geknapt: alle pogingen de schijn op te houden dat ik een normaal functionerend, fatsoenlijk persoon was, werden weggevaagd op een golf van totale onverschilligheid.

Ik besloot dat er geen kruid tegen gewassen was en dat ik mezelf beter van kant kon maken. En die acceptatie voelde als een enorme bevrijding.

Als je eenmaal hebt besloten om er een eind aan te maken, is het mooie namelijk dat dat besluit je enorm veel energie geeft. Alsof je na jarenlang waden in drijfzand ineens vleugels krijgt. Daarbij is de planning die erbij komt kijken hartstikke leuk. Het lijkt op het samenstellen van een playlist voor iemand op wie je verliefd bent: je moet er goed over nadenken, je wordt helemaal opgewonden bij de gedachte aan wat ze ervan zal vinden en hoe ze zal reageren, en je geniet evenveel van dat hele proces als van het uiteindelijke resultaat.

Springen of ophangen, een van die twee moest het worden, leek me. En tering, waar zou je in zo'n geval zijn zonder internet? Massa's pagina's over de hoogte waarvan je dan moet springen, geschikte locaties, dingen om voor uit te kijken, hoe je het moet aanpakken. Ik vond zelfs een tabel met de ideale verhouding tussen hoogte en gewicht voor wie zich wil ophangen: van hoe hoog je moet springen om te voorkomen dat je het overleeft of in een coma belandt. Handig, hoor.

Terwijl ik met die voorbereiding bezig was, werd ik gebeld door een vriend. Stephen. Heel bijzondere kerel: komt uit een mijnwerkersdorpje in Wales, ging op zijn vijftiende zonder diploma van school en speelde op zijn zestiende met een grote Britse rockband in een uitverkocht Madison Square Garden. Twintig jaar later, nog steeds een schoolverlater zonder diploma en met een massa tatoeages, besluit hij dat hij chirurg wil worden. Dus hij gaat medicijnen studeren aan Columbia University, werkt zich het schompes en nu, geloof het of niet, is hij chirurg. We hadden veel met elkaar opgetrokken, tot een paar jaar geleden, toen hij naar New York verhuisde en het contact verwaterde. Hij belde me op een slechte dag. Ik maakte een grap over van een flat springen, probeerde mijn woorden terug te nemen, kreeg niet de indruk dat hij geloofde dat het maar een geintje was, hing de telefoon op en sloeg mezelf voor mijn kop. Waarschijnlijk had Jane contact met hem opgenomen en gevraagd of hij eens poolshoogte wilde nemen.

Ik lees dit nog eens door (had ik beter aan mijn redacteur kunnen overlaten). En ik besef heel goed hoe ik hieruit naar voren kom. Een schoolvoorbeeld van narcisme en zelfbeklag. Dat zie ik nu wel in. Maar als je er midden in zit, als je het gevoel hebt dat je in die shit verzuipt en alles zo verdomd écht is, dan heb je geen oog meer voor het grote geheel. Een depressie, trauma, posttraumatische stressstoornis of hoe je het noemen wilt: het laat geen ruimte voor de werkelijkheid. Mijn wereld was volledig ingestort en daarin was alleen nog plaats voor mijzelf, mijn waanbeelden en mijn ego. Er restte mij gewoon nog maar één optie, en dat was uit het leven stappen. Wat helaas vaak niet wordt begrepen: voor mensen die zelfmoord willen plegen is het bijna altijd een volstrekt gerechtvaardigde keuze. Het is een beetje alsof je totaal uitgehongerd bent, dagenlang niet hebt gegeten, en dan ineens in een restaurant komt waar maar één gerecht op de kaart staat: iets wat je gruwelijk vies vindt, iets wat je niet lust en anders nooit van je leven zou bestellen, maar nu is dat je enige optie. Dus bestel je dat en eet je het op, je propt het met beide handen in je mond, je vreet tot je bijna flauwvalt. De realiteit van mijn situatie, zoals ik die beleefde, en de hele mallemolen in mijn hoofd hadden de fundamenten van mijn zelfgenoegzame bestaan zodanig aangetast dat de mogelijkheid, de luxe van een keuze mij volledig ontnomen was.

Er werd me nog één laatste redmiddel aangereikt, een paar dagen voordat ik mijn plan ten uitvoer wilde brengen (mijn schoonouders stonden op het punt over te komen uit de VS, dus ik vond dat ik moest wachten tot zij er waren, zodat mijn vrouw na afloop steun bij hen zou vinden). Ik was naar een AA-bijeenkomst geweest, gewoon een van de vele, en toen ik thuiskwam werd ik opgewacht door Jane en mijn vriend Matthew. Stephens verslag van ons telefoongesprek was blijkbaar niet erg positief geweest.

Ik wil niet te veel uitweiden over de AA, want die eerste A staat nu eenmaal voor 'anoniem'. Maar ik wil wel zeggen dat het in mijn ervaring (negentien jaar zonder een druppel, en ik ga nog steeds regelmatig naar de bijeenkomsten) de makkelijkste en beste manier is om van de drank af te komen. Het is een geweldig concept waarmee iedere dag weer wonderen worden verricht. Maar het vereist wel dat de leden een zekere mate van eerlijkheid betrachten, vooral eerlijkheid tegenover zichzelf. En zelfs dat is niet altijd nodig, soms is alleen de bereidheid om naar de bijeenkomsten te gaan en te stoppen met drinken al genoeg. Maar de fundamentele leugenachtigheid waarmee ik die bijeenkomsten bezocht en met andere mensen praatte, maakte het mij onmogelijk om beter te worden. Fysiek gezien bleef ik nuchter, maar mentaal was een ander verhaal. Ook al stond ik droog, het ging beroerd met me en ik verkwanselde de kans om mijn demonen te overwinnen, wat zo veel anderen bij de AA wel lukt. Ik weet wel dit: als ik weer was gaan drinken, was ik nu dood geweest. Daar twijfel ik geen moment aan: als je dronken bent is het veel en veel makkelijker om jezelf van kant te maken dan als je nuchter bent. In dat opzicht heb ik mijn leven aan de AA te danken. En vandaag de dag, nu ik eerlijk kan zijn op een manier die alleen lukt als je echt helemaal tot de bodem bent gegaan, heb ik er ook mijn gemoedsrust aan te danken. De AA is echt top.

Dus toen ik terugkwam van een bijeenkomst waar ik weer enorm had zitten liegen over hoe goed het met me ging, werd ik thuis opgewacht door mijn vrouw en mijn beste vriend. Ze zeiden dat ze hadden gezocht naar ziekenhuizen die gespecialiseerd waren in slachtoffers van seksueel misbruik en stelden voor (op een toon van: zo niet goedschiks dan wel kwaadschiks) dat ik de volgende morgen mee zou gaan voor een intakegesprek. Ze hadden geen idee dat ik al een gebouw had uitgezocht waar ik vanaf zou springen, een testament had geschreven, een lijstje had gemaakt met al mijn computerwachtwoorden, bankgegevens, wensen voor de begrafenis, enz.

Nu zat ik met een dilemma. Ik kon liegen dat ik de volgende ochtend mee zou gaan naar de kliniek en mezelf die avond alsnog van kant maken. Of ik kon doen wat ze vroegen. En dat kon ik doen omdat mij verder niets restte, en als er maar een fractie van een procent kans was dat ik daar iets zou vinden waarmee ik die andere, onomkeerbare oplossing kon vermijden, was het misschien de moeite waard.

Dus nadat ze een paar uur op me hadden ingepraat en me op het hart hadden gedrukt dat Jack het wel zou redden, dat ze wel even zonder mij konden en dat mijn schoonouders een paar weken in de stad waren om te helpen, stemde ik toe. En de volgende ochtend reden we naar het ziekenhuis.

Dat was vanaf het begin één grote ramp.

Ik weet niet of ik nou zo'n enorme lul was of dat zij zulke onprofessionele eikels waren, maar jezus christus, wat een kutkliniek was dat. Een hoop mooie praatjes over speciale programma's voor traumaverwerking bij slachtoffers van seksueel misbruik, maar in de praktijk kwam er niets van terecht. Een paar ongezond dikke 'therapeuten', een groep mokkende heroïneverslaafden die daar tegen hun wil waren gedropt door goedbedoelende instanties, een psychiater die nauwelijks Engels sprak en een hele zooi regeltjes die werden opgelegd met het fanatisme van een op school gepest roodharig stiefkind dat nu eindelijk wraak kan nemen op zijn kwelgeesten.

Als ik mijn mond opentrok voor een vraag of probeerde iemand hogerop in het team te spreken, werd me op militaire toon toegesnauwd dat ik mijn bek moest houden en dat ik een lastpak was. Na achtenveertig uur wist ik al dat dit niets voor mij was. Bij aankomst had ik in de tuin een pakje scheermesjes verstopt en ik begon weer in mezelf te snijden. Maar zelfs dat luchtte niet op. Dus pakte ik mijn tas, vroeg om mijn mobiele telefoon, autosleutels en portemonnee (bij aankomst allemaal geconfisqueerd) en zei dat ik vertrok. En zij zeiden nee. Simpel zat.

Ik lachte en zei: 'Serieus, geef me mijn spullen terug en dan zijn jullie verder van me af.'

En toen zeiden ze dat ze het zouden bespreken en dat ik over een paar uur maar terug moest komen naar hun kantoortje.

Dus ik drentel een beetje rond en tegen lunchtijd klop ik weer aan. En dan zit daar een heel stel mensen die ik nog nooit heb gezien. Artsen, verpleegkundigen en nog wat mensen, allemaal met een streng en ietwat dreigend gezicht. Ik giechelde en vroeg schertsend of er iets te vieren viel. Geen sjoege. Doodse stilte.

Het was net een rechtbankscène uit een goedkope tv-serie. Ze hadden mijn kamer doorzocht en het pak scheermesjes gevonden ('ik ga het huis nooit uit zonder' vonden ze blijkbaar geen goed excuus). Zowel het personeel als de cliënten ('patiënten' mocht je ze niet noemen) vonden dat ik een slechte invloed had op anderen. Ik was een gevaar voor mezelf en anderen en ze stuurden me naar een inrichting waar ik 'adequatere zorg kon krijgen'. En toen stortte mijn wereld pas echt volledig in.

Een van de ergste dingen die je een mens kunt aandoen is hem alle keuze ontnemen. Vanaf mijn tiende, toen ik niet meer op de school zat waar ik was misbruikt, had ik altijd een keuze gehad. Ik had er iemand over kunnen vertellen, ik had me minder bandeloos kunnen gedragen, ik had om hulp kunnen vragen, single kunnen blijven, kunnen doorgaan met pianospelen, van de drugs af kunnen blijven, en ga zo maar door. Ik koos telkens voor het tegenovergestelde. En uiteindelijk was het ook mijn eigen keuze geweest om hulp te zoeken. En nu, voor het eerst sinds ik als jongetje van vijf op een gymnastiekmat had gelegen, platgedrukt onder het gewicht van een reus, werd mij alle keuze weer ontnomen. Ik kon mezelf hier niet uit lullen (al probeerde ik dat wel), ik kon me er niet uit slaan (ook dat probeerde ik, wat twee potige verpleegkundigen me met een smalende glimlach verhinderden), ik kon me er niet uit bluffen. Ik mocht mijn dure huisarts bellen (ik was er heel arrogant van uitgegaan dat hij dit met zijn 110 pond per consult wel kon oplossen), maar die zei alleen maar dat hij niets kon doen. Ik moest mijn auto achterlaten en werd huilend van woede en frustratie naar een andere kliniek gebracht, anderhalf uur rijden daarvandaan.

De intake daar was angstaanjagend. Ik kreeg medicatie,

de eerste pillen die ik in elf jaar had geslikt. Toen ik weigerde, werd ik gedwongen iets te slikken waarvan ik de naam niet eens kon uitspreken. De kamer tolde, mijn hoofd zwom, alles werd kleiner en ik ging bijna vierentwintig uur plat.

Deze nieuwe kliniek was van een heel andere orde. Ze waren daar dol op pillen. Het kwam erop neer dat ik de eerste paar weken met pillen werd gemuilkorfd en verder met rust gelaten. Na meer dan tien jaar zonder drugs was het akelig, eng en overweldigend om weer high te worden. Mijn kortetermijngeheugen was meteen naar zijn malle-moer – ik stelde mezelf keer op keer opnieuw voor aan dezelfde mensen –, ik bewoog ongecoördineerd en liep de hele tijd te kwijlen en te zweten. Ik werd een soort stripversie van 'de gek in een inrichting'.

Jane en ik besloten dat Jack me daar niet mocht bezoeken. We wilden hem de aanblik besparen van hoe ik daar rondstommelde en letterlijk tegen muren botste, niet in staat me op een gesprek te concentreren en verstaanbaar te converseren. Ik werd een soort laboratoriumrat waarop gretige psychiaters hun diagnoses en pillen gingen uitproberen. Na een paar dagen bleek ik officieel te lijden aan: een bipolaire stoornis, acute posttraumatische stressstoornis, autisme, tourette, klinische depressie, suïcidale ideatie, anorexia, dissociatieve identiteitsstoornis en borderline. En ik kreeg overal 'adequate' medicatie voor.

Medicatie is kut. Je hebt geen idee. Clonazepam, diazepam, alprazolam, quetiapine, fluoxetine, trimipramine, citalopram, effexor, lithium, tramadol en nog tientallen andere, soms tegelijkertijd, soms achtereenvolgend, soms als combinatie, sommige 's avonds, sommige 's ochtends. En ik had geen keus: als ik weigerde, werd het me onder dwang toegediend.

Ik kreeg therapie, zowel in een groep als individueel, maar

dat hielp geen ruk omdat ik volstrekt van de kaart was, niet in staat tot rationeel denken of tot denken überhaupt. Ze lieten me zelfs iets slikken dat de neiging tot zelfverminking moest tegengaan. Dat was een echt klotemiddel dat je hersenen verhindert endorfine aan te maken ter verzachting van de pijn, dus als ik er dan toch nog in slaagde mezelf te snijden zou het alleen heel, heel veel pijn doen zonder dat ik er een kick van kreeg. Wat een rotstreek.

Een paar van de andere kerels op de afdeling waren doodeng. Toen een van hen erachter kwam dat ik pianist was, zei hij dat hij één voor één al mijn vingers zou breken. Ik zei dat-ie vooral zijn gang moest gaan, maar hij bleef gewoon voor me staan. Dus ik draaide me om, deed mijn ogen dicht en zei dat hij mocht doen wat hij wou tot ik tot dertig had geteld. Hij stak geen poot uit. Watje.

Ze hadden me grondig gefouilleerd, er was niets waarmee ik nog een eind aan mijn leven kon maken. Het werd me allemaal te veel; schuldgevoel om wat ik Jack aandeed, mijn hoofd knalde zowat uit elkaar, ik kon daar niet weg, ik kon daar niet blijven, ik kon niet denken, praten, doen, dromen, fantaseren. Ik zat in een of andere rare, door de farmaceutische industrie gesponsorde cirkel van de hel. En geen enkele mogelijkheid om te ontsnappen.

De 'gezonde manier' om hulp te krijgen had ik nu wel gehad, vond ik. Dat werkte duidelijk voor geen meter. Nu werd het toch echt tijd om het op mijn manier te doen. Ik moest er toch maar een eind aan maken. Maar jezelf van kant maken op een beveiligde afdeling, terwijl je zwaar onder de invloed bent van een joekel van een medicijnencocktail, dat valt niet mee.

Ik had continu een verpleegkundige (lijfwacht) in de buurt, zelfs als ik sliep. Nergens een mes of scherp voorwerp, alle deuren naar het dak afgesloten, medicijnen zwaar bewaakt en achter slot en grendel. Mezelf verhangen leek me dus de enige optie. Ik wist dat er rond twee uur 's nachts altijd een wisseling van de wacht plaatsvond. En ik wist dat er een fijne lange coaxkabel aan de tv zat. Dus ik deed vanaf negen uur 's avonds of ik onder zeil was en wachtte af. Die vent verveelde zich dood en maakte tijdens de aflossing altijd even een praatje met zijn collega. Waarom ook niet? Het was midden in de nacht, ik was van de wereld en met zijn loon van acht pond per uur kon hij vast wel wat leukers bedenken dan continu zo'n verwende rijke lul als ik in de gaten houden.

Terwijl zij in de gang buiten mijn kamer stonden te kletsen, trok ik snel de kabel uit de tv. Ik ging ermee naar mijn badkamer, klom op de toiletpot en peuterde de kabel door een ventilatierooster in het plafond. Ik knoopte er een soort strop van (niet heel veel moeilijker dan een dubbele windsor in je stropdas), stak mijn hoofd erin, trok er hard aan om te checken of hij het zou houden, en sprong.

Het probleem met jezelf verhangen: het is niet de bedoeling dat je stikt. Als je alles goed hebt uitgedokterd, breek je je nek, dat is het idee. In een halve seconde gepiept. Licht uit, doek, klaar. En had ik de luxe gehad van een grote nokbalk, laddertje, goed touw, rekenmachine, internet, afzondering en knoopvaardigheden waar een padvinder u tegen zou zeggen, dan was het zo gegaan. Maar nee. Ik viel, brak helemaal niets (verloor hooguit het laatste beetje gezond verstand dat nog in dat vunzige hoofd van mij verscholen zat), zag een hoop rare kleuren, alles werd ineens heel scherp en direct en 'in het moment', en ik begon te stikken. Dat is het ergste wat je kan overkomen als je jezelf verhangt. Ik kon er niet even uit stappen om het over te doen. En zodra iemand me vond zou ik worden gered, dat wist ik. Afhankelijk van hoelang dat duurde, zou ik er meer of minder hersenletsel als gevolg van zuurstoftekort aan overhouden. Met als resultaat dat ik a) voor altijd debiel (nóg debieler) zou zijn, en derhalve b) niet meer in staat de klus alsnog te klaren.

Dus ik bungel daar in die badkamer en begin mijn bewustzijn te verliezen, en de deur gaat open en mijn verpleger/lijfwacht komt binnen. Zijn ogen puilen een paar centimeter uit hun kassen, zijn rechterhand knalt tegen de muur, pats op de alarmknop, en in één vloeiende beweging stormt hij op me af, slaat zijn armen om mijn benen, tilt me op en schreeuwt om hulp. Ik wil daar niets van weten en begin om me heen te trappen, ik grom en spartel als een bezetene, snot stroomt uit mijn neus en spuug uit mijn mond. Terwijl wij die idiote salsa dansen, komen nog meer verpleegkundigen de badkamer binnen gestormd, waarna ze zich rondom opstellen en me losmaken van het plafond.

Wat dan volgt, is een soort 'Benny Hill in het gekkenhuis'-sketch: ik val in hun armen, zij ontspannen even, ik sprint de badkamer uit, in mijn boxershorts en met de tv-kabel als een hippe modeaccessoire om mijn hals, en spurt door de gangen op zoek naar een uitgang, met de verpleegkundigen op mijn hielen. De ingang van de afdeling blijkt natuurlijk op slot te zitten, dus ik pak een enorme schemerlamp die daar staat en begin op de deur te beuken. De deur geeft geen krimp, ik maak me volkomen belachelijk, draai me om en gebruik de lamp als lichtsabel, het lijkt *One Flew Over the Cuckoo's Nest* wel, ik zwaai er dreigend mee naar de groeiende groep verpleegkundigen die zich om me heen verzamelt.

Toen sloeg ik er met mijn blote handen zeven buiten westen, gooide mijn volle gewicht tegen de deur, het hout versplinterde en ik rolde als een pasgeborene de koude nachtlucht in, waar ik vervolgens alle beveiligers te snel af was, over het hek klauterde en in een passerende taxi sprong die me met gierende banden de duistere nacht in voerde, Jack Bauer was er niets bij.

Rot toch op. Het duurde ongeveer twaalf seconden voordat ik tegen de vloer werd gewerkt en naar de isoleerkamer gebracht, een of andere waanzinnige pil kreeg toegediend en in totale bewusteloosheid wegzonk.

Toen ik weer bijkwam, betaalde ik de prijs. Enorme pillencocktails, lange diepgravende gesprekken met de hoofdpsychiater, voortdurende visitaties in mijn kamer én op mijn lichaam, geen contact met andere 'bewoners' (gevangenen), in mijn eentje op mijn kamer eten, douchen onder toezicht.

Je kunt je de woede niet voorstellen. Ik wist niet dat een mens zo razend kan zijn. Een constante kille razernij die zich dertig jaar lang in mij had opgebouwd en nu eindelijk de vrije loop kreeg.

Ik was nog niet klaar. Er was iets met me gebeurd. Een heel nieuwe persoon nam de teugels over en die had maar één missie: als de sodemieter maken dat ik daar weg kwam. Hoeveel tijd het ook kostte, wat ik er ook voor moest doen. 'Beter' worden, wat dat in godsnaam ook mocht betekenen, zat er toch niet in. Maar in de inrichting kon ik mezelf niet van kant maken, dus ik wist dat ik daar weg moest, naar een plek waar het wel kon.

Een paar dagen later moest ik naar de psychiater. Ze waren de kamers aan het renoveren, zodat hij nu op de begane grond zat, bij de hoofdingang. Ik ging dus onder begeleiding (van een nóg grotere verpleger) van de gesloten afdeling naar beneden. En toen ik in de steriele maar aangename wachtkamer van de psychiater zat te wachten, ging mijn bewaker vreemd genoeg terug naar de afdeling en liet mij daar alleen achter. Geen idee waarom. Maar of het nou gebrekkige communicatie was, of luiheid, of dat hij gewoon even wilde gaan paffen: dit was mijn kans om weg te komen en ik aarzelde geen moment. Ik liep heel kalm en zelfverzekerd naar de hoofdingang, duwde de deur open en liep het zonlicht in. Heus, zo simpel was het. Ik schatte dat ik hooguit zeven minuten had voordat ze alarm zouden slaan, dus hield ik een taxi aan en liet me naar metrostation Sloane Square rijden.

Ik betaalde voor de rit (ik had de vorstelijke som van zeventig pond op zak, zogenaamd voor het kopen van sigaretten en andere zooi uit de 'cadeauwinkel' in de kliniek), kocht een chipkaart, nam de metro, stapte als een ware Jason Bourne voortdurend over op een andere lijn en ook op een bus, telkens in een andere richting, en na een tijdje voor spion te hebben gespeeld belandde ik uiteindelijk op Paddington Station.

Daar kocht ik scheermesjes en liep rond tot ik het soort hotel had gevonden waar ook volmaakt gelukkige mensen zelfmoordneigingen van krijgen. Dat kostte me veertig pond voor één nacht, de rest van mijn geld.

Ik liet het bad vollopen met zo heet mogelijk water, legde mijn scheermesjes en handdoeken klaar, kleedde me uit en ging op het bed zitten. Voor het eerst in maanden kon ik weer ademhalen. Ik was alleen, niemand wist waar ik was, ik had me in jaren niet zo kalm gevoeld. Ik sliep een paar uur. Echte, verkwikkende slaap, geen slaap uit een pilletje, gewoon rustig, geen verkrampte spieren, geen hoofd in de blender.

Ik wist dat ik afscheid moest nemen van mijn zoon. Ik was dolgedraaid, maar nog niet zo compleet dolgedraaid dat ik er zomaar uit kon stappen zonder dat hij nog één keer mijn stem had gehoord en ik de zijne. Ik dacht dat ik hem daarmee een soort houvast kon geven: als hij later opgroeide en terugdacht aan zijn vader die zelfmoord had gepleegd, zou hij tenminste een klein beetje troost kunnen putten uit de wetenschap dat hij afscheid van mij had genomen. Het narcisme van de zelfmoordenaar.

Ik belde zijn moeders mobiele nummer en ze nam op.

Vergeet niet dat ik volledig buiten de werkelijkheid stond. Ik had het zelf niet door, maar inmiddels functioneerde ik duidelijk op een totaal ander besturingssysteem dan iedereen in een straal van kilometers om me heen. Natúúrlijk kon ik haar gewoon bellen, zeggen dat ik mijn zoon wilde spreken, dat ik op proef uit de kliniek was om te zien of ik ook een langer verlof aan zou kunnen en dat ik gewoon even wilde horen hoe het ging. Kwam geen moment bij me op dat de politie wellicht al gewaarschuwd was, dat zij was gebeld door de kliniek en door Matthew en dat ze met z'n allen probeerden uit te vinden waar ik zat.

En zij koesterde nog steeds iets van medeleven en liefde voor mij. Ik heb ook geen idee waarom. Maar ze gaf me volstrekt niet de indruk dat er iets gaande was. Ze zei alleen dat ze me heel graag wilde zien.

'Wat dacht je ervan, Jimmy? We kunnen afspreken waar je maar wilt. Gewoon even tien minuutjes praten en dan kun je meekomen naar huis of niet. Wat jij wil.'

En met de verknipte, egocentrische edelmoedigheid die alleen maar het resultaat kon zijn van een psychose en de gruwelijke hoeveelheden medicijnen die nog door mijn bloedbaan raasden, dacht ik: ja, een heel goed idee eigenlijk. Even met mijn vrouw afspreken om écht afscheid te nemen, een laatste zoen en dan keer ik terug naar deze kamer om te doen wat ik moet doen. Want dit is wat ik moet doen. Wat moet dat moet.

Ik liet alles liggen zoals het was, met neurotische precisie uitgestald op het bed, alles keurig recht en op gelijke afstand van elkaar, en na een laatste inspectie kuierde ik rustig naar Paddington Station, waar we in de grote hal hadden afgesproken.

Ik heb daar twintig minuten naar opgejaagde, dronken, zoekende en gehaaste forenzen staan kijken en toen zag ik Jane. En Jack. Om een of andere onvoorstelbare reden had ze hem meegebracht. Een heuse drie turven hoge surprise van haar, met de beste bedoelingen. Dat piepkleine ventje. Die dreumes in zijn bolle matrasjas en die onmogelijk kleine jeans, aan haar hand. Toen ik hen vanaf de roltrap daar beneden zag staan, voelde ik mijn hart kloppen en bonzen en breken. En ik liep door tot hij me zag en naar me toe rende. Die knuffel was net zo gedenkwaardig en belangrijk als de knuffel die ik hem gaf toen hij me meteen na zijn geboorte in het ziekenhuis in handen werd gedrukt. En nog voordat we een woord hadden kunnen wisselen, wist ik dat er diep van binnen iets was veranderd.

Uit een ooghoek zag ik Matthew op me af komen. Hij had de politie gesproken, binnen een half uur zou ik weer in de kliniek zitten. En ik was niet eens boos. Ik was misschien vooral opgelucht. Want diep van binnen zat een nieuw gevoel dat zich verstaanbaar wilde maken. Er was iets gebeurd toen Jacks kleine, klamme handje mijn hand had vastgepakt en er harder in had geknepen dan ik voor mogelijk had gehouden. Toen ik dat hoofdje rook en voelde hoe hij zich met een luid 'Papa!' tegen me aan drukte, schrok in mijn 'reptielenbrein' een oerinstinct wakker dat zei: 'Oké, je hebt jezelf in de steek gelaten, maar het is strijdig met alles wat natuurlijk is om ook hem in de steek te laten en dat weet je heel goed.' Hij was een verlengstuk van mij. Een deel van mij. Als de gastheer stierf zou de rest van het organisme ook afsterven, hij was nog niet sterk genoeg om zonder mij te kunnen bestaan.

Ik was nog niet klaar om te gaan. En als ik Jane niet had gebeld, als zij me niet had bespeeld, als ik Jack niet één laatste keer had gezien, dan had die kreet in mijn binnenste nooit hard genoeg geklonken om mijn aandacht op te eisen.

Ik werd teruggereden naar de kliniek.

Ik had het gevoel dat mijn verzet volledig gebroken was.

Ik was slap, meegaand, onverschillig. Schuifelde licht kwijlend over de afdeling, verloor dankzij de zoveelste medicijnencocktail nog meer hersencellen en herinneringen. Tot ik op een zondag te horen kreeg dat er bezoek voor me was. Dat was vreemd, want ik kreeg nooit bezoek.

Het was een oude vriend die ik lang niet had gezien. Een schutterige, lichtelijk autistische, kwetsbare vent. Een pianofanaat (we hadden elkaar leren kennen omdat we allebei geilden op bootlegopnamen van Sokolov). Hij had gehoord dat ik daar zat en kwam me een hart onder de riem steken. En muziek geven. Toen hij naar de bezoekuren had geïnformeerd, was hem te verstaan gegeven dat hij me hooguit zoiets als een zeepje cadeau mocht doen. (Ik mocht inmiddels geen pakjes meer in ontvangst nemen, nadat er messen en scheermesjes waren onderschept.) Met een knipoog gaf hij me een reusachtige fles shampoo. Buiten gehoorsafstand van de verplegers zei hij dat ik die moest openmaken als ik alleen was. Wat ik deed. En toen ik de fles had geleegd zag ik een klein plastic zakje. En in het plastic zakje zat een gloednieuwe iPod nano, die toen net op de markt was. Zo groot als een After Eight. Met de koptelefoon er liefdevol omheen gewikkeld. En hij had er gigabytes aan muziek op gezet. En alles veranderde.

Ik onder de dekens. Koptelefoon op. Midden in de nacht. Pikdonker en onnatuurlijk stil. En ik drukte op play en hoorde een stuk van Bach dat ik nog niet kende. En dat was zo'n intense ervaring van pracht en overgave, van hoop, schoonheid en oneindigheid, het was alsof ik het gezicht van God aanraakte. Ik zweer je dat ik ter plekke een spirituele openbaring had. Het was het adagio van Bach-Marcello, een stuk voor hobo en orkest van de barokcomponist Alessandro Marcello, waar Bach zo verzot op was dat hij er een transcriptie voor klavier van had gemaakt. Het was Glenn Gould op zijn Steinway die mij raakte, over een afstand van veertig jaar, van driehonderd jaar, en mij liet weten dat alles niet alleen goed zou komen, maar dat het godverdomme de hemel ten top zou worden. Het was alsof ik op een stopcontact werd aangesloten. Het was een van die zeldzame 'Elvis-momenten' die ik nooit zal vergeten. Ik was er helemaal kapot van en het maakte een soort innerlijke tederheid in me los die in geen dertig jaar het daglicht had gezien.

En toen stond het voor mij als een paal boven water. Toen wist ik dat ik daar verkeerd zat. Ik kon daar niet beter worden. Niet met al die medicijnen, al die waanzin om me heen, de godganse dag tv en je te pletter vervelen. Ik moest echt zien dat ik daar weg kwam, voor eens en voor altijd. Zorgen dat ik uit de kliniek werd ontslagen, een beetje rust in mijn kop kreeg, terug kon naar mijn zoon. Ik moest beter worden. Maar eerst moest ik laten zien dat ik voldoende hersteld was om daar weg te kunnen.

Dus dat deed ik. Dat deden we. De kille, geduldige, meedogenloze, gewiekste fucker die een deel van mijn hersenen bestuurde nam de leiding over. Met alle plezier. Hij was geknipt voor dat soort shit. We begonnen mee te werken met de artsen, niet zo snel dat het onwaarschijnlijk was, maar ook niet zo langzaam dat ik mijn eigen deadline (Kerstmis) niet zou halen. Ik huilde wanneer het moest, omarmde het kind in mij, maakte gepast woedende tekeningen bij kunsttherapie, deed mee aan groepssessies en legde in mijn individuele therapie precies de juiste mate van betrokkenheid, wroeging, woede, hoop en schuldbewustzijn aan de dag. Ik zorgde dat ik in de verschillende evaluatiegesprekken precies de juiste woorden koos en handelde daar vervolgens ook naar. Ik hielp anderen, tapte moppen met het personeel, begon binnen gehoorsafstand van de artsen vrolijk te fluiten, slikte braaf mijn pillen, stond vroeg op en zat 's avonds in het zicht van de verplegers in de tuin te mediteren. Ik deed alles wat ik moest doen om het punt te bereiken, twee maanden later, op een maandag halverwege november, waarop ze zeiden dat ik een modelpatiënt was, dat ze heel blij waren met de vooruitgang die ik had geboekt en me tot hun grote vreugde groen licht konden geven. Over drie dagen mocht ik naar huis, mits ik me aan een intensief behandeltraject beloofde te houden en mijn pillen bleef slikken.

Mijn dankbare, bezorgde, gemaakt deemoedige glimlach was een Oscar waard. Ik keek zelfs een beetje zorgelijk en deed een verplicht nummertje 'Weet u zeker dat ik hier wel aan toe ben?', zodat ze me nota bene moesten overhalen om daar weg te gaan. Laurence Olivier zou trots op me zijn geweest. Ik was idioot blij met wat ik had bereikt en stapte drie dagen later trots als een pauw de kliniek uit, smeet mijn medicijnen weg en kroop thuis meteen in bed.

Even over dat achteloze 'smeet mijn medicijnen weg': nooit doen, onder geen beding. Echt nooit. Stel je voor dat je een gigantische dot zelfgemaakte mayonaise op een rauwe kipfilet kwakt en vier of vijf dagen in de zon laat liggen, dat vervolgens in je mond schuift en dan op bed gaat liggen wachten. Wat er dan met je gebeurt: dat benadert misschien een béétje de ervaring van een cold turkey na psychotropische medicijnen.

Het duurde een uur of twaalf voordat mijn hersenen begonnen te trillen. Alles werd een beetje surreëel, alsof ik aangeschoten was, los van de werkelijkheid. Dat ging over in hallucinaties, krampen, kotsen, schijten, overgeven, rillen, pijn en braken. Ik was drie dagen van de wereld voordat ik weer enigszins in staat was normaal rond te lopen en te functioneren.

Ik wilde niets liever dan dat ik uit de kliniek terug zou keren in een warm en liefdevol gezin en alles voortaan rozengeur en maneschijn zou zijn. Dat de opgeflakkerde hoop die ik te danken had aan mijn clandestiene muziekvoorraad ook buiten de inrichting zou blijven bestaan. Maar zo ging het natuurlijk niet. Ik was een hopeloos geval en er lagen stapels rekeningen, papieren die moest worden uitgezocht, shit die moest worden geregeld. We moesten mijn vleugel verkopen voor een fractie van wat hij had gekost, dus daar ging mijn enige houvast. Er hing een gespannen, vijandige, angstaanjagende, ongemakkelijke en onzekere sfeer in huis. We zaten in de put en zagen geen mogelijkheid om er nog uit te komen. Alles was zo snel en zo radicaal uit de hand gelopen dat er geen uitweg meer leek te zijn.

En ik was dan wel in mijn eigen leven op de rem gaan staan, maar de wereld om me heen had geen minuut stilgestaan. Terwijl ik totaal van de kaart was, had die gewoon doorgedraaid, en nu moest ik de schade zien in te halen zonder over de benodigde vaardigheden te beschikken. Voor het eerst begon ik te beseffen dat goede bedoelingen alleen niet genoeg waren. Ik was nu wel uit de kliniek en van de medicijnen af en terug bij mijn gezin, maar ik was maar een schim van mezelf.

Hoe graag ik ook wilde, ik voelde geen band meer met mijn vrouw, we hadden geen mooie gezamenlijke toekomst die ons wenkte, geen wensen en dromen om tot diep in de nacht samen over te praten. Ik was als een slaapwandelaar in deze relatie gestapt, had een prachtig, weergaloos, perfect kind gekregen zonder enig idee te hebben hoe ik dat moest grootbrengen. Ze zeggen dat een huwelijk hard werken is. Ik had nooit goed beseft wat dat betekent, maar ik keek om me heen en zag dat ik me er bijna een jaar lang zowel emotioneel als fysiek aan had onttrokken, dat ik lag te spartelen als een zieke vis op het droge en dat ik een manier moest vinden om de enorme schade te herstellen. Want in de kliniek hadden ze wel mijn leven gered, maar me niet uitgerust met de middelen om ook mijn huwelijk te redden.

En toen was er een vriend die me een reddingsboei toewierp. Een unieke eenmalige kans om er misschien bovenop te komen.

Die man was rijk. Idioot rijk. Privéjet, duikboot, villa's overal ter wereld: dat werk. Hij kende ons goed, was in nauw contact gebleven met mijn vrouw en had gezien wat er aan de hand was. Hij had vroeger zelf zo zijn problemen gehad en was daar overheen geholpen in een kliniek in Arizona. Hij zag dat ik niet echt beter werd (wat 'beter' ook moge betekenen), dat ik nog niet eens een begin had gemaakt met het verwerken van de ellende waardoor ik überhaupt in het ziekenhuis was beland, dat ik nog steeds een tikkende tijdbom was. En hij bood aan mijn verblijf in die kliniek te betalen.

Hij gaf de kliniek ieder jaar een ruime donatie en dat was maar goed ook, want toen hij ze over mij belde, wilden ze mij niet opnemen. Ze hadden mijn medisch dossier gelezen en vonden mij te riskant. Maar Bob, mijn rijke vriend, maakte duidelijk dat ze geen cent meer van hem kregen als ze mij niet zo lang als nodig was in behandeling namen. En in de psychiatrie gaat geld boven alles.

Bob belde me op. Hij zei dat hij er zonder die kliniek in Phoenix niet meer geweest zou zijn. En al wilde ik nog zo graag beter en gezond en gelukkig worden, dat zou pas lukken als ik er ook echt werk van maakte, en een paar weken in die kliniek konden een springplank zijn naar een nieuw leven voor mij en mijn huwelijk. Hij vertelde me dat het niet goed met me ging en dat ik zonder de juiste hulp steeds verder achteruit zou gaan. Ik had de middag daarvoor een uur lang een koud kompres tegen mijn kruis gedrukt in een poging de moed te verzamelen om mezelf te castreren, ik ging hem niet tegenspreken.

Dus het was weer koffer pakken, mijn gezin achterlaten en hup, op het vliegtuig naar Phoenix, voor een dosis therapie op z'n Amerikaans.

TRACK 12

Mozart, Symfonie nr. 41 ('Jupiter'), vierde deel

Sir Charles Mackerras, dirigent

De beroemdste componist ter wereld. Een hele prestatie, en toch heb je ergens het idee dat het Mozart geen flikker zou kunnen schelen. Deze man gaf een compleet nieuwe invulling aan het woord 'genie' (componeerde al vanaf zijn vijfde, ging op tournee op zijn zesde, sprak vijftien talen, schreef eenenveertig symfonieën, zevenentwintig pianoconcerten, tal van opera's, kamermuziek en sonates, enz. enz.) en de onmetelijke omvang van zijn talent wordt slechts geëvenaard door de lengte van zijn naam: Johannes Theophilus Amadeus Gottlieb Chrysostomus Wolfgangus Sigismundus Mozart.

Drie jaar voordat hij op zijn vijfendertigste overleed, schreef hij zijn laatste en mooiste symfonie, de eenenveertigste. (De bijnaam Jupiter-symfonie ontstond pas zesentwintig jaar na zijn dood, een marketingtruc waar Mozart niets mee van doen had.) Hij componeerde hem in zestien dagen en etaleerde er al zijn muzikale meesterschap in. In diezelfde periode schreef hij ook zijn negenendertigste en veertigste symfonie. Drie tijdloze meesterwerken achter elkaar in zo'n kort tijdsbestek: dat geeft wel enig idee van de buitensporigheid van zijn talent.

Helemaal aan het eind van het laatste deel van de symfonie begint de afsluitende coda met een fuga voor vijf stem-

men – een wonderbaarlijk en verbluffend stuk orkestmuziek dat zijn gelijke niet kent. Stel je voor: één enkel thema wordt door vijf partijen gespeeld, maar iedere partij zet iets later in dan de vorige, en alle vijf samen vormen ze een volmaakt harmonisch geheel – en dat allemaal gespeeld door honderd muzikanten op volle kracht. Hij bewaart dat huzarenstukje voor de allerlaatste vijfenveertig seconden van de hele symfonie (want het is het muzikale equivalent van jongleren met vijftien kettingzagen, langer hou je zoiets onmogelijk vol), en het is dan ook de reden dat ik nooit in een orkest zou kunnen spelen: ik zou letterlijk in mijn broek pissen van genot en ter plekke in zwijm vallen als ik dát ooit op een podium moest spelen.

Twee citaten zijn hier van toepassing. Allereerst Schumann, die schreef: 'Er bestaan kunstwerken waarover niets te zeggen valt, zoals de Jupiter-symfonie van Mozart, veel van Shakespeare, en hele pagina's van Beethoven.'

En over die retemooie fuga, nog altijd zo'n beetje de waanzinnigste muziek die ik een orkest ooit heb horen spelen, schreef Sir Donald Francis Tovey: 'Ieder deel van de Jupiter-symfonie is een indrukwekkende compositie van uitzonderlijk niveau. Hoogtepunt van deze monumentale symfonie is natuurlijk de slotfuga, waarin het polyfone vakmanschap van de oude fuga met behulp van ander materiaal wordt ingezet om op volmaakte wijze uitdrukking te geven aan de gedachten van de componist en de eeuwige glorie der kunst. Dit vierde deel kent in de hele literatuur voor symfonieorkest zijn gelijke niet. Er zijn meer grootse composities, en zelfs enkele die even boeiend zijn – maar er is, ook in Mozarts eigen oeuvre, niets wat hierop lijkt. Dit is zijn symfonische apotheose: de slotfuga van de Jupiter-symfonie.'

Amerika is altijd een beetje groter, brutaler, schreeuweriger dan de rest van de wereld. Dat geldt ook voor hun psychiatrische zorg. Ik had me met succes door de vragenlijst van de douane geworsteld (ik heb geen banden met de nazipartij en heb me nog niet bezondigd aan genocide of de productie van nucleaire wapens, maar bij de vragen over drugsverslaving en geestelijke gezondheid heb ik me enige dichterlijke vrijheid gepermitteerd) en werd op het vliegveld van Phoenix opgewacht door twee idioot grote gasten met een cowboyhoed op hun hoofd, die me naar een gebouw reden dat veel weg had van een gevangenis: bewakers uitgerust met taser, wapenstok en pepperspray, de obligate Ray-Ban en verder alles wat bij die onmiskenbare uitstraling van de mislukte politieagent hoort – van het totale gebrek aan mededogen tot de anabolenbiceps. Op mij werkte het als een rode lap op een stier. Ik reageerde meteen bitter, fel en agressief, ik hield me van de domme en begon ze af te zeiken. Het was bizar: ik had onmiddellijk het gevoel dat deze kerels met hun wapenrusting wel raad zouden weten met mijn opgekropte woede, dus liet ik me ook helemaal gaan. Het kwam er allemaal uit. Ik vloekte ze helemaal stijf.

De intake en eigenlijk de hele toelatingsprocedure waren erg zwaar, een soort bootcamp voor gekken. En ik maakte het zelf alleen maar erger. Alles werd me afgepakt. En dan bedoel ik echt alles. Boeken, muziek, telefoons, geld, sleutels, paspoort – allemaal inleveren. Visitatie, bloedonderzoek, urineonderzoek, psychometrische evaluaties, eindeloze vragenlijsten, gesprekken, kruisverhoren. Ik kreeg nieuwe medicijnen (geen idee welke) en er werd me verteld dat ik me pas bij de andere patiënten mocht voegen nadat ik een standaardperiode van drie dagen in het gebouw van de verpleegkundigen had doorgebracht, waar ik voor mijn eigen bestwil continu onder toezicht van een begeleider zou staan. Dat was de gebruikelijke gang van zaken voor iedere nieuwe patiënt. Alleen zat ik er niet de gebruikelijke drie dagen. Zeventien dagen lang (een record, naar ik later begreep) heb ik in die kamer zitten razen, brullen en tieren en probeerde ik mezelf op iedere mogelijke manier naar de klote te helpen. Het liep zo uit de hand (vormen van geweld en onaangepast gedrag die zo erg zijn dat ik ze hier niet uit mijn pen krijg) dat ze zelfs bereid waren Bobs jaarlijkse donaties maar te laten schieten en de politie in te schakelen. Die zou me arresteren, afvoeren en overbrengen naar een federale psychiatrische inrichting 'waar je met heel veel geluk misschien over een jaar of twee weer uit komt'.

Even een tip: wanneer je ooit zo iemand als ik (een mokkende, bange, radeloze, psychopathische egotripper) tot snelle en volledige medewerking wilt bewegen, loop dan zijn kamer in met een dwangbuis, leg die op het bed en laat de woorden 'federaal' en 'inrichting' vallen. Ik heb nog nooit zo'n snelle ommezwaai gemaakt.

Ik ging letterlijk op de knieën en smeekte ze om me niet mee te nemen. Tussen het snikken door ratelde ik zo snel en oprecht mogelijk mijn verhaal af en kreeg uiteindelijk vierentwintig uur uitstel. Eén laatste kans. Eenmalig. Als ik me nog één keer als een eikel gedroeg zou ik verdwijnen in het systeem, ver weg van iedereen die ik kende en voor een hele lange tijd. Eén telefoontje was genoeg.

Na een paar dagen konden ze zien dat de boodschap was aangekomen. Mijn laatste restje verzet was gebroken en ik mocht me bij de anderen voegen. Zo'n bonte verzameling maffe malloten als je nog nooit hebt gezien, stuk voor stuk schitterende exemplaren. Sommigen droegen een badge met de tekst 'alleen mannen' (zware seksverslaafden die onder geen beding met een vrouw mochten praten). Er waren idioot jonge mensen (jongens en meisjes van zeventien, ten prooi gevallen aan de epidemische pijnstillerverslaving). Er waren nette, knappe zakenmannen en -vrouwen. Er waren straatarme zwervers. En allemaal waren ze vriendelijk, allemaal leken ze open te staan voor het idee dat ze konden genezen.

En toen begon het. De eerste paar dagen zat ik bij de groepsbijeenkomsten en therapiesessies zonder zelf mee te doen of mijn mond open te trekken, ik luisterde alleen maar. Ik keek en wachtte af, op zoek naar de valstrik, het bedrog, de reden waarom dit voor mij niet zou werken. Ik was al zo lang verstoken van alle hoop dat ik er gewoon niet anders tegenaan kon kijken. Maar beetje bij beetje klaarde mijn stemming op en met de dag ging ik me daar iets veiliger voelen.

En rond die tijd begon het tij op wonderbaarlijke wijze te keren.

Ik weet niet of het osmose was of gewoon vermoeidheid. Misschien kwam het doordat ze me zo ver van de pillen af hadden dat ik alleen voor het slapengaan nog iets moest slikken. In elk geval begon ik, met de beste bedoelingen, een beetje uit mijn schulp te kruipen, mee te doen aan de therapie, te praten met andere patiënten en verzorgers. En de verpleegkundigen waren geweldig: goed opgeleid, meelevend, aardig, scherpzinnig. Er was een hoop werk te doen, veel schrijven, lezen, graven, wroeten, ontdekken en praten. Elke dag mediteren, groepstherapie, individuele therapie, nieuwe Amerikaanse therapieën met coole namen als *somatic experiencing* en *survivors' workshop*. Ik mocht er lekker op los rammen met grote plastic wapenstokken en ik vertelde over wat mij als kind was aangedaan, en stuitte daarbij niet op ongeloof en verwijten, maar merkte dat mijn verhaal juist afschuw en medeleven wekte. Ik jankte, schreef brieven aan de gymleraar Lee, leerde af mezelf te veroordelen voor mijn losbandige en hoerige gedrag als kleine jongen, begon te begrijpen dat de bedrading in mijn hoofd op jonge leeftijd was losgerukt en verkeerd opnieuw aangesloten, dat ik decennialang in de survivalstand had geleefd, dat ik wel verantwoordelijk ben voor mijn eigen leven maar geen schuld draag.

Er begonnen van alles in mij te gisten. Enorme veranderingen in mijn manier van denken en redeneren tekenden zich af. Die lui wisten me echt te raken. Mijn gekte vond bij hen volledige acceptatie en begrip, en ze reikten oplossingen aan voor problemen die onoverkomelijk hadden geleken. Wekenlang plozen we mijn hele leven uit, keken welke rol ik overal in gespeeld had. We bespraken waar ik zelf verantwoordelijk voor was geweest, wanneer ik egoïstisch, egocentrisch, oneerlijk, zelfzuchtig, achterbaks of bang was geweest. Waarom ik had gedaan wat ik had gedaan, wie ik had gekwetst en hoe. Ik schreef alles op en maakte een lijst van alle mensen in wier leven ik een negatieve rol had gespeeld. Dat werd een hele waslijst. Vervolgens keken we bij welke mensen ik iets goed te maken had en wie ik excuses moest aanbieden. Weer een lange lijst.

Scholen, universiteiten en werkgevers waar ik dingen had gestolen (niet alleen tastbare zaken zoals geld, maar ook tijd). Mensen en plaatsen waarover ik had geroddeld (dat schijnt niet oké te zijn, hoe onbenullig het destijds ook had geleken). Spullen die ik had vernield of beschadigd. Vrienden die ik had gekwetst of in de kou laten staan. Relaties waarin ik egoïstisch of achterbaks was geweest (eigenlijk iedereen met wie ik naar bed was geweest). Mijn familie, omdat ik hun zo veel kopzorgen had bezorgd, hun het leven moeilijk had gemaakt en ze van hun gemoedsrust had beroofd. Vrienden, collega's en kennissen die ik had gekwetst. Iedereen voor wie ik liever een blokje omliep als ik ze op straat zag aankomen, kwam op die lijst te staan. De vuistregel was dat ik met iedereen contact moest zoeken om me te verontschuldigen, behalve als ik die persoon daarmee nog verder zou kwetsen ('sorry hoor, ik heb het met je vriendin/vrouw/dochter gedaan').

De inrichting stelde me een telefoon en een computer ter beschikking en ik belde of schreef iedereen om me te verontschuldigen, mijn zonden op te biechten en te vragen of ik iets kon doen om het goed te maken. De meesten vonden het gewoon fijn, en ook wel een beetje vreemd, om van me te horen. Sommigen wilden niet met me praten. Een paar mensen waren echt blij om eens hun hart over mij te kunnen luchten. Niet dat het doel was om zo veel mogelijk beschuldigingen en verwijten over mezelf af te roepen. Het doel was dat ik weer gerust kon slapen. Dat ik weer met mensen uit mijn verleden in contact kon komen zonder een knoop in mijn maag te voelen van angst en schaamte. Dus als de situatie daarom vroeg, bood ik excuses aan, gaf geld, betaalde dingen terug en bood aan om te doen wat ik kon om alles goed te maken.

Er zat een evangelisch tintje aan wat we daar deden, maar ze wisten het geloofwaardig te verkopen als spiritualiteit, en ach: wie was ik ook helemaal om te ontkennen dat de hele teringzooi misschien wordt gerund door iets dat groter is dan ikzelf? Het was eigenlijk wel een opluchting om ontslag te kunnen nemen als fucking bedrijfsleider van het hele universum en er voor de verandering eens gewoon als onbeduidend onderdeeltje in rond te lopen. Deemoedigheid noemen ze dat, geloof ik.

Ik heb er in totaal twee maanden gezeten. Aan het eind van die periode lukte het me wonderwel om niet meer zo'n enorme hekel aan mezelf te hebben. Ik was een paar kilo aangekomen, had eens goed puin geruimd in mijn verleden, de banden met sommige vrienden hersteld en een manier gevonden om met mezelf te leven, zodat ik het grootste deel van de tijd een zekere mate van rust en kalmte kende.

Ik had iedere week een paar keer met Jack gebeld en wilde hem erg graag zien. Ik kon me eindelijk weer vertonen. Misschien zou dat genoeg zijn om onze onderlinge band te herstellen en een keurig gezinnetje te vormen, zoals we vroeger altijd van plan waren geweest.

Het was een gevoel van overgave. Ik had nu de helderheid en het zelfbewustzijn om te weten dat ik zelf de kracht had om erbovenop te komen, dat ik de middelen had om langzaam vooruitgang te boeken zonder er weer een puinzooi van te maken. En ik wist ook dat er geen garantie was dat de mensen in mijn omgeving dat zouden geloven. De reactie van het thuisfront was een onzekere factor.

Het was doodeng én enorm opwindend. Misschien is dit een goed moment om onder het genot van een kop thee even naar de mooiste nocturne van Chopin te luisteren, die in c-klein, op. 48 nr. 1 (op YouTube, Spotify, iTunes, SoundCloud, keus genoeg). Zo voelde het: vol angst en beven, heftige emoties, verlangen, onzekerheid, rusteloosheid, overgave en hoop. Alles wat ook door Chopin heen ging, stel ik me zo voor, toen hij op zijn twintigste Warschau verliet en de wijde wereld in trok.

Hij belandde in Parijs omdat hij niet naar Oostenrijk kon (zijn eerste keus), liep iets akeligs op bij een hoer, werd verteerd door heimwee, was een beetje een klootzak maar ook één brok onzekerheid. Op zijn zeventiende schreef hij zijn eerste pianoconcert en in de twintig jaar daarna heeft hij de wereld van de pianomuziek voorgoed veranderd.

Natuurlijk ging hij ook radicaal naar de klote door zijn ongelofelijk gestoorde relatie met George Sand, hij was berooid, ziek en ongelukkig en overleed op zijn negenendertigste aan tbc, een pijnlijke dood.

Ik was iets minder berooid, eindeloos veel minder talentvol, misschien net zo gestoord als hij, maar nog iets minder ongelukkig, en ik hoestte me de longen nog niet létterlijk uit mijn lijf.

Ik nam afscheid, bedankte de verpleegkundigen, pakte mijn tas en vloog terug naar Londen. Ditmaal zonder bewakers. Zonder pillen. Zonder scheermesjes. Het voelde als een nieuw begin en dat bleek het ook te zijn. Alleen niet op de manier die ik had gedacht. Niet op een manier die ook maar iemand had kunnen voorspellen.

Ik ging terug naar mijn vrouw en zoon. Ze hadden slingers met 'welkom thuis' opgehangen en taart gebakken. Ik had echt weer het gevoel thuis te zijn. Ik wist dat ik voortaan een betere vader voor Jack zou zijn. Dat ik voor hem aanwezig zou zijn, en sterk. Ik wist dat ik hem daarvan zou moeten overtuigen. Dat het na mijn maandenlange afwezigheid, waarin we elkaar alleen af en toe hadden gesproken, een tijdje zou duren voor hij me weer kon vertrouwen. Kinderen van vijf hebben heus wel door wat er speelt. Ik moest zijn vertrouwen herwinnen en ik was bereid daar mijn uiterste best voor te doen.

En dat deed ik ook. Ik bracht zo veel mogelijk tijd met hem door. En wat bleek: we hadden in de eerste drie of vier jaar van zijn leven zo veel tijd samen doorgebracht, ik had hem zo veel dagen en nachten de fles gegeven, met hem rondgelopen en hem in slaap gewiegd, en we hadden daardoor zo'n hechte band ontwikkeld dat het niet lang duurde voordat die zich weer liet gelden. Dat is het gekke met kinderen: hun vergevingsgezindheid is iets waarvan volwassenen alleen kunnen dromen. Zijn liefde voor mij was er vanaf het begin geweest, die was ingebakken en onverwoestbaar, net als mijn liefde voor hem. Na een paar weken spelen, zingen en veel tijd samen doorbrengen waren we weer dikke maatjes en was alles bij het oude. Ik bracht hem iedere dag naar school en haalde hem af, ging met hem naar het park, maakte legobouwsels met hem, trakteerde hem op lekkers in de Starbucks, las boeken voor, keek tv met hem, gaf hem eten, knuffelde hem, ik liet gewoon merken dat ik er voor hem was.

Als ik bij iemand iets had goed te maken was het wel bij hem, vond ik, en de enige manier om dat te doen was door te laten merken dat hij op me kon rekenen. Stom genoeg, en misschien naïef van mij, deed ik dat niet bij Jane. Al mijn aandacht ging uit naar Jack, en tussen zijn moeder en mij ging het met de dag slechter.

Sommige dingen die ik nu over de liefde weet, lijk ik pas te hebben ontdekt na dertig jaar volslagen imbeciliteit en nog een paar jaar intensief gewetensonderzoek en zelfanalyse. De liefde is helaas altijd een praktijkexamen, nooit een theorie-examen, dus met nadenken schiet je meestal geen reet op. Dat is alsof je wilt leren pianospelen door er een handboek over te lezen. Dan denk je misschien te weten hoe het moet, maar zolang je niet achter de toetsen gaat zitten en aan den lijve ondervindt hoe ontzettend ingewikkeld het is en hoeveel inspanning en concentratie het eigenlijk vergt, weet je nog drie keer niks.

Ik heb een hekel aan de uitdrukking *falling in love*. Rot op. Niks 'vallen'. Vallen doe je in een mijnschacht, en dan lig je daar beneden in de kreukels, half dood. Alles moet tegenwoordig stante pede gebeuren en overweldigend zijn, veel harder en sneller en wilder en kleurrijker dan vroeger. Vroeger was *Inspector Morse* een snelle serie waarbij je op het puntje van je stoel zat. Tegenwoordig haalt geen producent het nog in zijn hoofd een tv-serie te maken met credits die langer dan zeven seconden in beeld staan. Zo is het ook met verliefdheid: dat betekent tegenwoordig niet meer dat je iemand het hof maakt, een paar weken met elkaar uitgaat, elkaar beter leert kennen en zo samen aan een reis begint waarop je gaandeweg tot het besef komt dat je tot over je oren verliefd bent geworden. Nee, tegenwoordig moet het allemaal net als in de film: jullie blikken kruisen elkaar (of je ziet haar Twitter-avatar), je wisselt wat woorden uit, één of twee mails of tekstberichtjes en PATS, je bent verliefd. Acuut, onmiddellijk, explosief, vurig. Je vertelt het aan al je vrienden, je zet het op Facebook en hangt overal de blije eikel uit. Het is Disney op crack en het is bloedlink. Zoiets houdt niemand vol. Dat kan niet echt zijn. Het is gewoon een verslaving, een chemische reactie in je hersenen waar je in toenemende mate high van wordt, tot de onvermijdelijke crash volgt. Maar we spelen het spelletje allemaal mee, want zo gaat het in films en op tv en in de krant en het is vrolijk en vlot en verleidelijk.

Mijn huwelijk was in feite een generale repetitie voor het echte werk. En ik betaalde daar een idioot hoge tol voor. Onze relatie had vanaf het begin een wankele basis en ik was emotioneel onderontwikkeld toen ik Jane leerde kennen, maar ik dacht dat ik verliefd was. Ik viel voor haar, maar maakte geen zachte landing. Misschien was ik in de valkuil getrapt van mijn fantasieën over liefde en had ik geen oog meer voor de werkelijkheid, geloofde ik blind in dat hele lulverhaal over romantiek en avontuur. Tegenwoordig definieer ik verliefdheid liever als 'oplopen met' dan als 'vallen op' een ander. Met de ogen wijd open, niet angstig dichtgeknepen of met oogkleppen van cynisme, maar op zoek naar dingen die ik zelf ook wil bieden en waar ik vroeger nooit zo aan hechtte. Zachtaardigheid, medeleven, diepgang, geduld en zo.

Ik weet dat ik de rest van mijn leven gelukkig kan zijn bij de vrouw met wie ik nu een relatie heb. Dat voel ik in elke vezel van mijn lichaam. Ik weet ook dat mannen altijd weg willen. Zo zijn we geconditioneerd. Dus we zullen altijd overal vraagtekens bij zetten. Meestal alleen in gedachten, soms tegenover vrienden, en een enkele keer, stom genoeg, tegenover onze geliefde. Altijd is er dat stemmetje dat zegt dat er wel iemand te vinden is die leuker, minder onzeker, minder afhankelijk of hipper is, die lekkerder ruikt of beter is in bed, dondert niet wat. Net zoals je nieuwe iPhone al na drie maanden een afdankertje lijkt. Je tv na vijf jaar. Je pak, je baan, je auto, je huis. Alles moet steeds weer beter, en als we beseffen dat onze vrouw de wetten der natuur niet kan tarten en niet meer mooier, strakker, sneller, nieuwer en verder geüpgraded kan worden, gaan we zitten kloten.

Dan krijgen we affaires, gaan we zuipen, ruzie zoeken. Ik heb haar niet bedrogen en ben niet gaan drinken, maar mijn gedrag tegenover Jane werd wel steeds negatiever en destructiever. Ik verkeerde, althans in gedachten, in een constante conflictsituatie. We kregen niet alleen ruzie als we gestrest waren, maar ook zomaar, om niets. Zuigen, zeiken, bekritiseren. En uiteindelijk de genadeklap: onverschilligheid. Die ellendige apathie van 'het kan me ook allemaal geen ruk meer schelen'. En zelfs als je relatie zo diep in de shit zit, ben je als man meestal nog te laf om je biezen te pakken. Nee, wij proberen onze vrouwen zover te krijgen dat zíj er een eind aan maken. We worden onuitstaanbaar, in de hoop dat zij een scheiding aanvragen, zodat wij een andere vrouw hetzelfde kunstje kunnen gaan flikken. Geen wonder dat relatietherapie zo'n booming business is.

Jane en ik besloten een tijdje uit elkaar te gaan, ik ging ergens anders wonen.

Het maakte niet uit dat een scheiding van tafel en bed de beste oplossing was. Dat het op de lange termijn absoluut het beste voor ons was. Ik was nu ook een van die mannen geworden. Zo'n slappe zak. Zo'n vent die er de brui aan geeft als het menens wordt. Ik huurde een souterrain, regelde een of ander lullig pianootje, richtte een kamer in voor Jack, stond iedere ochtend vroeg op om hem op te halen en met de bus naar school te brengen (de auto hadden we inmiddels verkocht). Ik deed wat ik kon om zo'n goed mogelijke vader voor hem te zijn. Maar ik was hoe dan ook een slappe zak. Ik spoelde in mijn hoofd de film al een paar jaar vooruit, naar het punt waarop mijn zoon, dan inmiddels in therapie, tegen me zou zeggen: 'Je hebt me in de steek gelaten, papa', en ik met de mond vol tanden zou staan.

De hele situatie werd steeds penibeler. En het werd er niet beter op toen ik naar de politie was gestapt in een poging wat spoken uit het verleden te verjagen. In Earl's Court zit een eenheid die gespecialiseerd is in misdrijven tegen kinderen. Ik legde daar een verklaring af over Lee, in de hoop dat ze hem konden opsporen en voor zijn daden ter verantwoording roepen. Ik deed het om er een punt achter te kunnen zetten, om gerechtigheid te vinden, om iets terug te doen voor mijn jongere ik en verder te gaan op het gezonde nieuwe pad dat ik in Phoenix was ingeslagen. Het was hopeloos. En het was een verschrikking. Ik heb voor een videocamera drie uur in detail zitten vertellen over dingen die niemand ooit zou moeten hoeven vertellen. Plattegrondjes getekend van het gymlokaal, wat waar was gebeurd en hoe vaak, waar hij klaarkwam, wanneer, wat voor seks, in welke standjes, welke hulpmiddelen hij gebruikte, of ik het doorslikte, hoe het smaakte (serieus) en maar door en door en door. Het was beestachtig, walgelijk, beschamend. En toen dat allemaal voorbij was zeiden ze dat ze contact hadden opgenomen met de school en dat daar nooit iemand met die naam gewerkt had. Ze vermoedden dat het een valse naam was, ze konden hem niet vinden en er was niets aan te doen.

Daarmee leek alle vooruitgang die ik in Phoenix had geboekt tenietgedaan. Ik kocht scheermesjes en begon weer in mezelf te snijden. Ik at niet meer. Bob had het blijkbaar helemaal gehad met mijn terugval in het slachtofferdenken. Hij wilde alles wat hij de kliniek in Phoenix had betaald tot de laatste cent terug hebben (een misselijkmakend hoog bedrag dat mijn banksaldo decimeerde en me zo nog een extra reden voor gepieker en zelfhaat gaf). Ik deed mijn best om mezelf zo hard mogelijk te straffen. Wat op een egoïstische manier weer heerlijk is, want de directe kick en de zelfhaat die je eruit peurt zijn verrukkelijk, alleen zijn de langetermijngevolgen meestal rampzalig.

Er gloorde wel een beetje hoop: ik had een nieuwe psychiater, Billy. Een lange, gemoedelijke, relaxte Ier met een zachte stem. De eerste keer dat ik hem zag, kort na mijn terugkeer uit Phoenix, zei hij met dat heerlijke Ierse accent van hem: 'Het is fifty-fifty of jij er over een jaar nog bent, James. Dat weet je net zo goed als ik. Sommige mensen overleven het en anderen halen het niet. Zo is het nu eenmaal. Maar laten we proberen je kansen een beetje te vergroten, hè?' En ik wist meteen dat hij ideaal voor mij was. In plaats van de gebruikelijke riedel van bemoedigend bedoelde bullshit af te draaien erkende hij openlijk, op die nuchtere, doodkalme toon van hem, wat ik altijd had geweten maar wat niemand me ooit had durven zeggen. Het was zo'n verademing dat ik bijna applaudisseerde. Hij deed (en doet nog steeds) meer dan ik ooit had durven hopen om mij op het juiste spoor te houden. Maar het was en is een lang proces. En de lokroep van het scheermes was in die tijd zo verdomde sterk...

Omdat ik weer in mezelf was gaan snijden, mocht ik niet meer alleen zijn met Jack. Mijn woede en frustratie over het ontsporen van mijn contact met Jane groeide en groeide, maar ik kon er niets aan veranderen. En er is één ding, één trigger die me meer dan wat ook tot razernij drijft. Dat is wanneer ik het gevoel krijg dat iemand me negeert, me niet hoort of ziet. De ironie dat ik zelf niet anders doe, omdat ik in het bijzijn van andere mensen geregeld in mijn eigen wereldje zit, ontgaat me niet. Maar zodra ik iemand een vraag stel en ik krijg geen antwoord, komt in mijn hoofd meteen dertig jaar opgekropte woede tot uitbarsting. Vraag ik een vriendin: 'Hé, zullen we morgen gaan winkelen?' en zit ze te lezen, hoort ze me niet en geeft ze geen antwoord, dan voelt dat voor mij letterlijk alsof ze voor mijn ogen met haar yogaleraar ligt te neuken terwijl ze mij uitlacht omdat ik zo'n lul-de-behanger ben, en dan wil ik eigenlijk meteen dood. Ik weet heus wel dat dit een onverbeterlijke paranoïde reflex van mij is. Het is vast een overblijfsel van mijn smeekbedes aan de gymleraar om alsjeblieft op te houden terwijl hij gewoon door bleef neuken. Of misschien van de vruchteloze smeekbedes aan andere onderwijzers en mijn ouders om niet meer naar gymles te hoeven. Hoe het ook zij, dat is gewoon een ding van mij. Zo hebben we toch allemaal wel wat?

Ik probeerde Jane steeds uit te leggen wat er aan de hand was. Dat ik geen bedreiging vormde, dat we er wel uit konden komen, dat het niet nodig was mijn contact met Jack onder toezicht te plaatsen. Maar ik had niet de indruk dat het iets uithaalde. De irritatie en het gevoel dat ik niet werd gehoord namen almaar toe, ik zag hoe mijn zoon me langzaam werd afgepakt, en er was niemand die naar me luisterde of begreep wat er in mijn hoofd omging. Tot ik doorsloeg.

En daar ging ik weer. Terug naar af. Doodsbenauwd, hup, terug de duisternis in. Er heilig van overtuigd dat me een gedwongen opname boven het hoofd hing. Dat wilde ik koste wat het kost voorkomen. Ik pakte mijn paspoort en sprong in een taxi naar Heathrow. Ik boekte onderweg de eerste internationale vlucht die ik kon vinden (naar New York), trok in terminal 3 zo'n beetje mijn laatste vijfduizend dollar uit de automaat, ging aan boord en vluchtte het land uit. Ik had geen idee waarom of wat ik daar van plan was, of ik het geld zou verbrassen aan hoeren en drank en coke om mezelf uiteindelijk een kogel door de kop te jagen of niet. Ik moest gewoon weg. Om een of andere reden leek dat makkelijker en logischer dan even rustig met de artsen rond de tafel gaan zitten om te zoeken naar een oplossing die voor iedereen werkte. Dus ja, hoor. Daar ging ik weer, zonder iemand te vertellen waar ik naartoe ging, zonder te weten voor hoelang, en ik liet mijn vrouw en kind weer alleen achter.

Ik bleef een week weg. Die week liet ik me door een anderhalve meter brede Puerto Ricaan met een zwarte band urenlang bont en blauw slaan in een kickboksschool in Manhattan (uitstekende strafexercitie) en probeerde alles op een rijtje te zetten. Ik mailde mijn vrouw en belde haar. Bood mijn excuses aan. Probeerde uit te leggen hoe het eraan toeging in mijn hoofd en dat ik dat niet meer wilde. Ze zei dat ze wilde scheiden. Ik vroeg haar om er nog even mee te wachten, zei dat het een grote stap was en of ze er tenminste nog een paar weekjes over wilde nadenken. Wilde ze het dan nog steeds, dan zou ik me nergens tegen verzetten. Advocaten hadden we niet nodig, zei ik, als ze het echt wilde konden we zo'n snelle online-scheiding doen en ze mocht alles van me hebben als ik Jack maar mocht blijven zien.

Na mijn terugkeer uit New York kreeg ik al snel de echtscheidingsformulieren op de mat, via haar advocaat. Ik had haar eindelijk tot het uiterste gedreven.

Het oude liedje: ik stortte godverdomme weer helemaal in. Ik verloor zo veel gewicht dat mijn dokter me nog drie maanden gaf voordat mijn longen en mijn hersenen het zouden begeven, en als ik niet minstens achthonderd calorieën per dag innam zou hij me laten opnemen. Ik sneed weer regelmatig in mezelf, sliep hooguit twee of drie uur per nacht en zocht me een ongeluk om iets in mijn leven te vinden dat niet totaal naar de klote en door en door verrot was.

Ik moest zelf ook een advocaat nemen, maar het kon me

allemaal niet schelen en ik zei hem dat ik overal voor wilde tekenen. Nog meer zelfkastijding, nog meer wanhopige pogingen om mezelf te verlossen van het schuldgevoel omdat ik ons gezin in de vernieling had geholpen.

En opeens stond ik er helemaal alleen voor. Ik weet ook niet waarom, maar het had iets heel bevrijdends: een klein bedrag op de bank, een flatje van 32 vierkante meter met zes maanden huur vooruitbetaald, en geen carrière. Bijna al het geld dat ik na de scheiding overhield ging op aan het terugbetalen van Bob, de huur en mijn trip naar New York, en alles werd ineens heel simpel. Behapbaar. Iedere vrijdag haalde ik Jack op van school en dan deden we samen leuke dingen tot ik hem de volgende dag weer thuisbracht. Het contact met Jane bleef onaangenaam. Alsof er een knop was omgedraaid. We waren vreemden geworden die elkaar met kille beleefdheid bejegenden. Mijn enige zorg was Jack en ik werd verpletterd door schaamte, wroeging en schuldgevoel.

TRACK 13

Chopin, Etude in C-groot, op. 10 nr. 1

Maurizio Pollini, piano

Chopin. Voor muziekrecitals gelden tegenwoordig al zo veel ongeschreven regeltjes, mag ik er misschien zelf één aan toevoegen?

Ieder pianorecital moet ten minste één werk van Chopin bevatten.

Hij was een muziekfanaat uit een piepklein dorpje bij Warschau die een revolutie in de pianomuziek teweegbracht. De enige componist die ik kan bedenken, afgezien misschien van Ravel, van wie 99 procent van al zijn composities vandaag de dag nog steeds geregeld wordt uitgevoerd.

Hij schreef bijna uitsluitend voor de piano. Hij was niet bijster sympathiek (een streber, een tikje racistisch, een financiële losbol) maar hij heeft het muzikale landschap zo diepgaand en drastisch veranderd dat je niet meer over pianomuziek kunt praten zonder zijn naam te noemen. Hij experimenteerde met de klankwereld van de piano, baande nieuwe wegen en gaf het instrument een glanzende toekomst. Geen wonder dat hij voor zijn pianolessen een bedrag kon vragen dat gelijkstaat aan meer dan 1100 euro per uur.

Een van de eerste cassettes die ik ooit kocht was er een met de etudes van Chopin door de grote Italiaanse pianist

Maurizio Pollini. Hondsmoeilijke stukken die zoals alle etudes zijn bedoeld om je pianistieke vaardigheden te verbeteren. Maar in tegenstelling tot de eindeloze doodsaaie oefeningen met weinig of geen muzikale waarde van componisten als Hanon en Czerny zijn de zevenentwintig etudes van Chopin stuk voor stuk meesterlijke miniatuurtjes van melodie en vorm, schoonheid en technisch vuurwerk.

En hij laat je ook niet tot de derde of vierde etude wachten voordat de pret begint. Hij steekt meteen van wal met de moeilijkste van allemaal, met veel lijfelijk vertoon van gigantische, bijna onhaalbare arpeggio's waarbij de handen als bezeten heen en weer over de toetsen vliegen.

Er bestaat een beeld van Chopin als een iele, zijige, broze zwakkeling, niet in staat tot enig spierballenvertoon. Zoals veel van zijn composities maken deze etudes korte metten met dat beeld.

Ik wist dat Jack me nu meer dan ooit nodig had, ook al zag ik hem maar een paar dagen per week, en als ik niet beter wilde worden voor mezelf moest ik het in elk geval voor hem doen. Toen ik eenmaal op mezelf woonde en verder weinig om handen had, stortte ik me weer op de piano. Ik moest wel, anders was ik reddeloos verloren. Ik begon nieuwe stukken in te studeren. Spelen, luisteren, echt werken. En met de hulp van een goede psychiater, ruimte om me heen, goed eten, Matthew en een paar nieuwe goede vrienden werd na enkele weken de chaos in mijn hoofd zo niet bedwongen, dan toch wat beter hanteerbaar. Een paar van mijn oude gevoelens uit Amerika kwamen terug, positieve gevoelens van hoop en vrijheid en kansen. Ik sneed niet meer in mezelf, begon weer te eten en gaf Jack mijn volle aandacht als hij bij me was (in tegenstelling tot al die vaders die aan het schermpje van hun smartphone zijn gekluisterd terwijl ze zogenaamd kwaliteitsuurtjes met hun kind doorbrengen). En alsof een kosmische rekening nu eindelijk bij stukjes en beetjes werd vereffend, gebeurde er iets geweldigs. Ik was berooid, alleen en twijfelde aan alles in mijn leven, toen ik op een dag in een koffiebar de man tegen het lijf liep die mijn manager zou worden en mijn leven voorgoed zou veranderen.

Ik praat graag met vreemden. Ik las ooit een boek met een depressieve hoofdpersoon die zo eenzaam was dat ze lukraak ergens in een rij ging staan om maar wat aanspraak te hebben. Zo erg was het met mij nog niet gesteld, maar ook ik knoopte soms gesprekken aan met wildvreemden. Nooit in de metro natuurlijk, dat zou te ver gaan. Maar in koffiezaken was niemand veilig voor me, en zo raakte ik op een ochtend in een rij voor de balie aan de praat met een Canadees. Hij was een jaar of vijftien ouder dan ik, had een fraai, afgetraind lijf, een baardje en een vriendelijk gezicht. Hij bleek een restauranthouder te zijn die zijn zaak voor een aardige duit van de hand had gedaan en nu in Londen, waar hij al jarenlang woonde, op zoek was naar een nieuw project. En tjonge, dat project heeft hij wel gevonden.

Hij heette Denis. Dat spreek je uit alsof het rijmt op Lenny, maar dan met de klemtoon op de laatste lettergreep. Canadees-Frans is dat. Dus niet als Dennis (rijmend op stennis). En ook geen Denny (zoals Denny Crane van Crane, Poole & Schmidt uit *Boston Legal*). Hij heeft me gevraagd of ik dat wel even duidelijk wil maken. Bij deze dus. Maar noem hem gerust Dennis als je hem ooit tegenkomt, alleen al om hem even te zien fronsen.

Dit moet echt een kosmisch toeval zijn geweest. Denis wist bijna niets van klassieke muziek. Dus toen hij vroeg wat ik dan deed en ik vertelde dat ik concertpianist probeerde te worden, viel er zo'n ongemakkelijke stilte waarin we allebei niet meer goed wisten wat we verder moesten zeggen. En daarna zei hij: 'Ik ken eigenlijk maar één pianowerk. Een vriend van me was er helemaal door geobsedeerd en speelde me dat almaar voor: de Chaconne van Bach-Busoni. Ken je dat?'

Ik zweer het je. Net dat ene muziekstuk dat ik al op mijn zevende in mijn hart had gesloten, dat me door al die moeilijke, wanhopige kutjaren heen had gesleept en dat ik de laatste tijd zelf een beetje onder de knie had gekregen op mijn kleine pianootje in mijn piepkleine appartementje. Het was alsof het universum tegen me zei: 'Hé man, moet je zien wat er gebeurt als je een keer ophoudt je als een enorme klootviool te gedragen!'

Dus ik begin natuurlijk te gillen als een speenvarken en maak een paar danspasjes. En als blijkt dat hij niet geschrokken terugdeinst, vertel ik dat het mijn allergrootste favoriet ooit is.

'Ik moet het voor je spelen kom mee naar Steinway fuck niet te geloven dat je dat kent man wat een geweldig stuk is dat heb je de uitvoering van Kissin weleens gehoord man o man ze zeggen dat Russen geen Bach kunnen spelen maar dat is echt retegoed ik zweer het je en het is eigenlijk geschreven voor viool maar man op de piano klinkt het veel beter zoals eigenlijk alles en als Bach een piano had gehad wed ik dat hij het zelf zo had gedaan heb je de uitvoering van Michelangeli weleens gehoord mijn GOD...' enz. enz. enz.

Zeik niet. Ik was opgewonden.

Wat blijkt: hij heeft toch niets dringends te doen, dus lopen wij door Marylebone Lane terwijl ik op tgv-snelheid over die muziek blijf zwatelen, over Bach die zo'n beetje de meeste van zijn kinderen en iedereen van wie hij verder hield had zien sterven, die eigenlijk veel te weinig scholing had gekregen vanwege al het geweld op school en thuis, en dat hij godverdomme geniaal was en met deze compositie een soort muzikale hommage aan zijn overleden echtgenote bracht, en stel je toch eens voor, hoe hij in muziek iets weet uit te drukken wat niet in woorden is te vatten en hoe hij ons meeneemt op die muzikale rouwtocht waarbij hij helemaal op het eind de uitvoerende zelf laat beslissen of die eindigt met een akkoord in majeur (hoera!) of in mineur (waar kan ik me verhangen?), en zo ratel ik maar door tot we bij een van de vleugels in de Steinway-showroom staan en hij gaat zitten en ik ga zitten en ik mompel dat het stuk wel een kwartier duurt en ik hoop dat dat niet erg is en dat ik me niet heb ingespeeld en dan begin ik te spelen en het lijkt alsof ik nog geen veertien seconden later alweer opspring omdat ik klaar ben en zeg: 'Laten we ergens koffie gaan drinken! Ik snak naar een sigaret. Jezus, wat een muziek, hè? Hoor je al die verschillende stemmen? Ik vraag me af of hij ook echt stemmen hoorde' (en wederom: enz. enz., sorry) en we lopen (nee: hij loopt, ik stuiter als Teigetje uit Winnie de Poeh) naar een vestiging van weer een andere kutkoffieketen.

En als ik even stop met kakelen om adem te halen blijkt hij helemaal emotioneel en aangedaan en tot tranen geroerd en zegt dat het meer dan fantastisch was, dat hij geen idee had van al die dingen die ik had verteld, dat je veel meer in de muziek hoort als je de ontstaansgeschiedenis kent, en waar hij mijn cd's dan kan kopen. En ik moet lachen bij de gedachte aan een eigen cd, omdat ik daar evenveel kans op maak als op een wip met Scarlett Johansson. En hij zegt: 'Zet wat bedragen op papier en kom eens langs, misschien kan ik je helpen om een plaat te maken.'

En met één klap was alles veranderd. Kaboem!

Dus ik bel iemand die iemand belt die iemand kent die iemand belt en zo vind ik iemand die een album kan produceren. Hij helpt me aan een geluidstechnicus en een studio. Ik vraag wat prijzen op, krabbel ze op een envelop en spoed me naar Denis' huis. Ik vertel hem helemaal niets over mijn verleden, laat alleen doorschemeren dat ik een moeilijke periode achter de rug heb, en we maken afspraken over percentages en allerlei zaken die me geen moer kunnen schelen want ik ga een plaat maken en dat is letterlijk het enige waaraan ik kan denken, en hij stelt een contract op en ik teken, en verdomd: twee weken later rijden we echt samen naar Suffolk om mijn cd op te nemen.

In de auto zitten we wat te kletsen en ik vertel hem over mijn ziekenhuisopname en hoe het er in mijn hoofd aan toegaat en zo. En dat ik nog maar heel kortgeleden uit het ziekenhuis ontslagen ben en hem misschien de indruk heb gegeven dat ik 'een paar jaar geleden' een beetje van slag ben geweest, maar dat ik niet helemaal eerlijk was over het tijdstip en de ernst daarvan, maar dat alles nu weer in orde is, gegarandeerd, niets aan de hand, kom, laten we een plaat gaan maken, ik ben van de pillen af, ik zweer het.

En hij vraagt: 'Goed als ik hier even stop om te gaan pissen?'

Dus stoppen we, en ik zit een hele tijd te wachten en ik denk: jezus christus, dat was het dan, nu zie ik hem nooit meer terug want ik ben gek en hij weet nu dat ik nog maar een paar weken uit de inrichting ben en geen mens die bij zijn volle verstand is zou natuurlijk in zee gaan met iemand als ik, laat staan daar ook nog eens een enorme smak geld voor ophoesten, dus die maakt nu snel dat-ie terugkomt naar Londen, terwijl ik hier nog als een sukkel in de auto zit te wachten, helemaal opgewonden vanwege de plaat die ik ga maken.

En dan stapt hij weer in, en wonder boven wonder rijden we gewoon verder. En misschien zie ik vanuit een ooghoek wel een wrange grijns over zijn altijd zo vriendelijke gezicht trekken.

Voor mijn held Glenn Gould was de opnamestudio gewijde grond, hij vond er de 'geborgenheid van de baarmoeder'. En jawel, hoor: ik in een gigantische ruimte. In een schuur op een akker. Alleen. Met een reusachtige, megagrote piano. Geen auto's, treinen, vliegtuigen. Sloten koffie. KitKats. Bladmuziek. Sigaretten.

In de controlekamer ernaast: een geluidstechnicus, opnametechnicus, producer, manager.

Voor vier dagen geboekt terwijl ik weet dat ik aan twee dagen genoeg heb, maar hij betaalt en ik heb die extra tijd nodig om mijn verknipte neigingen te bevredigen.

Dus we beginnen met Bach. Natuurlijk. Zijn vijfde Franse suite. Ik begin dat stuk door te spelen. En de producer begint tegen de anderen achter de mengtafel te zeggen dat het zo vreemd klinkt, zo langzaam of romantisch of gewoon raar. Maar hij aarzelt. En dan zegt hij helemaal niets meer. En twintig minuten later is hij helemaal blij en opgewonden en in zijn nopjes en geroerd en alles. En we gaan verder. Chopin, Beethoven, Moszkowski, en dan de Chaconne, want dat is het stuk van mij en van Denis en het moet op mijn eerste album.

Ik ben in mijn leven zelden zo gelukkig en voldaan geweest. Thee drinken en sigaretten roken terwijl ik met hulp van anderen godverdomme een plaat mag maken met de muziek die mijn hele wereld voorgoed heeft veranderd. Plus natuurlijk het vangnet van de retake, een extra bonus. Ik kan gewoon even de deur uit lopen, iets nieuws proberen, idiote risico's nemen met tempo, stemvoering en klankkleur, en de opname terugluisteren om te bepalen wat wel werkt en wat niet. Nooit van mijn leven zal ik die paar korte dagen vergeten toen de hele buitenwereld verdwenen leek en alles alleen nog maar draaide om de muziek, de piano en het spelen van noten die twee- of driehonderd jaar geleden waren neergepend door een of andere krankzinnige, geniale mafkees van een componist die verteerd werd door liefde, verdriet of allebei.

Als ik weer thuiskom weet ik dat het nog een paar weken duurt voor ik de eerste ruwe mix te horen krijg. Maakt niet uit. Ik speel, werk, droom, breng tijd door met mijn zoon, ga naar mijn psychiater, naar AA-bijeenkomsten. Ben weer eens een richting ingeslagen waar geen zelfhaat en zelfbeschadiging bij komen kijken.

En de goden moeten me rond die tijd echt gunstig gezind zijn geweest, want niet alleen kreeg ik een tweede kans op de carrière van mijn dromen, ontmoette ik de man die me kon helpen die te verwezenlijken en vond ik een zekere mate van emotioneel evenwicht: ik leerde ook een meisje kennen.

Niet zomaar een meisje. Nee, een lang, slank, stralend blond übermeisje. Op een zonnige ochtend zat ik koffie te drinken met mijn maat Luca (een waanzinnig vrolijk en overenthousiast Italiaans kereltje met een gebeeldhouwde kop, die ik een jaar of twee daarvoor had leren kennen in een van mijn vele therapiegroepen) en zag haar op ons afkomen. Bleek dat ze hem kende, ze had hem in het voorbijgaan zien zitten en kwam even naar binnen om hallo te zeggen. Ik had nog nooit zo'n godvergeten oogverblindend mooie meid gezien. Luca stelde ons aan elkaar voor, er brak een megasmile op haar gezicht door en ze trok er een stoel bij.

Ik was zes maanden weg bij Jane en zat nog midden in de echtscheiding. Stel je even voor hoe dat voor mij was. Ik weeg vijftig kilo. Mijn armen zitten onder de zelf toegebrachte littekens. Ik woon in een tamelijk vunzig flatje om de hoek bij mijn furieuze ex. Ik zie mijn zoon alleen in het weekend en ik heb geen rooie cent. Ik ben net een paar maanden uit de psychiatrische inrichting en door al het emotionele gekut van de laatste jaren bevind ik me meestal in een toestand van wazige, dissociatieve fugue. En ineens zit deze Hattie daar, die naar me lacht en in mij geïnteresseerd lijkt. Ik was helemaal niet naar iemand op zoek, ik wist dat mijn sociale vaardigheden minimaal waren, ik had alleen aandacht voor mijn muziek en zag eruit als een ranzige, uitgemergelde spookverschijning. Maar ik kon mijn ogen niet van haar afhouden. Die gave huid, die stralende ogen, dat lenige sportieve lijf, de verleidelijkste mond die ik ooit heb gezien, de geur van hoop en lieflijkheid. En ik heb een hekel aan het woord, maar ze was ook superhip. Je kent ze wel, de lui die op feestjes altijd mensen aantrekken omdat ze zo retecool zijn dat ze het zelf niet eens doorhebben, zo cool als een wandelende airco. Zij was vierentwintig, ik tweeëndertig.

Ik weet het.

Ze was zo torenhoog boven me verheven dat ik niets te vrezen had. Ik wist dat het toch niks kon worden. Dus ik lachte, flirtte, gedroeg me zoals ik wilde zonder enige illusie dat er iets van zou komen. Zoals je aan een loterij meedoet in het besef dat je toch niets zult winnen. Dromen staat vrij.

We wisselen telefoonnummers uit en ik ga naar huis, ik haat haar een beetje omdat zij het soort meisje is dat alle andere meisjes willen zijn en dat alle jongens willen hebben. Ik zeg wat je in zo'n geval hoort te zeggen, dat het leuk is haar gesproken te hebben, dat we een keer iets moeten gaan drinken, enz. enz., en ik ga terug naar mijn piano en haat mezelf een beetje omdat ik op een deur heb geklopt waarvan ik al wist dat hij in mijn gezicht zou worden dichtgeslagen. Maar dan tóch kloppen.

En binnen een uur krijg ik een berichtje van haar. Met x'jes en alles (niet dat luie X aan het eind van een bericht, maar echt xxx – een cruciaal verschil, geloof me). En dat moment, dat piepje op mijn telefoon, die enen en nullen die door de lucht zweefden, door Nokia ontcijferd en op mijn scherm afgebeeld, dat vervolledigde – samen met de geboorte van mijn zoon, de eerste noot van Bachs Chaconne en mijn ontmoeting met Denis – het miraculeuze kwartet van momenten die mijn leven voorgoed hebben veranderd.

TRACK 14

Chopin, Fantasie in f-klein, op. 49

Krystian Zimerman, piano

Chopin schreef zijn Fantasie in f-klein toen hij op vakantie was in Spanje met zijn vriendin, de schrijfster George Sand. Het was een godsonmogelijke, verziekte relatie die hem min of meer fataal werd. Het (apocriefe) verhaal achter de Fantasie luidt dat het werk begint met Sand die aanklopt en Chopin die haar binnenlaat, gevolgd door alle liefde, waanzin, chaos en (incidentele) poëzie die hun ziekelijke relatie kenmerkten.

Een van de eerste verjaardagscadeaus die ik van Hattie kreeg was een enorm doek waarop ze eigenhandig de eerste pagina's van deze partituur had geschilderd, met daaromheen prachtige bloemen en andere motiefjes, alles ingelijst en klaar om aan de muur te hangen.

Kromme tenen?

Wij doen het zo veel beter dan Chopin en Sand ooit gelukt is.

De volgende dag kwam ze bij me langs. Ik had voorgesteld om eens af te spreken. Maar ze moest ergens heen en mijn appartement lag op de route, dus zei ze dat ze wel even een uurtje kon aanwippen. Ik leek godverdomme wel een puber, raasde als een gek door mijn huis om op te ruimen, checkte of mijn haar goed zat, mijn kleren, of ik een frisse adem had. Toen riep ik mezelf tot de orde en probeerde te kalmeren: kom op, doe eens gek, wees gewoon jezelf en zie dan maar wat er gebeurt. Dat duurde drie minuten, toen begon ik weer als een dolle door het huis te rennen, typisch zo'n onzekere eikel die wanhopig graag bij haar in de smaak wil vallen. Tyfusliefde ook altijd. Je gaat je aanstellen als een debiel.

Dus zij kwam langs en we hebben op de bank zitten roken en kletsen, en godskolere: het was geweldig. Ik was nooit eerder zo van iemand onder de indruk geweest, althans niet iemand die het leuk leek te vinden met me om te gaan en geen tv-personage was. Nooit zo dicht bij iemand geweest die werd omgeven door zo'n aureool van lieflijkheid. Er was iets tussen ons. Het was bijna tastbaar, ik voelde het diep van binnen en het had niets te maken met lust of obsessie of gêne of eenzaamheid. Het was nieuw en onbekend en zinderend. Inmiddels weet ik dat ik iemand had gevonden die perfect bij mij paste, en wat nog ongelofelijker is: dat ik ook bij haar paste. Haar waanzin en mijn waanzin leken in de ether tussen ons in te versmelten tot een onverbrekelijke band. Het was een soort krankzinnige seksuele, spirituele alchemie waar we allebei niets van begrepen en die we niet eens als zodanig herkenden, maar die er wel was, zo krachtig en diep dat ik als een enorme stoethaspel begin te klinken als ik het probeer te beschrijven.

We maakten afspraakjes. Ik kocht bloemen voor haar. Het was heerlijk, doodeng, opwindend, zinderend, slopend. In de realiteit van die nieuwe relatie kwamen in de eerste paar weken onze respectievelijke hang-ups aan het licht. Geloof het of niet, maar ook zij had zo haar verleden, zoals ik het mijne heb. In sommige opzichten was ze de kwetsbaarste persoon die ik ooit had ontmoet, in andere juist de sterkste. Wat mijn liefde voor haar alleen nog maar groter maakte. Met ieder onze eigen bagage en eigenaardigheden waren we als twee in hun ontwikkeling achtergebleven kinderen die een veilige schuilplaats probeerden te creëren waarin we elkaar beter konden leren kennen, in een wereld die we allebei nog steeds niet helemaal aankonden. En dat was verrukkelijk.

Maar ja... de gedachte dat ik de verantwoordelijkheid van een relatie aankon, was achteraf bezien tamelijk ridicuul. Ik was er zo op gebeten om het niet te verkloten. Ik wist hoeveel dit betekende. Een vrouw als zij kom je niet iedere dag tegen. Rushdie heeft eens iets prachtigs gezegd over vrouwen: dat vrouwen degenen zijn die kiezen en dat mannen alleen maar kunnen hopen gekozen te worden. O, wat snakte ik ernaar om gekozen te worden. En ik werd ook gekozen. Zij koos mij, iedere dag en in alle opzichten, en ik had moeite om het te geloven.

Het maakte me enorm onzeker en gek van angst. Ik ervoer haar verlangen naar intimiteit en haar behoefte om 'over gevoelens te praten' als een valstrik en klapte dicht, zonderde mezelf af, zo niet fysiek dan toch emotioneel. Ik stootte haar af, besefte vervolgens dat het niet aan haar maar aan mijn eigen shit lag, smeekte haar na een week om terug mogen komen, en dan begon het van voren af aan, waarna ik die hele cyclus een paar maanden later weer herhaalde. Ik weet niet of het kwam doordat ik bang was om me voor het eerst van mijn leven echt voor iemand open te stellen, of dat ik nog steeds in rouw verkeerde over het mislukken van mijn gezin en gewoon niet toe was aan een intieme relatie. Maar ik weet wel dat ik van haar hield. We hadden een ongelofelijk hechte band die nooit zwakker werd. Ik verlangde zo naar haar en ik wist, voor het eerst in mijn leven en al klinkt het nog zo clichématig, dat dit ware liefde was.

En hoe krampachtig ook, we begonnen samen wel een leventje op te bouwen. Elk weekend had ik Jack, en hij had meteen een goede klik met Hattie. Ik weet niet of het kwam door haar eigen kinderlijke fascinaties (een oprecht plezier in felle kleuren, een gezonde belangstelling voor mopjes over scheten laten, gekke bekken trekken en rare dansjes doen) maar hij was vanaf het begin dol op haar en zij op hem. Als je ooit behoefte hebt aan een lakmoesproef om de houdbaarheid van je relatie te bepalen, kijk dan hoe je geliefde omgaat met kinderen. En kijk ook hoe kinderen op hem of haar reageren: kinderen zijn verdomd snugger, en als zij een volwassene mijden hebben ze daar meestal een goede reden voor. Maar Jack stond meteen toe dat ze hem in de armen sloot, veilig en vertrouwd.

Naarmate de weken verstreken en Jack heen en weer pendelde tussen zijn moeder en mij, begon ik me zorgen te maken over het effect dat mijn stroeve contact met zijn moeder op hem zou hebben. Dat vond ik een van de moeilijkste aspecten van de hele scheiding: dat ons onvermogen om als normaal gezin te functioneren onvermijdelijk zijn weerslag zou krijgen op hem. Ooit waren we, althans op papier, een modelgezin geweest met geld, een leuk kind, een fraai huis en mooie spullen. Tot ik ziek werd, instortte en alles kapotmaakte. Er was gewoon te veel kapotgemaakt. Hadden we dan toch maar bij elkaar moeten blijven, omwille van Jack? Fuck nee, wat zou hij daarvan hebben geleerd?

Maar ik dacht heel naïef dat we zo'n mooie gescheidenouder-relatie zouden krijgen, dat we vrienden zouden blijven die eens in de twee weken onder een kop koffie gezellig zouden bijkletsen en elkaar op de hoogte houden over onze nieuwe geliefden. Ik had zo gehoopt dat ze een leuke kerel zou vinden, meer succes in haar carrière zou hebben en lang en gelukkig verder zou leven. Maar zij moest niets meer van me weten. Ze had er, volkomen terecht en begrijpelijk, schoon genoeg van. Er was zo veel kapotgemaakt, zo veel verdriet en onzekerheid geweest, dat Jack voor haar nu duidelijk op de eerste plaats kwam. Ze was vóór alles een moeder, niet een of andere beschermheilige voor hopeloze gevallen.

Kort nadat Hattie en ik elkaar hadden ontmoet, mailde Jane dat ze met Jack naar Amerika zou verhuizen.

Ik sprak erover met mijn advocaat. Op papier had ik geen inkomen, geen carrière, geen bezittingen, beleggingen, geld of wat ook. Ik had een dubieus psychisch verleden en mijn zoon was tachtig procent van de tijd bij zijn moeder. Ik maakte geen schijn van kans een rechter aan mijn kant te krijgen. Ik kon hooguit een paar maanden tijd rekken door alles aan te vechten en me daarmee diep in de schulden te steken, enkel om iets uit te stellen wat uiteindelijk toch onafwendbaar was. Ik zag er het nut niet van in.

En dus verhuisden ze naar Pittsburgh, waar ze een huis vonden en een geweldige school die perfect was voor Jack. En een tijdlang ging dat best goed. Ik hield mezelf voor dat dit het beste was, vooral voor hem. Ik zorgde dat ik zo veel mogelijk foto's en nieuwtjes kreeg, deed mijn best om mee te beslissen over dingen die zijn school en zijn gezondheid betroffen, vaak te skypen en langs te gaan. Waar ik niet op had gerekend, was dat ik geen foto's meer zou krijgen en nauwelijks nog iets van haar zou horen zodra ze daar eenmaal gesetteld waren. Ik mocht wel contact met hem houden, maar ik kreeg het gevoel dat verdere details over zijn dagelijks leven en opvoeding me voortaan onthouden zouden worden. Ik had haar zo lang tot het uiterste gedreven dat ze waarschijnlijk met een schone lei wilde beginnen, en het laatste waar ze zich mee bezig wilde houden was of ik wel op de hoogte was van hun dagelijks reilen en zeilen.

Ik ben allang blij dat ze me nog wel toestond contact met Jack te houden. Veel vrouwen zouden dat niet doen. Twee keer per week skypte ik met hem en zo vaak als ik kon maakte ik de vijfentwintig uur lange reis naar hun nieuwe adres, waar ik dan een hotel nam en mijn best deed hem wat houvast te bieden in een stormachtige situatie.

Ik vertrok van huis, vloog naar New York of Boston, moest vier uur wachten voor mijn aansluitende vlucht naar Pittsburgh, nam een taxi om regelrecht van het vliegveld naar hun huis te rijden, pikte hem daar op en reed door naar het hotel om vier of vijf dagen met hem door te brengen. De eerste keer dat ik dat deed was kort voor Kerst.

Hattie en ik waren toen even uit elkaar. Ik was weer eens over mijn toeren geraakt en had – ten onrechte – het gevoel dat ik het gewoon niet aankon, een relatie waarin ik me als volwassene moest gedragen. Het vrat aan me, verstikte me, maakte me doodsbang en intens verdrietig dat mijn zoon achtduizend kilometer ver weg woonde. En mijn oplossing was natuurlijk: zorgen dat ik er alleen voor stond. Dat is mijn standaardreactie op alles wat ik niet aankan: mezelf afsluiten voor de mensen die van me houden, in plaats van steun bij hen te zoeken. Mijn verdriet zou haar maar overstelpen, zou haar afstoten, en dat moest ik vóór zijn door haar van me af te duwen. Stomme arrogante klootzak die ik was.

Ik ging naar Pittsburgh, haalde Jack op en nam hem mee naar mijn hotel. Kou, sneeuw, ellende. Hij was inmiddels zeven.

Hoe moet je een klein kind uitleggen waarom hij aan de andere kant van de wereld woont, ver van zijn vader, zijn vriendjes, zijn oude leven? Hoe leg je uit dat de liefde tussen volwassenen mettertijd kan wegebben, maar dat de liefde voor hun kind alleen maar groter wordt? Wat kun je in godsnaam inbrengen tegen de onverwoestbare, droeve logica van een kind van zeven dat maar niet snapt waarom papa en mama, ook al zijn ze dan gescheiden, niet gewoon bij elkaar om de hoek kunnen wonen? Welke kindvriendelijke uitleg bestaat daarvoor?

Het was een moment dat ik nooit meer zal vergeten: vier uur 's nachts, scheel van de jetlag, ervan overtuigd dat ik verantwoordelijk was voor alles wat fout ging in de wereld van mijn zoon.

En ik moest denken aan Hattie in Londen, die zich waarschijnlijk aan het optutten was om uit te gaan met vrienden, die ongetwijfeld sjans had bij de kerels en misschien zelf ook wel met kerels sjanste, en ik bedacht dat ik ook haar voorgoed kwijt was. Zodat ik alleen maar wanhopiger werd.

Ik belde haar. Ik moest wel. Zij is de eerste, de enige vrouw bij wie ik me echt gezien voel. Ze heeft me leren kennen toen ik al mijn ellende eruit had gegooid en verwerkt, zodat ze meteen kennismaakte met mijn echte ik, niet met een verzameling symptomen of een masker of een zorgvuldig in stand gehouden leugen. Waarschijnlijk kwam het daardoor dat ik deze relatie zo moeilijk vond: ik was op dit vlak nog een groentje, ik was een beginneling in 'jezelf zijn', ik moest hard mijn best doen om niet terug te vallen in een misleidende, valse versie van mezelf. En toch hield ze nog van me, ook al had ze gezien wat er onder de buitenkant schuilging.

En wat was ze weer teder. Haar stem was een en al liefde, geruststelling en medeleven. Ze zei dat ze me op Heathrow zou opwachten als ik terugkwam. Dat ik alleen de komende achtenveertig uur hoefde door te komen: een paar taxiritjes, een paar musea en pizzatenten, leuke dingen doen waar Jack goede herinneringen aan zou hebben. En dat heb ik allemaal gedaan. En verdomd: toen ik in Engeland terugkwam stond ze daar om zes uur 's ochtends in de aankomsthal. Met de aardigste, liefste glimlach die ik ooit had gezien.

We zijn naar huis gegaan, hebben theegezet, hebben gevreeën, en zij vergat alles wat gebeurd was en sprong zo weer terug in onze relatie – al had ze wel een opdoffer gekregen en was ze als gevolg van mijn onberekenbaarheid nu nog kwetsbaarder.

Mijn contact met Jack kreeg iets van een vast patroon. Tweemaal per jaar vloog ik daarheen, tweemaal per jaar bracht zijn moeder hem mee als ze voor zaken in Londen was, tweemaal per week skypten we, en als de pijn van zijn afwezigheid me te veel werd probeerde ik me te concentreren op andere dingen, zoals Hattie en pianospelen.

Het geldgebrek werd steeds frustrerender. In de klassieke muziek zul je niet snel rijk worden, maar als je aan het begin van je carrière staat, verdien je echt helemaal niets. En de vliegreizen naar Amerika, de advocaten, de psychiaters en de huur vormden alles bij elkaar een kostenplaatje om onpasselijk van te worden. Een paar jaar eerder, toen ik plannen had om impresario te worden, had ik bij toeval ene David Tang leren kennen. Een luidruchtige, akelig briljante, verbluffend aardige multimultimiljardair. Ik had contact met hem gezocht omdat ik had gehoord dat hij een fan van Sokolov was, en hij leek me een handig iemand om te kennen als ik een impresariaat wilde opzetten. Dus had ik zijn adres opgezocht en hem een zootje privé-opnamen van Sokolov gestuurd die ik via diens manager in handen had gekregen en waarvan ik wist dat Tang ze niet kon hebben. De volgende dag belde hij en stuurde zijn Bentley met chauffeur om me op te halen voor een kopje thee bij hem thuis. En een paar dagen later nam hij me mee naar Venetië voor een optreden van Sokolov in La Fenice. Als bedankje.

Andere mensen sturen gewoon een kaartje.

Nu belde ik hem, ging koffie met hem drinken en liet op mijn typisch slinkse wijze weten dat ik het hoofd nauwelijks boven water hield, maar dat ik er nog niet de brui aan wilde geven, niet meer in de City wilde werken, en of hij me misschien kon helpen. En dat deed hij. Zonder er verder veel woorden aan vuil te maken belde hij ter plekke zijn bankier om maandelijks een bedrag naar mij te laten overmaken. Alsof hij koffie bestelde bij Starbucks.

Zonder hem zou ik hier niet meer zijn. En als ik er door een of ander godswonder toch nog zou zijn, zou ik zeker niet meer pianospelen. Dankzij hem had ik geld voor de ziekenhuisrekeningen, voor Billy en andere psychiaters, voor een betere piano en voor de tijd en de ruimte om te studeren, mijn gedachten in rustig vaarwater te houden en me te concentreren op mijn werk. Het was een zeldzaam goede daad. Hij vond dat ik goed kon spelen, wilde me helpen, vroeg er niets voor terug en zorgde zo dat ik die moeilijke eerste anderhalf jaar na de scheiding kon overleven. Sommige rekeningen kun je niet vereffenen, althans niet meteen. Ooit komt er een dag dat ik hem alles tot de laatste cent terugbetaal. Ik hoop dat er een tijd komt dat ik ook eens iemand zo kan helpen. Voorlopig kan ik alleen denken aan wat hij voor mij heeft gedaan, verbijsterd over zo veel ruimhartigheid, en mijn stinkende best doen om hem niet teleur te stellen. Soms voel ik me de grootste geluksvogel op aarde.

TRACK 15

Ravel, Pianoconcert in G-groot, tweede deel

Krystian Zimerman, piano

Ravel heeft twee pianoconcerten geschreven. Eentje is alleen voor de linkerhand (dat schreef hij in opdracht van Paul Wittgenstein, een Oostenrijkse pianist die in de Eerste Wereldoorlog zijn rechterarm had verloren), het andere schreef hij na een tournee door Amerika waar hij had kennisgemaakt met de wereld van de jazz. Dat werk is dan ook sterk beïnvloed door de swing en de rokerige jazzclubs van Harlem.

Het kostte hem twee jaar om het concert te voltooien en het bevat misschien wel het mooiste langzame middendeel van alle concerten die ooit geschreven zijn. Ik weet nog dat ik als kind een interview met iemand las (irritant genoeg weet ik niet meer met wie, alleen dat hij een dominee was of zo) waarin de vraag werd gesteld: als u te horen kreeg dat de wereld over tien minuten vergaat, wat zou u dan doen? En hij zei dat hij zich dan een glas heel dure whisky zou inschenken en het tweede deel van dit concert zou opzetten.

Iedere noot van dit concert heeft Ravel bloed, zweet en tranen gekost. Aan een vriend schreef hij: 'Het concert in G heeft me twee jaar werk gekost. Het beginthema bedacht ik in de trein van Oxford naar Londen. Maar zo'n eerste idee is nog niets. Daarna begon het schaafwerk. We leven niet meer in de tijd dat de componist iemand is die getroffen wordt door inspiratie en dan meteen koortsachtig zijn gedachten op papier zet. Componeren is voor vijfenzeventig procent denkwerk.' En over dat tweede deel zei hij: 'Die vloeiende frase! Daar heb ik maat voor maat op gezwoegd, tot het bijna mijn dood werd!'

Dit concert heeft alles waarop Ravels reputatie als een van Frankrijks grootste muzikale genieën is gebouwd: waanzinnige melodieën, een perfecte orkestratie en een emotionele diepgang die iedere voorstelling te boven gaat.

Ik was iets spannends, zij het nog ondefinieerbaars aan het opbouwen met Hattie. Ik moest aan den lijve ondervinden dat het nog een hele toer is om te leven zonder jezelf de vernieling in te draaien, en dat het langeafstandsvaderschap bepaald geen pretje is. En ik durfde voor het eerst van mijn leven te dromen dat het – in elk geval in theorie – mogelijk moest zijn een carrière op te bouwen met wat ik altijd het liefst had gedaan.

Ik stortte me nog meer op de piano: nieuwe stukken instuderen, aan mijn techniek schaven, oefenen, oefenen, oefenen. Het eerste album was klaar en afgemixt. We besloten het *Razor Blades, Little Pills and Big Pianos* te noemen. In die zeven woorden werd mijn leven wel zo'n beetje samengevat, en hopelijk klonk het opvallend genoeg om de aandacht van de muziekpers te trekken. Idem dito voor het artwork: als ik nog één cd zie met een plaatje van zo'n achttiende-eeuws Frans kutschilderij of een foto van een pianist die een rare smoel trekt, ga ik gillen. Wij wisten voor de foto's Dennis Morris te strikken, die een tijdje de officiële fotograaf van Bob Marley was geweest en met de Sex Pistols had gewerkt. Het uiteindelijke album zag er zo totaal anders uit dan de gemiddelde klassieke cd, dat sommige recensenten dachten dat het op het verkeerde bureau was beland. Een Amerikaanse journalist zei zelfs dat er zo veel foto's van mij met een zonnebril in stonden dat hij dacht dat ik blind was. Was ik wel trots op. Want waarom niet? Waarom geen cd-hoesje dat opvalt, dat een beetje modern overkomt, een beetje kans maakt om nieuwe luisteraars te trekken en meisjes er niet meteen van weerhoudt met je te vrijen als ze het op je koffietafel zien liggen?

Dus nu lag er een cd van mij in de winkel. En dan geen eigen opnamen die ik met een of andere klote-mp3-speler had gemaakt, op cd gebrand en voorzien van een stom, op mijn eigen computer in elkaar geflanst hoesje – zoals ik tot mijn schaamte weleens had gedaan. Dat streelde niet alleen mijn ego, het was ook een belangrijk moment voor me, het voelde als een eerste reuzenstap richting de carrière waarvan ik al vanaf kindsbeen had gedroomd.

In 2010, een paar maanden na het verschijnen van *Razor Blades*, werden Denis en ik door de BBC gevraagd een documentaire te maken over Chopin, ter gelegenheid van zijn tweehonderdste geboortejaar. Het was mijn eerste klus voor tv, een enerverende ervaring. Ik ging naar Polen om rond te kijken in Chopins geboorteplaats, het huis waar hij in zijn tienerjaren had gewoond, de tombe waar zijn hart begraven ligt, de piano waaraan hij zijn composities schreef. In Parijs maakten we 's avonds laat geïmproviseerde opnamen op de Place Vendôme. Ik was helemaal in mijn nopjes dat ik de fameuze pianisten Emanuel Ax en Garrick Ohlsson *aan de piano* mocht interviewen. We filmden een paar concerten waarop ik Chopin speelde, en het was allemaal zo leuk als het leven zonder verdovende middelen maar kan zijn. Ik wist meteen dat ik meer tv wilde doen. Nogal wiedes. Als ze de onzin eruit monteerden klonk ik enigszins samenhangend en ik werd betaald om te praten over dingen waarover ik toch al nooit mijn bek kan houden, en om lekker de wereld rond te reizen en mijn helden te ontmoeten.

Denis had inmiddels een paar grotere concerten geregeld: een recital in de Queen Elizabeth Hall, waar ik de idolen uit mijn jeugd had zien spelen, van Sokolov tot Zimerman en Brendel, en een in het Roundhouse, waar alle popartiesten hadden gestaan, van Pink Floyd tot Jimi Hendrix.

Op een ochtend zaten we onder de koffie over die concerten te praten. Pianorecitals zijn aan strikte tradities gebonden. De pianist is in rok (of op zijn minst in smoking of een net pak). Er wordt niet gepraat. Podium op, spelen, en weer af. Het publiek heeft een programmaboekje met toelichting, er is genoeg licht in de zaal om dat tijdens het recital te kunnen lezen, er mag niet gedronken worden, applaus tussen de delen van de gespeelde werken is not done en het publiek wordt geacht genoeg kennis van de muziek te hebben om alles te 'snappen'.

'Weet je nog die eerste keer dat je voor me speelde, bij Steinway? De Chaconne?' vroeg hij.

'Natuurlijk weet ik dat nog, dat was geweldig!'

'Daar moest ik aan denken. Hoe je toen over dat stuk zat te praten, over Bach en wat de Chaconne voor jou betekent, en toen ging je zitten en speelde, en daarna sprong je meteen op en begon ineens over koffie, alsof het niets bijzonders was wat je daar had zitten doen. Terwijl het mij nog duizelde van alle emoties die je had losgemaakt. En ik dacht: als we de concerten nou eens op die manier doen? Dus dat jij wat over de muziek en over de componist vertelt, dat je ieder werk vanaf het podium inleidt. Gewoon in je eigen woorden, geen essay van een of andere kamergeleerde uit Oxford in het programmaboekje. Je trekt gewoon kleren aan die jij graag draagt, we dimmen het licht en proberen een informele sfeer te creëren, het publiek echt de muziek in te trekken. Wat vind je daarvan?'

Er wordt weleens gezegd dat elk goed idee ooit begonnen is als blasfemie. Maar dit klonk gewoon perfect. God, wat zou ik graag willen dat de pianisten die ik als kind live zag spelen het publiek ook hadden toegesproken. De gedachte dat Kissin, Zimerman of Richter hadden verteld waarom ze die en die Beethoven-sonate speelden, wat die voor hen betekende: dat zou echt waanzinnig cool geweest zijn. De klassieke-muziekindustrie weet maar een fractie van de totale bevolking te bereiken, zeker hier in Groot-Brittannië. Ze wordt grotendeels gerund door een stel pretentieuze reactionaire eikels die er een pervers genoegen in lijken te scheppen om te zorgen dat 'echte' muziek het voorrecht blijft van een elite die rijk genoeg (en daarmee intelligent genoeg) wordt geacht om er verstand van te hebben. Beethoven is hun eigen fucking kaktent, waar je alleen naar binnen mag als je weet welke vork je moet gebruiken bij de vis en wat het verschil is tussen KV-nummers en opusnummers.

Klassieke muziek kampt met zo veel problemen, complicaties en hindernissen. Het genre lijkt soms wel het muzikale equivalent van wat ik 'jasturberen' noem: janken terwijl je zit te masturberen, uit schaamte voor waar je aan denkt. Klassieke muziek moet ophouden zich te verontschuldigen voor haar bestaan. Net als in een afkickproces kan er alleen een verandering ten goede komen als de problemen eerst zijn erkend en aanvaard.

Allereerst die benaming. Klassiek. Waarom in godsnaam? Zoals ik aan het begin van dit boek al zei, roept dat een beeld op van iets wat ouderwets is, wereldvreemd, achterhaald, ontoegankelijk en bovenal saai. Spreek je bij een opvoering van *King Lear* soms over 'klassiek toneel'? Gaan we naar het museum om naar 'klassieke kunst' te kijken? Rot toch op. Maar in de muziek wordt dat hokjesdenken wel in stand gehouden. Klassieke radiozenders, klassieke concerten, klassieke componisten, klassieke-muziektijdschriften, klassieke cd-afdelingen, klassieke musici. En het woord 'klassiek' mag je gerust als synoniem opvatten voor highbrow, intelligent, achtenswaardig, diepzinnig. De meeste mensen binnen de wereld van de klassieke muziek doen alsof dat een en hetzelfde is.

Het andere grote probleem met dat eclectische, bizarre en in zichzelf gekeerde wereldje heeft natuurlijk te maken met de mensen die het bevolken. Dat zijn merendeels eikels van jewelste. Je kunt vier duidelijke categorieën onderscheiden: de musici, de poortwachters, de mensen van de platenmaatschappij en de recensenten. Zoals bij elke generalisatie zijn er ook uitzonderingen op de regel: mensen in het vak die oprecht van muziek houden en die de klassieke muziek spannend en laagdrempelig willen maken. Maar wie de klassieke-muziekindustrie van buitenaf bekijkt, ziet toch vooral mensen die in een van de volgende categorieën vallen:

a) De musici. Meestal achtergebleven in hun sociale ontwikkeling en extreem contactgestoord. Bijna zonder uitzondering lijdend aan asperger of een andere autismespectrumstoornis. (Geldt ook voor mezelf; ik bedoel het niet als kritiek, maar het maakt ons wel lastige mensen om mee om te gaan.) Dubieuze tot griezelige kledingsmaak (óf pedofielentrui óf slechtzittend jacquet). Emotioneel gecastreerd, aseksueel dan wel doorgeslagen camp, mompelende gekken zo bizar in hun gedrag dat ze aan seriemoordenaars doen denken en behept met een percentage afwijkende seksuele voorkeuren dat ver boven het gemiddelde ligt. Ongetwijfeld hoogst intelligent maar nauwelijks tot normale menselijke interactie in staat. Een concert is opkomen, spelen en weer afgaan. Onder het publiek begeven ze zich slechts bij hoge uitzondering, en dan nog alleen omdat de platenmaatschappij (zie hieronder) eist dat ze na het concert cd's signeren. Het publiek toespreken, behoudens af en toe de monotoon geprevelde titel van een te spelen toegift, is een zeldzaamheid. Dat het tegenwoordig zo slecht met de klassieke muziek is gesteld, moeten deze jongens (en meisjes) misschien vooral aan zichzelf wijten. Sociale fobieën zijn vaak een masker voor een groot ego: niet willen spelen in zalen die te weinig prestige hebben, simpelweg weigeren contact te leggen met je fans en je publiek, de algehele houding van 'laat mij en mijn geniale talent met rust, want dat alleen moet genoeg zijn om succes te hebben'. Nou, niet dus. Niet meer.

b) De poortwachters. Dit zijn de mannen (want het zijn voor 99 procent oude blanke mannen) die de concertzalen en impresariaten runnen. Door dalende bezoekersaantallen, een publiek dat langzaam afsterft en lagere overheidssubsidies voelen ze zich de laatste tijd gedwongen ook mee te jammeren over de noodzaak om een nieuw publiek aan te boren en de deuren open te zetten voor jongeren, maar in feite doen ze geen flikker om dat te bereiken, afgezien van wat loze gebaren waarvan zij denken dat die de kids zullen aanspreken, zoals af en toe een latenightconcert en een ander lettertype in hun foldertjes. Verder zitten ze vooral op hun luie reet champagne te drinken en te slijmen bij rijke oude geldschieters, want ze denken dat verandering altijd schandalig is en dat een jonger publiek rampzalig zou zijn voor de muziek, en bovendien gaat het met hun zaal/orkest/instelling helemaal prima zoals het nu gaat, alsjeblieft dankjewel. Ze zijn als de moeder van Bernie Madoff die doet of haar neus bloedt in de onwankelbare overtuiging dat het allemaal één groot misverstand is en dat haar geld veilig is belegd en haar niets kan overkomen.

Het meest walg ik nog wel van hun veronderstelling dat een nieuw, jonger publiek afbreuk zou doen aan de wereld van de klassieke muziek. O wee als er straks iemand in spijkerbroek in de zaal zit die op het 'verkeerde' moment applaudisseert. Als je geen edelachtbare prof. dr. ir. met een dure opleiding en een inkomen van meer dan een ton bent, zo'n opgeprikte upperclassparodie van jezelf, doe je immers afbreuk aan het zuivere, hogere, o zo weerloze en heilige cultuurgoed dat klassieke muziek heet. Ga naar willekeurig welke gevestigde concertzaal in Groot-Brittannië en wat je daar in de zaal ziet zitten bestaat voor tien procent uit conservatoriumstudenten, voor vijfentachtig procent uit vijftigplussers die aan een of meer van bovenstaande criteria voldoen, en voor vijf procent uit fatsoenlijke, gewone liefhebbers zonder pretenties die oprecht van klassieke muziek houden. (Deze alinea lijkt een geweldig cliché, omdat het eenvoudigweg nog steeds zo waar is.)

c) Platenlabels. Zonder uitzondering kleine, beschroomde, naïeve labeltjes gerund door goedbedoelende schuchtere types zonder een greintje zakelijk inzicht of ook maar het minste verlangen om eens iets nieuws te proberen. Ze produceren gemakzuchtige, saaie cd-hoesjes en publiciteitsposters (musici die een zure smoel trekken, Franse aquarelletjes, abstracte tekeningen in sombere kleuren – Lang Lang met pianotoetsen op zijn vingers geschilderd, jezus nog aan toe!). Hun cd-toelichtingen worden geschreven door professoren die boeken over de achttiende-eeuwse sonatevorm hebben gepubliceerd. Hun marketingbudget bedraagt ongeveer dertig pond. Ze vinden het wel best dat hun cd's tussen duizenden vergelijkbare cd's in de schappen belanden in het souterrain van platenzaak HMV, een donker hol waar alleen iemand met een goede zaklamp en een volstrekt gebrek aan schaamte zich binnen waagt. En de kans dat het hoofd van zo'n platenlabel (tevens talentscout, hoofd marketing, loopjongen en fluffer van het bedrijf) met iTunes/HMV/Amazon gaat bellen om een promotie- of cross-marketingdeal los te peuteren? Ongeveer even groot als de kans dat Pol Pot zich over een puppy uit het asiel ontfermt. Het komt door dit soort lui dat de klassieke-muziekindustrie al jarenlang langzaam doodbloedt. We mogen van geluk spreken dat er ook nog een paar uitzonderingen zijn, mensen die wel nieuwe dingen proberen en risico's nemen waarvoor ze vijf jaar geleden nog gestenigd zouden zijn.

De klassieke afdelingen van de grote labels (Sony Classical, Deutsche Grammophon, Warner Classics & Jazz) zijn het droevigst van allemaal. Die zijn meestal uit het hoofdkantoor geschopt en met drie man personeel in een hok op een bedrijventerrein ondergebracht, met een budget dat al jarenlang is bevroren, een verbod om nog nieuwe artiesten onder contract te nemen en de schaamte dat ze slechts het kleine broertje zijn van het hoofdlabel: de grote broer die zich heeft ontpopt tot seriële omaverkrachter. Ze worden achter hun rug uitgelachen door hun grote broers van de popmuziek en moeten zich in leven houden met heruitgaven uit hun archief, dat teruggaat tot het gouden tijdperk van de klassieke-opnameindustrie, de jaren vijftig en zestig.

De makkelijkste oplossing voor hen lijkt cross-over te zijn. Je pakt een stel jonge musici die er lekker uitzien, trekt ze iets keks aan, laat ze een combinatie spelen van korte beroemde stukjes uit langere werken en transcripties van 'Waltzing Matilda' en *The Phantom of the Opera* en dergelijke, en hoopt dan manmoedig dat het publiek erin stinkt, deze bagger voor 'klassieke muziek' verslijt en ervoor wil dokken.

d) De recensent. De eenzame, verbitterde, mislukte musicus, de klootzak vermomd als deskundige lul. De belichaming van alles wat er mis is met klassieke muziek. Die hatelijke, snobistische, slecht geïnformeerde en boosaardige schreeuwers van wie het geraaskal in geen enkele andere tak van het journalistiek bedrijf serieus genomen zou worden, die zich voor een paar cent per woord met alle plezier prostitueren voor de luttele lezers die ze hebben. De meeste muziekrecensenten kun je vergelijken met boze dikke jongetjes die op school jarenlang zijn gepest, hun droom om ooit iets creatiefs te doen allang hebben opgegeven en nu met alle geweld iedereen dood willen vervelen die maar luistert (voornamelijk andere critici, het senielere deel van het klassieke-muziekpubliek, een verdwaalde conservatoriumstudent en een paar hoge rechters).

De muziekwereld kampt dus duidelijk met grote problemen. Oogkleppen bij de meeste personen met enige invloed. Een kinderachtige, vooral door angst en behoudzucht ingegeven weigering om een breder publiek te willen aanspreken. Een wanhopig vasthouden aan oude vertrouwde formules, ondanks overweldigend bewijs dat het schip zinkende is. Afschuw en onmiddellijke veroordeling van iedereen die met deze oude muziek eens iets nieuws wil proberen. En meest deprimerend van al: een hebberige, schraperige neiging deze weergaloze muziek te bewaren voor zichzelf en de happy few die ze als waardig publiek beschouwen.

De mensen achter de klassieke muziek lijken uit het oog te zijn verloren dat de componisten zelf eigenlijk de popsterren van hun tijd waren. Bij de term 'popster' denk je tegenwoordig aan foto's in de roddelbladen, aan tattoos, geruchtmakende liefdesaffaires en juryleden van *Britain's Got Talent*. In vroeger eeuwen betekende het vooral afschuwelijke kapsels, geslachtsziekten, waanzin en armoede. Die componisten waren merendeels perverse, gestoorde, geniale rotzakken die zich een breuk zouden lachen om de strikte opvattingen over concertetiquette waar de klassieke poortwachters van nu zich aan vastklampen. Zij smeten geen tv uit een hotelraam, ze sprongen er zelf uit.

Beethoven is wel zeventig keer verhuisd. Hij was een kluns met een slechte lichaamscoördinatie, kon niet dansen, sneed zich altijd bij het scheren. Hij was nors, achterdochtig, opvliegend, een ongelofelijke sloddervos en een verbitterd mens. En hij heeft de loop van de muziekgeschiedenis voorgoed veranderd. In 1805 schreef hij zijn derde symfonie, de 'Eroïca', waarmee hij de muziek met één flinke oplawaai de negentiende eeuw in schopte. Waar andere componisten hun publiek probeerden te behagen, trapte hij de deur in en legde een bom onder hun stoel. Hij zou het een giller vinden, het idee dat het publiek tijdens het concert uiterste stilte moet betrachten en pas mag klappen als het hele werk is gespeeld.

Schubert, die vanwege zijn lengte van krap anderhalve meter en zijn foeilelijke kop Champignonnetje werd genoemd, had echt totaal geen succes bij de meiden, en een van de weinige keren dat hij wist te scoren hield hij er syfilis aan over. Een vriend van hem zei dat 'de zucht naar genot hem onweerstaanbaar meesleurde in de poel van zedelijke verloedering'. Schubert verklaarde zelf dat hij 'met geen ander doel op de wereld was gezet' dan om muziek te schrijven. Nog geen tien procent van alles wat hij schreef werd tijdens zijn leven gepubliceerd en in de laatste twaalf jaar van zijn leven verdiende hij daar in totaal een bedrag mee dat gelijkstaat aan een kleine negenduizend euro. Hij was berooid, kalend en overgevoelig, hij woonde in een gribus en moest zijn hele leven ploeteren. Had het hem ook maar ene reet kunnen schelen of de musici en het publiek bij een concert wel netjes geklééd zijn?

Van Schumann (die zijn laatste dagen eenzaam en ongelukkig in een gesticht sleet) tot Ravel (zwaar getraumatiseerd door zijn ervaringen als ambulancechauffeur in de Eerste Wereldoorlog): de grote componisten waren verknipte genieën, en als zij tegenwoordig een concert zouden bezoeken en zouden zien hoeveel een kaartje kost, wie er in de zaal zit en met hoeveel pretentie alles wordt gebracht, dan zouden ze over hun nek gaan.

Geen wonder dus dat ik ernaar snakte om het anders aan te pakken.

En ik bofte dat ik een manager had gevonden die er net zo over dacht. Behalve manager werd hij nu ook mijn toneelregisseur. Een paar dagen voor het concert in het Roundhouse zijn we naar Steinway gegaan en heb ik het hele programma doorgespeeld en daarbij mijn verhaal opgehangen over Bach, Beethoven en Chopin, de werken die ik speelde, het hoe en wanneer en waarom. Het deed een beetje afbreuk aan de concentratie die vereist is om alle noten goed te spelen, maar niet zozeer dat het ondoenlijk werd. Ik moest me gewoon iets beter concentreren, iets meer dingen onthouden en proberen geen al te onfatsoenlijke taal uit te slaan.

Toen kwam het concert. Ik naar de zaal. Er stonden acht camera's opgesteld, waaronder een die op de piano was gericht, en op het podium stonden twee grote schermen. Het idee was dat daarop tijdens het concert de beelden van de camera's geprojecteerd zouden worden. Dan konden ook de mensen op goedkope plaatsen alles goed zien, en in de lastige passages, waarop ik duizenden uren had geoefend, zou iedereen mijn handen in close-up kunnen zien, want dat is een schitterend gezicht en ik ben best ijdel.

Het was een waanzinnig intense ervaring. Na afloop bleek uit de reacties dat de meeste mensen in het publiek nooit eerder naar een klassiek concert waren geweest, en de gemiddelde leeftijd was ergens achter in de twintig – een heel verschil met de gebruikelijke vijftigplussers in de Wigmore Hall. Ik leidde de werken zelf in, vertelde iets over de componist, speelde dat het een lieve lust was en wilde na afloop eigenlijk het liefst meteen opnieuw beginnen.

Ik weet nog dat ik als kind video's zag van Glenn Gould die in Moskou een praatje hield voor zijn publiek, en van Bernstein die allerlei meesterwerken dirigeerde nadat hij er vanaf de bok eerst iets over had verteld. Maar tegenwoordig geloof ik niet dat mensen ooit nog iets vertellen over een werk dat ze spelen, of het moet Daniel Barenboim zijn, die in de Festival Hall een paar jaar geleden enkele woorden aan Schönberg wijdde (wat blijkbaar zo ongebruikelijk was dat het de krant haalde). Toch leek het aan te slaan: hier en daar een grap, anekdotes over Bach die op de vuist of van bil ging en over Beethoven die door zijn dronken vader bijna werd doodgeslagen, plus mijn uitleg waarom ik juist deze werken wilde spelen. Gelach in de concertzaal en zowel na de muziek als na de inleidingen applaus: dat leek me een teken dat ik op de goede weg zat. Eindelijk deed ik waar ik mijn hele leven van had gedroomd. Ik was nog nooit zo voldaan geweest.

En een paar weken later deden we dat kunstje nog eens over, maar dan zonder die videoschermen, in de chique Queen Elizabeth Hall. Weer een jong publiek. Bevreemde blikken van de technici, die nog nooit een microfoon hadden moeten regelen voor een klassiek pianist. Gelach, muziek, gedempt licht, publiek muisstil zodra ik begon te spelen, na afloop nog even een drankje in de bar met een paar lui uit de zaal. Voor mij was het de ideale manier om een concert te geven. Weg met alle bullshit en egotripperij waar de klassieke muziek zo bol van staat, en trouw blijven aan datgene waar het ons om begonnen is: de muziek.

Het stikt in de klassieke muziek van de regeltjes op het

gebied van de kledingvoorschriften, uitvoeringspraktijk, programmaboekje, licht, presentatie, programmaopbouw, applaus, repertoirekeuze, timing, etiquette voor uitvoerenden en publiek, zaalkeuze, en ga zo maar door.

Denis en ik hebben altijd maar twee regels gehad: never nooit cross-over doen (niet omdat ik ertegen ben maar omdat het mij gewoon niet aanspreekt en omdat er ook genoeg echte klassieke muziek is die je kunt spelen) en niks versimpelen (wat grotendeels op hetzelfde neerkomt). Verder was alles bespreekbaar. Dus als ik hoorde dat een van mijn concerten niet helemaal was uitverkocht, zei ik tegen Denis dat ze de resterende kaartjes maar gratis moesten uitdelen. Waarom zou je niet een paar mensen de kans op een gratis avondje muziek gunnen? Gelukkig – en tot grote vreugde van mijn promotors – zitten we nu in een situatie waarin dat niet meer nodig is. Maar de bedoeling was, is en zal altijd blijven: die zaal vol krijgen, door muziek te brengen die zowel onvergankelijk als toegankelijk is, door zo goed mogelijk te spelen en erover te praten, kleren te dragen die niet vooroorlogs zijn en waarin ik me op mijn gemak voel, voor een publiek dat daar best een glaasje bij mag drinken, in een zaal die bijna pikdonker is. Maak er een intieme, spannende en informatieve totaalervaring van. Verscheur het etiquetteboekje en doe gewoon wat goed voelt.

We wilden beslist doorgaan op de ingeslagen weg. Het was een moeizame en frustrerende klus om gelijkgestemden in het vak te vinden, mensen die openstonden voor een nieuwe manier om klassieke muziek te presenteren. Ik wist dat er altijd wel een publiek zou zijn voor onsterfelijke pianisten van het kaliber Kissin, Zimerman en Argerich, en terecht. Maar wat veel belangrijker was: ik wist ook dat er alleen al in Groot-Brittannië minstens 45 miljoen mensen waren die nog nooit één Beethoven-sonate in zijn geheel hadden beluisterd, en dat vond ik een diep deprimerende gedachte. Ik wilde niet voor eigen parochie preken – ik wilde helemaal niets preken. Ik wilde gewoon zo veel mogelijk mensen bereiken met iets wat ze waarschijnlijk nog nooit hadden gehoord, op zo'n manier dat het voor iedereen begrijpelijk en toegankelijk werd. Het was geen missie – een seriemoordenaar heeft een missie – maar het was iets dat ik noodzakelijk vond, iets dat waar en belangrijk was. En afgezien van Hattie had ik op dat moment niet zo veel in mijn leven.

We begonnen wat aandacht te krijgen in de pers, zowel positief als negatief. Een of andere kloothommel van *The Daily Telegraph* begon zijn recensie met de opmerking dat hij nog nooit van me had gehoord, me nog nooit had horen spelen, nog nooit een concert van mij had bijgewoond of een cd van me had beluisterd, maar dat ik dus wel een arrogante lul was die de klassieke muziek probeerde te 'redden' door in spijkerbroek en gympen op het podium te staan, terwijl de muziek zichzelf wel kon redden, alsjeblieft dankjewel. We wisten dat ons zoiets te wachten stond, zeker van de klassieke brigade van de oude stempel. Wat we niet hadden verwacht en wat wel zo fijn was, was dat mijn album en mijn concerten ook heel veel lovende recensies kregen. Ik weet dat je moet proberen immuun te zijn voor zowel lof als kritiek, maar ik ben ook maar een mens en het doet me toch wat. Het is lulkoek als mensen zeggen dat het ze niets doet. Zeker als je de neiging hebt jezelf een gigantische oplichter te vinden en een compliment nooit kunt geloven, maar van kritiek altijd weet dat die volkomen terecht is.

Als jij iemand bent die een pianorecital net zo aantrekkelijk vindt als een bezoekje aan de tandarts, moet je misschien eens een concert van mij bezoeken. Neem iemand mee en vertrouw erop dat de sfeer informeel is, dat niemand zich daar dom voelt en dat de muziek weergaloos is.

En als mijn stijl je juist niet aanstaat, ga dan naar de Wigmore Hall of de Festival Hall. Ga naar Stephen Hough of Daniil Trifonov of een van de honderd andere toppianisten die momenteel actief zijn. Probeer eens iets nieuws en zie wat ervan komt. Dit soort muziek live horen is een buitengewone ervaring.

Ik was voor het eerst in lange tijd zowel emotioneel als fysiek in goeden doen. Een mooie, lieve vriendin en een briljante en toegewijde manager, dankzij wie mijn leven nu om muziek en concerten draaide en het er steeds meer op leek dat de carrière van mijn dromen toch nog voor me weggelegd was. Daarbij leerde ik steeds beter te accepteren dat Jack in een ander land zat en hield ik hoop dat wij een vader-zoonband konden onderhouden.

TRACK 16

Schumann, Geister-variaties voor piano

Jean-Marc Luisada, piano

Componisten en waanzin zijn even onlosmakelijk met elkaar verbonden als katholieken en schuldgevoel of Amerikanen en overgewicht. Schumann was een van die componisten die door zware depressies werden geplaagd. Hij deed een zelfmoordpoging door in de Rijn te springen en toen dat mislukte, liet hij zich vrijwillig opnemen in een inrichting, waar hij eenzaam en verscheurd door angst aan zijn einde kwam.

Enkele dagen voordat hij zelfmoord probeerde te plegen schreef hij zijn Geister-variaties, zo genoemd omdat hij zei dat het thema hem was ingegeven door geesten.

Een béétje de weg kwijt, ja.

Ik ken geen ander werk voor piano dat zo intiem, in zichzelf gekeerd, intens en geconcentreerd is. De muziek komt zelden boven een forte uit en het thema is een koraal dat langzaam transformeert tot iets wat niet in woorden is te vatten. Heel Schumanns schizofrene, sombere, hopeloze wereld ontvouwt zich daar aan onze voeten.

De pers begon rond die tijd steeds meer aandacht aan mij te besteden, met onder andere een interview in *The Sunday Times*. Daarin liet ik mij ontvallen dat ik op school was misbruikt – één alineaatje in een artikel van twee pagina's.

Een oude onderwijzeres van mij las dat en zocht contact met me (is Facebook toch nog ergens goed voor). Ze zei dat ze wel had geweten dat er iets niet in de haak was (al had ze in haar naïviteit niet gedacht aan misbruik, hoogstens aan mishandeling) en dat ze me weleens huilend had aangetroffen, met bloed op mijn benen, smekend om niet meer naar gym te hoeven. Ze was ermee naar het schoolhoofd gegaan en die had gezegd wat zo iemand in de jaren tachtig dan altijd zei: 'Mannetje Rhodes moet een beetje eelt op zijn ziel krijgen. Niet te veel aandacht aan schenken.' En daar had ze dus gehoor aan gegeven. Ze vertelde dat ze later gevangenispastor was geworden. En nu, na al die jaren, had ze dat interview gelezen en nam ze contact op om te checken of ze nog iets kon goedmaken. Godverdomme wel 25 jaar te laat, maar ach. Kan ik toch nog een tikje pissig om worden.

Ze legde een verklaring af bij de politie (de verklaring die ik hier eerder heb aangehaald). Daarna stapte ik samen met mijn manager naar de politie om nog maar eens een poging te doen. Zou best eens kunnen dat hij toen de termen 'media-aandacht' en 'advocaten van de platenmaatschappij' heeft laten vallen. En verrek, dit keer wisten ze hem op te sporen. Hij was al in de zeventig. Werkte in Margate. Als parttime bokscoach voor jongetjes tot tien jaar...

Na een paar lange verhoren hebben ze hem gearresteerd en aangeklaagd voor tien gevallen van sodomie en aanranding.

Dus als mensen zeggen dat ik alleen maar over dat misbruik begin om cd's te verkopen of medelijden te wekken (ja, dat komt voor), dan vertel ik ze altijd dit verhaal en vraag of ze soms liever wilden dat ik mijn bek had gehouden, zodat die kerel nog steeds les kon geven aan hun neefje/zoontje/kleinzoon van acht. Stelletje eikels.

Het laatste wat ik van de politie hoorde, was dat hij een

beroerte had gekregen en niet meer in staat was om terecht te staan. Kort daarna ging hij dood. In de boeken die ik heb gelezen en de praatgroepen die ik heb bezocht wordt altijd gehamerd op vergeving. Je wordt aangespoord een brief te schrijven aan de mensen die jou pijn hebben gedaan, zeker als ze niet meer in leven zijn. Daarin beschrijf je welke gevolgen hun daden voor jou en je dierbaren hebben gehad. In veel opzichten is dit boek zo'n brief. Dit is mijn brief aan jou, Peter Lee, terwijl jij ligt weg te rotten in je gore graf. Om te laten weten dat je nog niet gewonnen hebt. Ons geheimpje is geen geheim meer, het is niet langer iets wat ons verbindt, geen hechte, intieme band tussen ons. Je kunt lullen wat je wilt, maar niets van wat jij met mij hebt gedaan was onschadelijk, prettig of liefdevol. Het was gewoon een afschuwelijke, agressieve schending van mijn onschuld en vertrouwen.

Ik kan alleen maar hopen dat mensen zoals Lee, die actief gevolg geven aan hun seksuele verlangen naar kinderen, ook inzien, écht inzien hoeveel schade ze aanrichten. Dat ze inzien dat al hun gepraat over dat het van twee kanten komt, dat het toch moet kunnen en dat het een uiting van liefde is, helemaal niets met de werkelijkheid van doen heeft.

Vergeving is een machtig mooie gedachte. Het is iets waar ik naar streef, ook al lijkt het soms niet meer dan een aantrekkelijke maar onmogelijke hersenschim. Ik ben in mijn leven te vaak misbruikt. Ik wil openlijk vertellen over die zaken waarmee ik nu kan omgaan zonder volledig in te storten. Daar doe ik het mee. Ik kan niet anders. Er zijn nog andere mensen uit mijn verleden die meer weten en beter hadden moeten weten, en zij zullen daarmee vrede moeten zien te vinden, net zoals ik. Misschien dat ik Lee ooit zal kunnen vergeven. Dat zal beter lukken als ik een manier vind om mezelf te vergeven. Maar de waarheid is, althans voor mij, dat seksueel misbruik van kinderen zelden of nooit eindigt met vergeving. Het leidt slechts tot zelfverwijt, schaamte en een intense, tegen jezelf gerichte woede.

Seksueel misbruik van kinderen.

Sommige mensen lezen die frase en voelen afschuw, anderen worden geprikkeld, weer anderen boos, of opgewonden. Interessant om te merken wat alleen al het opschrijven van die vier woorden met me doet: ik wil nu even stoppen en iets destructiefs gaan doen, iets wat me afleidt, alles om deze gevoelens maar niet te ervaren. Dertig jaar later lig ik daar nog steeds, tegen de grond gedrukt, met pijn en met de schaamte dat het allemaal mijn eigen schuld is. Enkel omdat ik er nu iets over schrijf. De enorme kracht van die shit is beangstigend. Hoe het je met een achteloze grijns nog steeds volledig uit het lood kan slaan.

Toen het Jimmy Savile-schandaal uitbrak vroeg *The Daily Telegraph* mij daar iets over te schrijven. Ik had inmiddels een stem gevonden en een zekere status in de media gekregen waardoor ik me over dit soort onderwerpen kon uiten, alles in de hoop een kleine bijdrage te leveren aan de veranderingen waar de groeiende publiciteit rond dit thema toe leidde. Dat artikel is achter in dit boek opgenomen. Na het schrijven van dat stuk was ik een paar weken gevloerd, omdat ik... Nou ja, ik geef daarin lucht aan iets wat eigenlijk het liefst in het donker wil wegkruipen om aan mijn binnenste te vreten.

Maar het is enorm belangrijk om zulke onderwerpen vol in de schijnwerpers te zetten. En de honderden steunbetuigingen en bedankjes van mensen met vergelijkbare ervaringen waren voor mij een teken dat er nog veel meer over gepraat moet worden.

Denis en ik hadden een beginnetje gemaakt met mijn muzikale carrière. Een cd, wat publiciteit, een paar recitals. We hadden een paar goede ideeën en we boften dat GHP met ons in zee wilde, het boekingsbureau dat van oudsher de tournees van theatertroep Stomp verzorgt en zowel concerten op klassieke podia als daarbuiten voor ons regelde. Het was genoeg om me van de straat te houden, maar al zat ik nu in rustiger vaarwater, ik had nog iedere dag momenten van pure paniek: angst om te falen, angst voor een lege concertagenda, de gruwelijke gedachte dat ik alles op alles had gezet om concertpianist te worden en dat het ieder moment fout kon gaan en ik een totale mislukkeling zou blijken te zijn. Dat gevoel heb ik altijd gehad, wat voor werk ik ook deed: als hamburgerbakker in de Burger King of als snelle jongen in de City. Ik ben erop geprogrammeerd om het ergste te verwachten, om geloof te hechten aan elk negatief stemmetje in mijn hoofd en te denken dat het allemaal vreselijk mis zal gaan. Zo is het nou eenmaal. Het voordeel is dat het me scherp houdt, leergierig en hardwerkend. Het nadeel... nou ja, dat ik gestoord, gestrest en gruwelijk jaloers op andermans succes ben.

Met mijn bonte troep technici en producers doken we bovendien weer de studio in om mijn tweede cd op te nemen, *Now Would All Freudians Please Stand Aside*. Die titel is een van mijn favoriete citaten van Glenn Gould. Gould, de muziekfreak die het echt totaal aan zijn reet kon roesten wat anderen van hem of van zijn spel dachten. Hij speelde Bach zoals niemand ook maar kan hopen het ooit na te doen, hij stond op de voorkant van *Time*, een van zijn opnamen ging mee in de Voyager-ruimtesonde om aan buitenaardse levensvormen te laten horen tot wat voor moois de mensheid in staat is, en hij overleed in 1982 aan een zware beroerte, waarschijnlijk in niet geringe mate veroorzaakt door zijn enorme medicijnverslaving. Hij was al idioot jong gestopt met het geven van concerten, omdat hij het gevoel had dat het publiek hem altijd vijandig gezind was en zat te loeren op een fout van hem. De rest van zijn leven bracht hij dus door in de opnamestudio, omdat hij (terecht, zo bleek) geloofde in de toekomst van de opnametechnologie en de grote vooruitgang die daarin werd geboekt. Hij was verzot op de veilige omgeving van de studio, de geborgenheid die hij daar ervoer, en nu ik zelf vijf albums heb opgenomen kan ik me daar helemaal in vinden. Ik heb in de studio een paar van de meest bevredigende, intense uren van mijn leven doorgebracht.

Gould was ook knettergek. Hij hulde zich hartje zomer nog in een dikke overjas, hoed en sjaal, dompelde voor het spelen zijn handen in kokend heet water, slikte pillen of het snoepjes waren, ging om drie uur 's nachts vrienden (of vreemden) bellen om tegen ze aan te lullen, zelfs terwijl zij doorsliepen, speculeerde op de beurs, was het liefst alleen en is de enige klassieke musicus wiens roem ooit zo dicht die van een popster benaderde. In zijn jonge jaren had hij ook de looks van een knappe filmster. En zijn pianospel was goddelijk. Ik wil wedden dat geen klassieke plaat zo vaak op lijstjes van cd's 'om mee te nemen naar een onbewoond eiland' prijkt als zijn twee historische opnamen van de Goldberg-variaties.

Voor *Freudians* besloot ik weer een gemengd programma op te nemen. Ik heb het nooit zo'n goed idee gevonden om albums helemaal aan één componist te wijden, zeker niet als je een nieuw publiek wilt aanspreken. Het is altijd goed om wat variatie te bieden, en Bach, Beethoven en Chopin zijn mijn heilige drie-eenheid. De vaardige handen van Mike Hatch die het mengpaneel en de microfoons bedienden en de geniale producer John West (ons nu helaas ontvallen door die kloteziekte kanker) maakten het mij veel gemakkelijker dan ik verdiende. De mannen achter de schermen krijgen nooit genoeg credit, en zij waren er meesters in om van mijn dubieuze gepingel iets te brouwen wat nog een beetje fatsoenlijk klonk.

Freudians blijft mijn favoriete plaat en het album waar ik het meest trots op ben, misschien omdat het twee van de grootste meesterwerken aller tijden bevat, Beethovens sonate opus 109 en Bachs zesde partita. We hebben er ook een paar interviews aan toegevoegd, waarin ik wat vertel over de muziek en het opnameproces, hopelijk zonder dat zelfvoldane toontje waar muzikanten maar al te snel in vervallen als ze het hebben over (denk er een Amerikaans accent bij:) 'mijn *creative* proces'.

Weet je wat het is met carrière maken? We zijn zo verliefd geworden op en gewend geraakt aan het soort beroemdheid à la minute dat gepropageerd wordt door programma's als *X Factor* en *Britain's Got Talent*, dat je maar al te gemakkelijk het gevoel kunt krijgen dat het allemaal niet snel genoeg gaat. Er waren – en er zijn nog steeds – momenten waarop ik zou willen dat het allemaal wat harder opschoot met die carrière van me. Maar dan kijk ik naar succesvolle vrienden die ik bewonder: Benedict Cumberbatch, die zich meer dan tien jaar tevreden moest stellen met bijrolletjes in *Heartbeat* en onopgemerkte theaterproducties voordat hij doorbrak met *Sherlock*. En Derren Brown, die nog veel langer in nachtclubs in Bristol heeft moeten schnabbelen voordat zijn carrière ineens als een vuurpijl de lucht in schoot.

Ik heb een ingebakken angst dat alles wat goed is me zal ontglippen. Dat er niets gebeurt als ik er niet zelf achteraan zit en toezie op de kleinste details en blijf dubben en piekeren en drammen. Terwijl niets slechter is voor je carrière dan dat. Het kan op de korte termijn succes opleveren, maar je houdt het niet vol: iedereen gaat je een enorme lul vinden en niemand wil nog met je werken.

De moeilijkste les die ik heb moeten leren is om me te ontspannen en gewoon te genieten van wat er vandaag gebeurt, erop te vertrouwen dat ik goed bezig ben en dat de mooie dingen vanzelf wel zullen komen als het zover is. Die les heb ik me nu zo goed ingeprent dat ik onverwacht succes wantrouw. Dat kan volgens mij nooit lang duren. Het is net als met relaties: je kunt een intense, hartstochtelijke affaire met geweldige seks hebben die een waanzinnige stoot dopamine in je hersenen pompt, maar dat is doorgaans geen lang leven beschoren. Rustig aan doen, je ergens geleidelijk aan overgeven, steeds nieuwe dingen leren en genieten van de reis: dat is de manier om een fundament te leggen dat je hele leven meegaat.

Dat besef begon me een beetje te dagen toen ik een contract kreeg van Warner Bros Records. *Freudians* kreeg goede recensies, ik speelde concerten in Londen en op de grote festivals (Cheltenham, Hay, Latitude) en schreef stukjes voor *The Telegraph* over alles wat me bezighield, van Formule 1 (de mooiste sport ter wereld) tot Twitter en Beethoven: ik was gewoon lekker bezig. En rond die tijd werd ik ook voorgesteld aan Stephen Fry.

We leerden elkaar kennen via mijn weldoener, sponsor en steun in barre tijden, Sir David Tang. Hij had gebeld om me uit te nodigen voor een concert en we spraken af om eerst iets te drinken in Claridge's Hotel. Hij zei dat Stephen Fry meeging naar het concert en ook meekwam naar het hotel. Dus ik daarheen, zoals altijd natuurlijk een uur te vroeg. Zit Fry daar in de bar al achter een martini. Hij kijkt wat verschrikt als ik me aan hem voorstel, maar als hij hoort dat ik een vriend van Sir David ben en meega naar het concert, laat hij me aanschuiven. Ik vraag wat hij de laatste tijd zoal gedaan heeft (best bijzonder voor mij, want meestal begin ik meteen over mezelf te lullen) en hij zegt dat hij een tv-serie heeft opgenomen over bedreigde diersoorten en net terug is uit Nieuw-Zeeland of Zanzibar of zoiets. En ik, een beetje nerveus, een beetje een lul die de aandacht wil trekken, zeg tegen hem: 'Gast, wie geeft er nou ene moer om een of ander achterlijk vogelbekdier in de middle of nowhere? Kun je je niet beter op het leed dichter bij huis richten, mensen die creperen, die eenzaam en ongelukkig zijn en totaal naar de klote gaan? Jezus nog aan toe. Flikker toch op zeg.'

Hij kijkt me een beetje verbluft aan en probeert er iets tegen in te brengen. We kennen elkaar net een minuut en hebben al meteen enorme ruzie. Ik blijf hoog van de toren blazen en krabbel geen millimeter terug en hij blijft zo beleefd als in zo'n situatie maar mogelijk is. De rest van de avond doen we koeltjes tegen elkaar, en omdat ik mezelf een beetje schaam vind ik het makkelijker om maar gewoon te denken dat hij een lul is, wat ik hem ook laat weten, en verder probeer ik te doen alsof hij lucht is.

En 's avonds laat kom ik thuis en ik ben nog niet binnen of ik krijg een tekstberichtje: 'James, was enig je te leren kennen, je bent een fijne vent. Laat dat cynisme varen, het past niet bij je en het leven wordt zo veel makkelijker als je dat loslaat, veel liefs, Stephen xxx.'

Wat een gozer. Er is een piepklein groepje mensen in mijn leven die er keer op keer in slagen mijn waanzin met liefde te beantwoorden. Hij is een van hen.

Dus we werden maatjes en zagen elkaar vaker. Hij kwam naar een van mijn concerten in de Proud Galleries in Camden. Zo'n typische Noord-Londense hotspot met hippe schilderijen, muren van ruwe baksteen en mensen met Cutler and Gross-brillen en perfect getrimde baardjes. Ze hadden er een prachtige Steinway neergezet en ik speelde redelijk goed. Ik was zo stom wat werk van Alkan op het programma te zetten omdat ik wist dat het een van Fry's lievelingscomponisten is en ik hunkerde (en hunker nog steeds) naar zijn goedkeuring. Alkan was een geweldige klootzak: hij schreef muziek die bijna niet te spelen zo moeilijk is. Maar ik sloeg me erdoorheen, meer op adrenaline dan talent, en het werd goed ontvangen. Stephen tweette vervolgens dat ik 'retegoed' had gespeeld, en ergens in West-Londen werd die tweet gelezen door Conrad Withey, een van de grote bazen bij Warner Bros UK, die daardoor naar mijn cd's ging luisteren.

Binnen een paar maanden kregen Denis en ik een contract aangeboden bij het poplabel van Warner. Dat was indertijd iets heel opmerkelijks. Ze hebben ook een belangrijk en prestigieus klassiek label, Warner Classics & Jazz, maar het idee om bij een poplabel te zitten terwijl ik gewoon serieuze klassieke muziek bleef spelen vond ik helemaal te gek. Eindelijk kon ik de strijd aangaan met de gettovorming rond klassieke muziek en kon ik echte vooruitgang gaan boeken met behulp van een heus marketingapparaat (die lui brengen nota bene ook Metallica en Muse aan de man).

We gingen de studio in om mijn derde album op te nemen, *Bullets and Lullabies*. Het moesten twee cd's worden, één snel en één langzaam; één om bij wakker te worden en één om bij weg te dromen. Denis heeft een paar jaar als dj gewerkt en vond het een geweldig idee om een klassieke *set list* te maken die verschillende werken in een soort verhaallijn samenbracht. Ik vond het zelf vooral cool om minder bekende maar waanzinnig goede componisten als Alkan, Blumenfeld en Moszkowski naast Chopin en Beethoven te kunnen zetten. Ik dacht echt dat dit het ging worden, het grote doorbraakalbum waar iedereen het over zou hebben. De plaat klonk geweldig, het artwork zag er prachtig uit (dankzij de waanzinnig getalenteerde Dave Brown, beter bekend van zijn werk als acteur in de comedy *Mighty Boosh*), ik kreeg uitnodigingen voor de Q Awards en kreeg gratis kleding toegestuurd, en zo stapte ik al snel in de gebruikelijke valkuil: je wordt een publiciteitsgeile idioot die gaat geloven in al die egocentrische bullshit dat je zo bijzonder bent.

Een paar maanden na de release van ons album werden we benaderd door Sky Arts. Die tv-zender wilde een serie over klassieke muziek die niet te belegen was. Het hoofd van Warner had al contact met Sky gehad en dit leek me een mooie kans om meer tv-werk te doen. Het resulteerde in de zevendelige serie *Piano Man*. In iedere aflevering stond één werk of een serie kleinere werken centraal. Daar vertelde ik dan wat over, met prachtige MTV-achtige grafische titels, en ik speelde stukken uit het serieuze klassieke repertoire zonder dat daar een commentaarstem overheen ging praten: de muziek stond volledig centraal. De serie werd geproduceerd door Fresh One, de productiemaatschappij van Jamie Oliver, en dat was het begin van een heel prettige en productieve relatie met een fantastisch team. Nu ik wat langer meedraai, weet ik dat ik enorm heb geboft dat ik meteen bij een bedrijf belandde dat mij vanaf het begin met zo veel raad en daad ter zijde stond: ik ben dol op die lui.

Helaas leken de bazen van Warner en Sky Arts ieder te denken dat de ander de publiciteit voor de serie wel voor zijn rekening zou nemen (niemand geeft graag geld uit als het niet echt hoeft). Dus net als twee debiele tieners in een wedstrijdje 'wie het eerst met zijn ogen knippert' staken ze *allebei* geen poot uit. Denis smeekte ze bij de eerste vergadering al om de handen ineen te slaan en te zorgen dat deze serie een succes werd. Hij benadrukte dat het klassieke muziek was en geen pop, dat ze dus alle zeilen bij moesten zetten om te zorgen dat het zou aanslaan. Dat was te veel gevraagd, zeker van Warner, gewend als dat was om te werken met bands die al een groot succes waren en met muziekgenres die niet uit zo'n enorm diep coma hoefden te worden gewekt als klassieke muziek.

Al keken er misschien maar drieënzestig mensen naar het programma, de opnamen waren hartstikke leuk om te doen en ik kreeg een indruk van wat je kunt bereiken met deze muziek, een fantastische regisseur en een redelijk budget. Met een heel team slaagden we erin een genre dat weinig mensen interesseert te presenteren zonder bullshit en met volle concentratie op het enige waar het om gaat: de muziek zelf. En eerlijk is eerlijk, *Piano Man* lijkt nu met enig succes de wereld rond te gaan. Ik krijg nog steeds in allerlei exotische talen ongelofelijk aardige reacties op dat programma. En mocht je ook benieuwd zijn geworden: bij Amazon is de hele serie voor een prikje te koop.

Toen werden Denis en ik weer om de tafel geroepen door de mensen van Warner, die ons vertelden dat ze mij in de Royal Variety Show hadden weten te krijgen: letterlijk vijftien miljoen mensen zouden me op dat gala live zien spelen voor de koningin. Ik raakte buiten zinnen. Geen wonder dat ze aan de publiciteit voor de tv-serie niet te veel geld wilden besteden: dit was gratis publiciteit in het kwadraat.

Iedereen werd dolenthousiast, we spraken al over de tournees die zouden volgen, de enorme verkoopcijfers van de cd, optredens in de O2 Arena en tijdschriftomslagen. Maar de weergaloze Denis, altijd behoedzaam, altijd realistisch, bleef maar zeggen (niet alleen tegen mij maar ook tegen Warner): 'En wat als het nou niet doorgaat? Wat is plan B?' En tegen mij: 'Weet je zeker dat je hier klaar voor bent, als het doorgaat?' De mensen van Warner en ikzelf verzekerden hem dat het kat in 't bakkie was. Ik kondigde het zelfs aan op mijn website, vertelde het aan al mijn familie en vrienden en kon nergens anders meer aan denken.

En jawel hoor, een paar dagen voordat de show zou plaatsvinden hadden we bij Steinway een afspraak met de regisseur en de producent van het gala, en daar vertelden ze ons dat ze hadden besloten dit jaar wat minder aandacht aan klassieke muziek te schenken, dat ze voor een ander genre hadden gekozen.

Het was een enorme klap voor mijn ego. Ik schaamde me dood omdat ik het al mijn vrienden had verteld (die er stuk voor stuk hun schouders over ophaalden). Maar ik mag de hemel danken. Achteraf krijg ik het Spaans benauwd bij de gedachte dat ik in 2010 al die publiciteit op mijn dak had gekregen. Dat had ik nooit aangekund, ik was dan vast weer een in zichzelf mompelend wrak vol zenuwtics geworden.

Nadat we van de teleurstelling waren bekomen, pakten Denis en ik de draad weer op. Ik zette me gewoon weer iedere dag achter de piano, ik had geleerd om me niet te laten afleiden door schijnbaar goed nieuws, mijn oren niet te laten hangen naar hypes en speculaties, me slechts te richten op de taak die voor me ligt en die zo goed mogelijk uit te voeren.

We deden alles met ons tweeën, al hoorde je het merkwaardige verwijt opklinken dat we een enorme troep pr-mensen in dienst hadden. De waarheid was veel leuker: Denis en ik, sigaretten, sloten koffie en mijn keukentafel. We kregen natuurlijk wel hulp van een aantal mensen (Glynis Henderson van GHP, Simon Millward van Albion Media, het pr-bedrijf van Signum Records, John Kelleher en Conrad Withey van Warner), maar uiteindelijk kwam en komt het toch vooral neer op Denis en ik die om de tafel gaan zitten, een eind weg lullen en nieuwe ideeën spuien, een plan bedenken en dan maar duimen dat het allemaal goed uitpakt. *Small is beautiful.*

We zagen dat de hele muziekindustrie al een tijdje op zijn gat lag, dat jongeren nergens meer voor wilden betalen en dat de tijd voorbij was dat je achterover kon leunen en met minimale inspanning gigantisch kon verdienen. We zagen het helemaal zitten om nieuwe dingen uit te proberen, alles anders aan te pakken.

En we moeten toch iets goed hebben gedaan, want het

hoofd van BPI, de brancheorganisatie van de muziekindustrie, nodigde ons uit voor een gesprek en vroeg of ik hun gezicht wilde worden in de strijd tegen muziekpiraterij. Wat ongeveer het stomste is wat ik ooit heb gehoord. En dat heb ik ze ook gezegd. Waarom zouden mensen in godsnaam géén muziek jatten als de hele industrie hen decennialang heeft genaaid waar ze bij stonden en altijd te lamlendig is geweest om haar werk goed te doen? Omdat de platenmaatschappij het zo lief vraagt? Als ze muziekliefhebbers één goede reden konden geven om voor muziek te betalen, zei ik, dan wilde ik het wel doen. Met alle plezier. Maar de platenmaatschappijen moesten de handen eens uit de mouwen steken en niet blijven denken dat ze slapend rijk konden worden, ik was echt niet van plan publiekelijk te verklaren dat ze respect verdienen terwijl ze nog steeds twintig euro vragen voor een cd en zowel de musici als het publiek al decennialang besodemieteren.

En toen besefte ik: dat hele gedoe met het koninklijk gala en sommige giftige reacties in de pers bevestigden eigenlijk dat ik evenmin in de wereld van de gevestigde klassieke muziek als in die van de cross-over paste. Ik klooide maar wat aan in mijn eigen kleine niche, in de volle overtuiging dat wat ik deed de moeite waard was, en het besef dat het wel even zou duren voor ik een stevige basis had waarop ik verder kon bouwen.

Ook hier komt het belang van een goede manager om de hoek kijken. Denis is vaak eerder een verpleger/psychiater/grote broer dan een manager. Er zijn dingen waar ik bang voor ben, en als ik daarover zou twitteren of erover zou praten in interviews of ze op een andere manier bekend zou maken, heb ik het gevoel dat mijn carrière voorgoed naar de haaien zou gaan. Er zijn dingen die ik niet kan vertellen aan mijn geliefde, mijn familie, mijn vrienden en zelfs niet aan mijn psychiater. Maar Denis weet alles. Wij hebben al heel lang zo'n hechte relatie dat hij simpelweg een verlengstuk van mezelf lijkt te zijn, zodat ik voor hem niets te verbergen heb. Hij is er altijd, mijn steun en toeverlaat, een vaste waarde.

Hij doet natuurlijk ook allerlei managerswerk, daar heb je een manager tenslotte voor. Als ik even kijk hoe mijn pianowereld er momenteel uitziet: een tv-serie in aantocht op Channel 4. Overal ter wereld concerten, van het Opera House in Sydney tot Amerika, van Londen tot Barbados. Een live-dvd. Vijf cd's. Een eigen schoenenlijn. (Zeik niet: ze heten Jimmy Shoes, zolang we daarover tenminste geen proces aan onze broek krijgen, en ze zijn super. Ontworpen door Tracy Neuls, een fan die vond dat ik op het podium goede schoenen moest hebben die lekker zitten: dat doen ze zeker, en als je dit leest liggen ze al in de winkel.) Een inkomen waar veel conservatoriumstudenten niet eens van durven dromen. Hogere royalty's dan ik in de muzieksector ooit heb horen noemen. En dat heb ik allemaal aan hem te danken. Hij vlooit contracten uit, telefoneert zich suf, weet in onderhandelingen beleefd maar gedecideerd door te drukken, heeft altijd oog voor de langere termijn, heeft een plan en een visie en houdt daar onwankelbaar aan vast. Hij is een sympathieke en slimmere versie van Donald Trump in een wereld waarin ik, als ik op mezelf was aangewezen, alles gratis zou doen omdat ik allang blij ben dat ik muziek mag maken.

Maar daarnaast is er dus alles wat hij doet om mij op de been te houden, vaak zelfs met een lach, zodat ik meestal rustig kan slapen. Hij heeft in zijn leven ook bakken ellende over zich heen gekregen. Een vreselijke jeugd, geweld, trauma, pijn, liefdesverdriet en ernstige conflicten. En hij is er ongeschonden uit gekomen, met een wijsheid en die specifieke mengeling van liefde en compassie die alleen maar het gevolg kan zijn van een vergelijkbaar leed. Kantooruren kennen we niet. We hebben een 24/7-relatie, waarbij ik om vier uur 's nachts jankend bij hem kan aanbellen, voor een belangrijk concert nog even snel een rokertje met hem doe, hem kan overspoelen met een tsunami aan neurotische, klagerige berichtjes over geld, concerten, recensies, meisjes en mijn geestelijke en fysieke gesteldheid, in de wetenschap dat hij dan wel met een mooie, kalme en nuchtere reactie komt waar ik weer even mee voort kan.

Het is niet voor niets dat de mensen achter Lang Lang met mijn concertpromotor gingen lunchen om haar uit te horen over wat wij allemaal deden en hoe we dat deden. En toen *Razor Blades* net uit was, werd Denis gebeld door Michael Lang, het hoofd van Deutsche Grammophon (een van de meest prestigieuze klassieke labels ter wereld), die hem aanried nog geen contract bij een grote maatschappij te tekenen, want als we wat meer ervaring opdeden zou hij over een paar maanden of een paar jaar misschien zelf overwegen ons een contract aan te bieden.

'Een paar jaar?' lachte Denis toen. 'Michael, lees je de krant weleens? Waarom zouden we zo lang wachten? Volgend jaar sta jij waarschijnlijk op straat.'

En als Michael ons ook maar één goede reden had gegeven, hadden we het misschien nog overwogen. Maar Denis wist net zo goed als ik dat er maar één ding op zat, dat er maar één manier was om ons doel te bereiken: alles totaal anders doen en de gevestigde muziekindustrie zo veel mogelijk mijden.

Het is grappig, want in wezen zijn hij en ik gewoon twee lichtelijk gestoorde sukkels die een supergave manier hebben gevonden om mensen in contact te brengen met de waanzinnigste muziek die ooit is geschreven. En wat het ook al zo mooi maakt, is dat Denis totaal geen sjoege had van klassieke muziek toen ik hem leerde kennen. Nu luistert hij nergens anders meer naar, de monumentale werken die hij via mij heeft leren kennen zijn z'n nieuwe kindjes en hij heeft een hele nieuwe wereld in zijn hart gesloten. Hij is mijn doelgroep. Iemand die graag wat meer klassieke muziek zou willen horen maar niet weet waar hij moet beginnen, en die geen zin heeft om met allerlei weirdo's of bejaarden te moeten aanpappen om daarachter te komen.

Denis heeft me optredens bezorgd op podia en bij evenementen waar ik zelf nooit van had durven dromen. Het team van GHP en hij weten fatsoenlijke gages te bedingen voor een getatoeëerde, vuilbekkende stumper in jeans die misschien piano kan spelen op het niveau van veel conservatoriumstudenten, maar zeker niet beter. Zij hebben al hun vertrouwen, geld en energie in mij geïnvesteerd, zelfs toen het allemaal op niets leek uit te lopen.

In Groot-Brittannië gaat het soms wat moeizaam, het publiek is daar niet zo snel bereid om eens wat nieuws te proberen als het niet meteen toegankelijk lijkt, als je er moeite voor moet doen. Maar toen ik in 2011 op tournee ging door Australië, vond ik daar de bevestiging dat onze formule succes kan hebben. Twee concerten in Melbourne waren uitverkocht zodat we er nog een bij konden boeken, ik haalde het tv-journaal (om de goede redenen), ik speelde in Canberra, Sydney, Adelaide en Brisbane, *Bullets and Lullabies* stond in de top-20, het publiek bestond steevast uit begin-twintigers die nog nooit naar een pianorecital waren geweest en ik had er een paar fijne weken met veel bananenbrood, verrassende massages (vraag maar niet hoe happy die daar eindigen) en de constatering dat klassieke muziek ook een massale positieve respons kan uitlokken bij mensen die er normaal geen moer om geven.

De acteur Geoffrey Rush kwam naar een van mijn optredens in Melbourne. We hebben daarna samen een sigaretje gerookt en ik weet nog dat ik bij mezelf dacht: waar verdien ik dit allemaal aan? Vooral omdat ik de dag daarna bij ABC

News zat met David Helfgott, de man die door Rush zo schitterend was vertolkt in de film *Shine*. Helfgott had de live-uitzending van een van mijn concerten in Melbourne op de radio gehoord en hij vond het prachtig. Hij was en is een heel bijzonder mens. Een getroebleerde geest, manisch, eng, briljant en uniek. En een goede waarschuwing voor mij: zo kan het ook met mij aflopen als ik de boel echt uit de klauwen laat lopen.

Denis had in Londen naar de uitzending van het concert geluisterd en was letterlijk onder zijn dekbed gekropen van schaamte toen hij me voor al die brave Australische luisteraars op de radio moppen hoorde tappen over de holocaust, aids en seks met dwergen. Laat ik het maar aan de jetlag wijten. En ik ben helemaal verliefd op de aussies, omdat ze me toch zo warm en hartelijk hebben ontvangen.

Eenmaal terug in Londen besefte ik dat ik bij Warner misschien toch niet goed zat. Toen de Royal Variety Show niet doorging, hadden ze geen plan B en werd ik in feite opgegeven. Ik heb veel respect voor die lui en ze hebben veel tijd en moeite in me gestoken, maar we pasten gewoon niet zo goed bij elkaar. Ik was onder contract bij het grootste poplabel ter wereld maar ik had er niets aan. Je kunt een koe geen ei laten leggen, hoeveel tijd en geld je er ook in stopt. Als we een manier hadden gevonden om er wel iets van te maken was ik zeker gebleven. Maar Beethoven promoten als je het gewend bent om Green Day en Linkin Park aan de man te brengen bleek toch een stap te ver, hoe goed en oprecht hun bedoelingen ook waren. Dus scheidden onze wegen zich.

Ik wilde een live-album opnemen en klopte daarvoor weer aan bij Signum. Steve Long, de baas van dat label, was enorm hartelijk en behulpzaam. Op basis van twee concerten in een zaal in Brighton hebben we toen mijn vierde album gemaakt, *Jimmy* (mijn roepnaam voor vrienden).

Het leuke was dat die cd niet alleen muziek bevat maar ook al mijn inleidingen en praatjes tussendoor. Het is in feite een exacte weergave van het concert, compleet met hier en daar een foute noot, veel gebabbel en gelach en hopelijk ook de unieke energie van een live-uitvoering, die in de opnamestudio zo moeilijk na te bootsen is. Jezus, wat klinkt dat pretentieus. Maar je snapt wel wat ik bedoel. Met de praatjes erbij is het volgens mij een echt, eerlijk livealbum, het eerste in zijn soort binnen de klassieke muziek. En ik voel ook wel enige puberale trots dat dit het eerste klassieke-muziekalbum is met een sticker die waarschuwt voor grof taalgebruik.

Die cd verscheen eind 2011, en 2012 en 2013 waren twee van de mooiste jaren van mijn leven, zowel persoonlijk als professioneel.

TRACK 17

Schubert, Pianosonate nr. 20, D959, tweede deel

Alexander Lonquich, piano

(Als je die opname ergens kunt vinden. Anders speelt Severin von Eckardstein dit ook met gepaste waanzin.)

In 1994 kwam EMI met wat ik de mooiste cd met pianomuziek van Schubert aller tijden vind, van de jonge pianist Alexander Lonquich. De uit het Duitse Trier afkomstige Lonquich woonde toen in Italië en was de rijzende ster bij EMI.

Je moet bedenken dat er in die tijd nog serieus geld te verdienen viel met klassieke muziek. EMI beleefde hoogtijdagen, had een enorm marketingbudget en een grote, trouwe schare fans. Het belangrijkste werk op deze cd was Schuberts gigantische sonate in A-groot, D959. Net als bij Beethoven gelden bij Schubert zijn laatste drie pianosonates (waarvan dit de tweede is) als de kroon op zijn pianistieke oeuvre. Het zijn verbluffende, hemelse, hypnotiserende werken van onsterfelijke waarde. Schuberts waanzin komt nergens duidelijker tot uiting dan in dit bipolaire langzame deel, waarin alle schijn van tonaliteit en structuur overboord gaat, en het laatste deel van de sonate is zo geniaal dat ik er honderd keer naar kan luisteren (heb ik ook gedaan) en iedere keer weer in vervoering raak. Het is volgens mij het allermooiste wat hij ooit geschreven heeft.

Dit werk is door honderden pianisten opgenomen, maar de opname van Lonquich is van een totaal andere orde. Hij presteert het onmogelijke, hij weet zelfs in de passages waarin de waanzin ten top stijgt nog de indruk te wekken dat er ruimte tussen de noten zit. De muziek dringt je oren in en neemt je hersenen gewoon over. Ik weet dat het pretentieus klinkt en heel erg on-Engels, maar ik hoorde dit voor het eerst na een pianoles in Verona, toen ik met een kopje van de lekkerste koffie ter wereld op een terrasje in de zon zat, en ik begon ter plekke te huilen om de genialiteit die hieruit sprak. Zo'n krachtige herinnering aan alles wat mooi is op aarde.

De klank die Lonquich produceert, zijn verbluffende techniek, de manier waarop hij ervoor zorgt dat de hele sonate doordringt tot in iedere vezel van je lichaam zodat je met open mond zit te staren: het is een prestatie van formaat. Het is een cd die ik steeds maar weer draai en draai en draai.

En terzijde nog iets wat mij erg intrigeert: ondanks de grote gages van die tijd, de dikke marketingbudgetten en trouwe fans en de hele publiciteitsmachine van EMI, heb ik me door een goede vriend en voormalig huisgenoot van Lonquich die zelf ook in het vak zit, laten vertellen dat er van dit album, deze prachtig opgenomen, grensverleggende nieuwe Schubert-vertolking, tot op de dag van vandaag iets meer dan zeventig exemplaren zijn verkocht. Zeventig.

De pret begon in 2012 met Channel 4. Via de productiemaatschappij die de tv-serie voor Sky Arts had geproduceerd werden we door Channel 4 gevraagd een documentaire te maken over muziek en geesteszieke. Perfect natuurlijk. Het gebeurt maar al te vaak dat iemand in mijn positie voor een tv-programma op een van de grote zenders wordt gevraagd en dan uiteindelijk iets moet maken wat volledig indruist tegen zijn ideeën en idealen. Maar dat doe je dan toch, want ja, het is Channel 4 of de BBC of ITV of zoiets. Ik had het geluk dat ik meteen iets kreeg aangeboden dat me lag. Door de serie op Sky Arts en de BBC-documentaire over Chopin was ik inmiddels aan de camera gewend, ik was dol op het hele proces, en Denis en ik hadden altijd gedroomd van een programma op een openbare zender, niet achter de decoder. Toen ik nog in de City werkte hadden we het altijd over 'marketingkanalen'. En het ideale marketingkanaal voor klassieke muziek was tv. Dat was de snelste en effectiefste manier om klassieke muziek bij mensen in de huiskamer te krijgen. De grote labels zeurden altijd dat ze dat zo graag wilden, dat het zo'n krachtig medium was, maar ze konden nooit de mensen vinden om zoiets te doen.

We zouden in juli 2012 beginnen met filmen. Het idee was dat ik naar een gesloten inrichting zou gaan (ditmaal als bezoeker) om daar met enkele van de kwetsbaarste patiënten te praten over hun ziektegeschiedenis, en dan moest ik een pianowerk uitkiezen waarvan ik dacht dat het hun zou aanspreken, en dat voor hen spelen op een reusachtige Steinway. Daarmee wilde ik getuigen van de enorme kracht van de muziek, het vermogen van muziek om zelfs door de zwaarste medicatie heen te breken en misschien een sprankje licht te werpen in wat verder een absolute kutsituatie is.

Ik weet dat muziek een helende kracht heeft. Ik weet dat de muziek mijn leven heeft gered, me altijd een gevoel van veiligheid en hoop heeft geboden toen ik die elders niet vond. En het was een buitenkansje om daar nu iets mee op tv te doen. Helaas liep enkele dagen voor het begin van de opnamen mijn relatie stuk, en ditmaal leek het voorgoed te zijn.

Het zat er al een tijdje aan te komen. Hattie en ik hielden zielsveel van elkaar maar we zaten niet meer op dezelfde golflengte. Zij wilde trouwen en kinderen krijgen en na mijn vorige echec op dat vlak durfde ik dat niet meer aan.

Zij had ook zo haar trauma's, waardoor ze kwetsbaar was en moeite had om vertrouwen te hebben in zichzelf en in mij, en ik maakte het haar niet gemakkelijker met mijn voortdurende overheersende en arrogante gedrag. Uiteindelijk besloten we dat we er beter mee konden kappen en eind juni ging ze bij me weg.

En het trieste is: zodra we dat hadden besloten wist ik dat ik een grote fout maakte. Niets is makkelijker dan vluchten. Voor alles, niet alleen voor relaties. Zo hoef je geen verantwoordelijkheid te nemen en niet de lessen te leren die je op een gegeven moment toch eens móet leren. Je kunt lekker blijven zwelgen in zelfverwijt en het besef, althans in mijn geval, dat je dezelfde shit bij iemand anders gaat herhalen.

Terwijl ik naar die kliniek enkele uren buiten Londen afreisde en met de opnamen begon, zocht zij haar spullen bij elkaar en vertrok uit ons appartement. Met als gevolg dat ik met een filmploeg in een psychiatrische inrichting zat terwijl ik dood wilde van eenzaamheid, angst en ellende. Nou ja, het leverde in elk geval mooie tv op. Ik heb er een paar weken gezeten en heb daar opmerkelijke patiënten gesproken en verhalen gehoord die ieder voorstellingsvermogen te boven gingen, en die om juridische redenen vaak het programma niet haalden. Het was al een heel karwei geweest om toestemming te krijgen daar te filmen. Het is in ons land zo erg gesteld dat veel mensen van het personeel ons ervan verdachten dat we eigenlijk van een onderzoeksprogramma zoals *Panorama* waren, dat we onder het mom van een docu over muziek en psychiatrie stiekem medische wanpraktijken aan de kaak wilden stellen, de wereld wilden tonen hoe abominabel de patiënten daar werden behandeld en hoe slecht het ervoor stond met de zorg.

Een onzinnige gedachte, want de verzorgers waren daar stuk voor stuk geweldig. De patiënten waren gedwongen opgenomen en hadden al vele jaren, in veel gevallen zelfs decennia, in inrichtingen doorgebracht. Ze hadden vaak een gewelddadig verleden, waren een gevaar voor zichzelf en hadden verbijsterend akelige symptomen en ziektegeschiedenissen. En hoe langer we daar zaten, hoe meer mijn eigen geestelijk evenwicht begon te wankelen. De ziekenhuisgeur, de roosters met medicatietijdstippen aan de wand, de vloerbedekking, de typische sfeer van wanhoop, droefheid en alles wat je in een inrichting vindt: het bracht heel mijn verleden weer naar boven, en de enige persoon met wie ik daar dolgraag over wilde praten was uit mijn leven vertrokken.

De filmploeg was fantastisch, we deden alles wat we van plan waren geweest, de patiënten waren zowel confronterend als inspirerend en de regisseur had blijkbaar genoeg materiaal voor een film van 47 minuten.

Het was laat op de zondagavond dat ik weer vertrok en de trein terug naar Londen nam. Het zeikte van de regen. Ik liep mijn lege woning in, Hattie's sleutels lagen netjes op tafel, alles keurig aan kant, zielloos en stil. Ik ging zitten en begon een potje te janken, vond mezelf reuze zielig. En de gruwelijke, geniepige en maar al te vertrouwde kilte van mijn verwoestende depressiviteit klopte weer aan.

Een depressie gedijt bij ledigheid. En ondanks alle concerten, film- en cd-opnamen en schrijfklussen voelde ik ineens een grote leegte. Er stond heel weinig op de agenda, ik was bekaf na mijn relatiebreuk en de intense periode van hard werken aan de documentaire, ik zat alleen in mijn appartement, met mijn zoon aan de andere kant van de oceaan en vrienden die druk waren met hun eigen leven. Ik had Denis wel, die heb ik altijd, maar wanneer mensen zoals ik eenmaal in de put zitten, kruipen we daar liever in weg dan dat we eruit proberen te klimmen. We zijn zo stom en hardleers als motten die om een lamp fladderen.

Sinds mijn ziekenhuisopname had ik niet meer zo sterk de aandrang gevoeld om voorgoed te verdwijnen als in de twaalf maanden die hierop volgden. Die zweverige mantra uit de zelfhulpsfeer, dat alles zijn tijd heeft, dat het wel komt als je het nodig hebt, dat je eerst helemaal aan de grond moet zitten, dat je door de shit heen moet in plaats van eromheen: dat klopt helaas. Voor mij tenminste. Als ik een paar kilo zwaarder was geweest, als mijn gestel bestand was geweest tegen alcohol, heroïne en crack, als ik een hoop poen had gehad en geen bezwaar tegen seks met hoeren, dan had ik al die shit op een andere, minder onaangename manier kunnen afreageren. Maar nu werden tijd, ruimte en eenzaamheid me eindelijk opgedrongen door een macht die groter was dan ik, en pas nadat ik me daar doorheen had geslagen bleek ik klaar om een behoorlijk leven te leiden.

Rouw heeft geen zeven fasen. Niet in mijn ervaring. Waarom moet alles worden gereduceerd tot hapklare, hanteerbare, begrijpelijke brokken? Zijn we echt zo stompzinnig dat we niet kunnen leven zonder vastomlijnde categorieën en definities? Ik had gewoon één lange fase en het was een regelrechte hel. Mijn stemming kon ieder moment omslaan van intense woede in ontroostbaar verdriet, in radeloosheid, wanhoop en volstrekte leegte. Af en toe was er een moment van respijt, meestal als ik maar twee uur had geslapen en te moe was om nog iets te voelen. Af en toe een terugval in destructief gedrag en zelfverminking, een paar rampzalige dates, één korte krankzinnige affaire en een zielloze onenightstand, maar verder was het vooral heel veel alleen zitten en piekeren en al die emoties ondergaan. Zonder pillen. Dat was een primeur voor mij, en het was onvermijdelijk, hoogst noodzakelijk en uiteindelijk, meer door dom geluk dan iets anders, verlossend en helend.

Ik belandde in een soort troosteloze routine. Een paar

uur slapen, om drie of vier uur 's nachts opstaan, gigantische pot koffie zetten, paar uur achter de piano in mijn logeerkamertje, nog meer koffie, eindeloos veel sigaretten, talkradio als gezelschap, nog meer pianospelen, naar de Starbucks sjokken zodra die open was en daar met openlijke vijandigheid zitten staren naar stelletjes die hand in hand naar hun werk liepen. Glazige blik, 'rot op' onzichtbaar op mijn voorhoofd getatoeëerd en iedere dag gewicht verliezen. De enige focus in mijn leven was het gebrek aan focus. En dat is doodeng voor iemand die heeft gekampt met zelfverminking en zelfmoordgedachten. En het pijnlijkste was nog niet eens dat ik mijn grote liefde had verloren, maar dat zij – in mijn gedachten natuurlijk – huppelend door het leven ging, spectaculaire seks had met een hele reeks knappe, goedgebouwde, rijke mannen, iedere dag tot de kleine uurtjes aan het feesten was en alleen maar liep te kirren van genot.

Ik weet dat dit niets nieuws is. Het is wat een miljoen arme stumpers iedere dag overkomt. Maar als je toevallig zelf in zo'n klotesituatie bent beland, heb je toch altijd het gevoel dat jij de enige bent. Jouw leed en verdriet zijn altijd beklagenswaardig uniek.

Denis en diverse andere vrienden deden hun best om me te helpen, maar ik denk dat ik niet geholpen wilde worden. Het was duidelijk dat dit verdriet niet alleen werd veroorzaakt doordat we uit elkaar waren. Het was meer dan dat. De meeste mensen zouden na een paar weken de knop omdraaien, iets anders gaan doen, het als een goede les beschouwen. Hattie en ik waren vijf jaar bij elkaar geweest: best een tijdje, maar nog niet wat je noemt héél lang. We hadden geen kinderen, waren niet getrouwd, hadden alleen een paar jaar samengewoond. En toch kon ik het gemis niet verdragen. En de pijn werd alleen maar erger...

Zes maanden later lag ik nog steeds in de kreukels. Alles

wat ik zag deed me aan haar denken, alles wat ik deed was betekenisloos omdat zij er niet bij was. Ik haat mezelf nog steeds een beetje voor het zelfmedelijden waarin ik leek te zwelgen. Ik was een nachtmerrie voor iedere vriend. Het oeverloze gezwam, het almaar doorzagen over mijn verdriet zonder enige interesse te tonen in ander nieuws.

Niets hielp en het begon te voelen als een race tegen de klok. Ik was bang dat ik het er niet levend af zou brengen als het nog lang zo doorging. Ik liet een nieuw testament opmaken, schreef afscheidsbriefjes voor een kleine kring intimi, speelde met de gedachte om er voor eens en voor altijd een eind aan te maken. En weer was het Jack die me ervan weerhield, louter het feit van zijn bestaan. Ik maakte een afscheidsvideo voor hem, keek die terug en besefte meteen dat dit geen oplossing was. Ik kon het niet, ik kon hem absoluut niet in de steek laten. Dat we elkaar slechts een paar keer per jaar zagen maakte helemaal niets uit.

Af en toe gaf ik op de automatische piloot een concert (sombere, door jetlag geplaagde recitals in Chicago en Hongkong en een paar in Londen), ik studeerde iedere dag en deed wat ik kon om minimaal te blijven functioneren.

Het fijne was wel: al voelde ik me nog zo klote en al gaf ik concerten die ik soms goed genoeg, maar soms ook vrij zwak vond, het publiek bleef steevast enorm positief en hartelijk reageren. Ondanks al mijn ups en downs en de hele mallemolen van zelfkritiek in mijn hoofd bleven die reacties ongelofelijk lief en bemoedigend.

Een hoogtepunt was mijn trip naar Oostenrijk, waar ik op één dag twee concerten zou geven. Bij aankomst werd ik naar het huis van de Britse ambassadeur gereden, waar ik anderhalf uur speelde voor een publiek van chique Weense en Engelse societyfiguren en 'invloedrijke mensen' (wat dat ook moge betekenen). Meteen daarna werd ik voor mijn avondrecital naar het Konzerthaus gebracht: een concertzaal met een roemrijke traditie en geschiedenis, vergelijkbaar met de Londense Wigmore Hall.

De artiestenvertrekken waren voorzien van een koelkast vol chocola, een Nespresso-apparaat, bananen en Haribo (zo doe je dat dus, Southbank Centre). En nog fijner: een rookkamer, waar ik mijn koffie dronk en aan de praat raakte met een paar violisten en cellisten, die in de Wiener Philharmoniker bleken te zitten. Ik voelde me als een voetbalsupporter die ineens in de spelerskantine op Stamford Bridge is beland. Blozend kletste ik daar een paar minuten over muziek (dirigent Sakari Oramo blijkt een toffe peer te zijn) en snelde toen halsoverkop naar de piano, want ik was alweer bijna vergeten dat ik daar Beethoven, Schubert en Chopin moest spelen voor een uitverkocht Konzerthaus in fucking Wenen.

En het ging goed. Althans goed genoeg. Zo goed als ik mag hopen. Vijf toegiften en de heerlijke gewaarwording dat ze het in Wenen niet erg vinden als je de draak steekt met hun grote helden: toen ik Schubert vergeleek met Franck Ribéry (allebei klein en foeilelijk maar geniaal) werd er echt gelachen, en heus niet alleen door mijn moeder, die was meegereisd en niet eens weet wie Franck Ribéry is.

Ik zal ze altijd dankbaar blijven, die zaal vol vreemden die met hun applaus en waardering mijn leven een beetje kleur gaven en iets minder angstaanjagend maakten.

Rond Nieuwjaar sloeg mijn stemming om van somber naar gevaarlijk. Ga nooit, maar dan ook nooit op Facebook zitten zoeken naar bewijzen dat je ex zonder jou nu de tijd van haar leven heeft. Nooit. Want wat bleek? Hattie's nieuwjaarsnacht beloofde precies te worden wat die voor een mooie jonge meid in Londen hoort te zijn: kerels, feestjes, dansen, korte rokjes, nog meer feestjes, nog meer (knappe, afgetrainde klootzakken van) kerels. Bleken mijn zwartgallige fantasieën toch niet zo ver bezijden de waarheid. Ik lag al om half tien in bed en probeerde uit alle macht in slaap te vallen om aan die gedachte te ontkomen. Maar er knapte iets.

Om zes uur 's ochtends had ik nog steeds geen oog dichtgedaan en belde ik Denis. Hij nam op (doet hij altijd) en ik ben naar hem toegegaan en heb aan zijn keukentafel een potje zitten janken. Ik weet ook wel dat ik achter in de dertig ben en nog steeds reageer als een kind van zeven. Maar ik krijg dat niet veranderd, ik kan het niet aan, ik kom er niet overheen. En als ik me eraan overgeef, denk ik dat het mijn dood wordt.

Toen gaf Denis me een paar boeken om te lezen. En hij zei erbij: 'James, ik moet zeggen dat ik inmiddels vrede heb met de gedachte dat jij het niet haalt. Ik ben er klaar voor om het telefoontje te krijgen met de mededeling dat jij dood gevonden bent. Dat doet pijn, maar ik ben erop voorbereid. Doe wat je moet doen, maar weet alsjeblieft dat de keus aan jou is.'

En daar schrok ik zo van dat ik in actie kwam, al was het maar een beetje, en die boeken ging lezen. Ik wilde niet, ik verzette me ertegen, maar ik moest overduidelijk iets doen als ik in leven wilde blijven.

Dit wordt iets moeilijks om over te schrijven. Wat is het toch makkelijk om alle negatieve shit op papier te kwakken, de traumatische ervaringen, de verkrachtingen, de scheiding, de zelfverminking. En wat is het moeilijk om te schrijven over positieve dingen en oplossingen. Je bent bang over te komen als een blowende, tofu-etende hippie met dreadlocks en al. De twee boeken die Denis me gaf, gingen over hoe lichaam en geest omgaan met trauma's (*De tijger ontwaakt*) en over het kind in jezelf (*Wanneer koesteren hoop betekent*). Ik weet het. Mag ik een teiltje?

Als rasechte Engelsman schaam ik me dood om te moeten toegeven dat ik zo diep was gezonken dat ik dit soort boeken nodig had om er weer uit te komen. Een periode in een inrichting is als een gigantisch litteken dat tenminste nog een zekere mate van respect inboezemt. Maar zelfhulpboeken? Wat ik zeg: om je dood te schamen.

Maar ze hielpen me niet alleen te overleven, ze deden nog iets veel, veel mooiers. Met behulp van die boeken kon ik het in de Amerikaanse kliniek gemaakte beginnetje weer voeden en opkweken tot een diepe en bestendige basis waarop ik de rest van mijn leven verder kon bouwen, gestaag, voorzichtig en gedegen. Die boeken streken de rare kronkel in mijn karakter glad die maakt dat ik wel tijd, geld, moeite en energie steek in de problemen van iemand anders, maar pertinent weiger dat ook voor mezelf te doen. Ik had nu geen andere keus meer en begon alles met een eerlijke blik te bekijken en er iets aan te doen.

Ik was duidelijk niet in staat tot enige vorm van volwassen relatie, mijn emotionele en fysieke reacties waren die van een kind. Ik was diep beschadigd, egoïstisch en alleen met mezelf bezig, en mijn enige uitweg was het allemaal nog eens te beleven als volwassene en te proberen het om te buigen. En dat heb ik gedaan. Een paar weken lang heb ik iedere dag, en vaak tweemaal per dag, gemediteerd. Ik las de boeken, deed de daarin voorgestelde oefeningen, ik schreef en ik bad zelfs, liet de gevoelens over me komen zonder afleiding te zoeken en analyseerde mezelf als nooit tevoren.

Het nuttigste was dat ik leerde pijnlijke, beschamende gevoelens gewoon te ervaren zonder er een verhaallijn aan vast te knopen. Als ik vroeger schaamte, walging of zelfhaat voelde, begon ik daar in mijn hoofd meteen een verhaal van te maken, ik voorzag die emoties van woorden en beelden, analyseerde de achterliggende redenen en wakkerde ze alleen maar verder aan door ze op die manier te koesteren en te analyseren. Nu leerde ik geleidelijk aan om ze alleen maar geïnteresseerd waar te nemen, zonder er etiketten of verhalen op te plakken of er een oordeel over te vellen. Ik keek waar die gevoelens zich in het lichaam concentreerden (altijd in de hart- of maagstreek), ik observeerde ze, onderging de pijn en zat het rustig uit. En ik garandeer je, zo wordt het stilaan beter. Langzaam maar zeker zal de pijn minder worden, verzachten en verminderen.

En al snel gebeurde er iets geweldigs: ik herstelde het contact met de ik die bestond voordat die gymleraar met zijn vuile poten aan me had gezeten, ik besefte dat ik niet slecht of verdorven was, voor het eerst begon ik mezelf toe te staan te genezen, mezelf te vergeven en de dingen te accepteren.

Dat is toch verbluffend? Zoiets groots, in één simpel zinnetje. Tientallen jaren had ik geworsteld met trauma's, zelfbespiegeling, medicatie, therapie, strijd en analyse, en nu knalde er ineens iets open en werd ik weer heel. Wéér. Niet voor het eerst. Zo heel als ik godverdomme was geweest toen ik drie was en een zielsgelukkig kind.

En alles werd anders. Muziek ging nog meer voor me leven, werd nog belangrijker. Slaap werd iets natuurlijks waar ik ook echt van uitrustte. Mijn darmen ontploften niet meer vijf keer per dag. Al mijn rare tics en zenuwtrekjes, die eerst waren teruggekomen, namen weer af. Ik hoefde niet meer om de paar uur het licht aan en uit te doen en bepaalde ritmes te tikken om te voorkomen dat er iets ergs zou gebeuren. Ik kon mezelf nu werkelijk vergeven voor iets wat niemand die bij zijn volle verstand is als een misstap zou beschouwen, maar wat ik al vanaf mijn vijfde jaar mezelf verweet.

Ik had in de loop der jaren diverse valse starts gekend – therapeuten, klinieken, AA-bijeenkomsten, medicijnen, psychiaters, workshops, een heel scala aan medische behandelingen – maar behalve mijn maanden in Phoenix waren het vooral deze twee boeken, op een miezerige, miserabele Nieuwjaarsdag van mijn manager gekregen, die me echt de gelegenheid boden met een schone lei te beginnen.

De wereld is vergeven van trauma's. Verlating, echtscheiding, geweld, misbruik in iedere denkbare vorm, verwaarlozing, alcoholisme, woede, schuld, afkeuring, religie, pesterijen: vanaf onze geboorte worden we omringd door duizend variaties op de hel. Vanaf heel jonge leeftijd gaan we – soms door opzet maar vaak ook niet – beschadigd door het leven. Sommige mensen lijken zich daar goed overheen te kunnen zetten, anderen niet. Ik had gedaan wat ik kon om de pijn niet te hoeven voelen, maar het lukte me nooit om eraan te ontsnappen.

En vergeving, meditatie, lezen en schrijven, erover praten en je gevoelens met anderen delen, dat helpt allemaal, maar een van de beste middelen om trauma te verwerken blijft voor mij de creativiteit. Zeker nu al dat zweverige, hippieachtige new-agegedoe eindelijk genoeg ruimte in mijn hoofd heeft vrijgemaakt om mijn creativiteit op een andere en beter hanteerbare manier te verkennen.

Het was een nieuw hoofdstuk in mijn leven, en na drie maanden was ik verliefder dan ooit op de piano, op spelen, schrijven, lezen en alles opzuigen wat creatief is. En daarover schreef ik een artikel voor *The Guardian* dat blijkbaar een snaar raakte. Het werd meer dan honderdduizend keer gedeeld, ik kreeg e-mails van mensen die het hadden voorgelezen op scholen in Texas en op kantoren in Australië, honderden berichten van mensen die me lieten weten dat het hen geholpen had om in hun leven een nieuwe richting in te slaan. Ik schreef het om zes uur 's ochtends en het voelt een beetje als mijn *mission statement*.

Hier is het:

'Zoek dat waar je van houdt en laat jezelf daaraan kapotgaan'

The Guardian Culture Blog, 26 april 2013

Na het onvermijdelijke 'hoeveel uur per dag oefen je?' en 'laat je handen eens zien' is de meest voorkomende opmerking die mensen maken als ik vertel dat ik pianist ben: 'Als kind speelde ik ook piano. Ik heb spijt dat ik ermee gestopt ben.' Schrijvers zullen ook de tel kwijtraken van het aantal mensen dat hun vertelt dat ze 'wel een boek zouden kunnen schrijven'. Het lijkt wel of we in een maatschappij vol betreurde en verspilde creativiteit leven. Een wereld waarin mensen zich hebben overgeleverd (of met dwang zijn onderworpen) aan de tredmolen van werk, huishouden, hypotheek, ongezond eten, ongezonde tv-programma's, ongezond leven, boze exen, kinderen met ADHD *en de verleiding om een vette hap naar binnen te werken terwijl je in het weekend om acht uur 's avonds nog klanten zit te mailen.*

Reken het nou eens uit. Een mens kan prima – soms zelfs briljant – functioneren met zes uur slaap per nacht. Acht uur werken was eeuwenlang meer dan genoeg (o wat een gruwelijke ironie, dat we sinds de uitvinding van internet en smartphones juist langer zijn gaan werken). Vier uur moet ruim genoeg zijn om de kinderen van school te halen, het huis schoon te maken, te eten, de was te doen en meer van die dingen. Dan hebben we nog zes uur over. 360 minuten om te doen wat we willen. Willen we dan simpelweg wezenloos op de bank hangen, naar de tv staren en Simon Cowell nog rijker maken dan hij al is? Eindeloos door Twitter en Facebook scrollen op zoek naar liefde, kameraadschap, katten, weerberichten, overlijdensberichten en smeuïge roddels? Of ouderwets stomdronken worden in een pub waar je niet eens meer mag roken?

Stel nu eens dat je alles wat nodig is om piano te spelen in minder dan een uur kunt leren (iets wat de grote Glenn Gould ooit beweerde, volgens mij terecht)? Hoe je bladmuziek moet lezen en hoe je moet studeren, de fysieke finesses van vingerzetting en lichaamshouding, alles wat nodig is om een stuk daadwerkelijk te spelen: dat kan puntsgewijs worden opgeschreven, als een handleiding voor een zelf te monteren meubelstuk. Daarna is het aan jou om met veel gevloek, gegil en getimmer op je vingers die anderstalige handleiding te ontcijferen tot je, met een hoop geluk, uiteindelijk iets in elkaar hebt geflanst dat een beetje op het beoogde eindproduct lijkt.

En als je nou voor honderd pond een oude piano op eBay kunt bestellen. En als ik je nou vertel dat je met een goede docent en drie kwartier oefenen per dag binnen nog geen paar weken het stuk kunt leren spelen dat je altijd al hebt willen spelen. Is het dan niet de moeite waard om dat eens te proberen?

Of als je nu eens geen lid wordt van een leesclubje maar van een schrijfclubje. Een clubje dat je verplicht (echt verplicht) iedere week drie nieuwe pagina's van je roman, novelle of scenario te komen voorlezen.

Als je nu eens geen zeventig pond per maand neertelt voor een abonnement op een sportschool waar je je alleen maar dik en schuldig voelt, de schim van de man met wie je vrouw ooit is getrouwd. Als je in plaats daarvan nou eens een paar schildersdoeken en verf koopt en iedere dag een beetje tijd steekt in het schilderen van jouw versie van 'ik hou van je', tot je beseft dat iedere vrouw die de moeite waard is je alleen al daarvoor ter plekke zou bespringen, sixpack of niet.

Ik heb tien jaar lang niet pianogespeeld. Ik was in de City bezig langzaam dood te gaan aan hebzucht, op jacht naar iets wat altijd onbereikbaar blijft (zekerheid, zelfvertrouwen; type Don Draper, al ben ik wat kleiner van stuk en heb ik iets minder vrouwen veroverd). En toen de pijn van het niet-musiceren groter werd dan de vermoedelijke pijn die het zou kosten als ik het wel deed, kreeg ik op een of andere manier het lef om te gaan doen wat ik werkelijk wilde en wat al vanaf mijn zevende mijn grote obsessie was: concertpianist worden.

Ik geef toe, ik heb het vrij radicaal aangepakt. Vijf jaar zonder inkomen, elke dag zes uur intensief studeren, elke maand vier dagen les van een briljante psychopaat van een docent in Verona, en al die tijd blijven smachten naar een ideaal dat zo belangrijk voor me was dat het me mijn huwelijk, mijn waardigheid en vijftien kilo lichaamsgewicht kostte en negen maanden in een psychiatrische inrichting opleverde. En de pot goud aan het eind van de regenboog is misschien niet helemaal het happy end dat ik voor ogen had toen ik op mijn tiende in bed lag te luisteren naar Horowitz die in Carnegie Hall met Rachmaninov stoeide.

Mijn leven bestaat vooral uit de eindeloos frustrerende sleur van urenlang studeren, eenzame hotelkamers, slechte piano's, agressieve afzeikrecensies, eenzaamheid, ondoorgrondelijke airmilesprogramma's, fysiotherapie, lange perioden van nerveuze verveling (plafondtegels tellen in de artiestenfoyer terwijl de zaal langzaam volloopt) afgewisseld met korte momenten van enorm hoge druk (120.000 noten uit je hoofd spelen, in de juiste volgorde met de juiste vingers, de juiste klank, het juiste pedaalgebruik, en tussendoor nog iets over de componisten en de muziek vertellen, alles in het besef van meeluisterende recensenten, opnameapparatuur, mijn moeder en spoken uit het verleden), en misschien nog wel het allerergste: het besef dat ik nooit, maar dan ook nooit het perfecte recital zal geven. Hooguit kan ik, met wat geluk, hard werken en een flinke dosis toegeeflijkheid voor mijn eigen fouten, 'goed genoeg' zijn.

Maar toch. Die onbeschrijflijke voldoening, als je met een stapel bedrukt papier de muziekwinkel uit loopt. Je rijdt er in de metro mee naar huis, je zet de partituur op de piano, potlood erbij, koffie en een asbak. En een paar dagen, weken of maanden later kun jij de klanken ten gehore brengen die een of andere geschifte geniale gek van een componist driehonderd jaar geleden in zijn hoofd hoorde terwijl hij buiten zichzelf was van liefdesverdriet of syfilis. Een muziekstuk dat de grootste geesten altijd zal blijven verbluffen, dat gewoon niet helemaal te bevatten is, dat nog steeds leeft en in de ether zweeft en nog eeuwenlang zal blijven bestaan. Dat is zo ongelofelijk bijzonder. En dat heb ik gedaan. Tot mijn blijvende verbijstering doe ik dat de hele tijd.

De regering bezuinigt op studiebeurzen en muziekles op scholen met het infantiele plezier van een ongezond dik Amerikaans kind in een ijssalon. Is het niet de moeite waard om op je eigen kleine manier terug te slaan, al is het maar om ze allemaal een poepie te laten ruiken? Dus schrijf dat verdomde boek. Studeer een prelude van Chopin in, ga lekker Jackson Pollock uithangen met de kids, zwoeg eens een paar uur op een haiku. Doe het omdat het ertoe doet, ook zonder alle tamtam, het geld, de roem en glamour van de roddelbladen die onze kinderen binnen hun bereik wanen omdat Harry Styles er ook in staat.

Van Charles Bukowski, wereldwijd dé grote held van somberende tieners, komt dit advies: 'Zoek dat waar je van houdt en laat jezelf daaraan kapotgaan.' Zelfmoord door creativiteit is misschien wel iets om te ambiëren in een tijd waarin mensen eerder hebben gehoord van Katie Price dan van het Keizersconcert.

De respons die ik hierop kreeg deed me beseffen dat er manieren zijn waarop je anderen echt kunt helpen. Dat we allemaal iets minder geïsoleerd en iets meer met elkaar verbonden kunnen zijn. Toen mij werd gevraagd om dit boek te schrijven, heb ik mijn volgers op Twitter gevraagd om mee te doen, om allemaal duizend woorden per dag te schrijven. En het idee dat daardoor over een paar maanden een hele zwik nieuwe romans, toneelstukken, novelles en korte verhalen is ontstaan, dat een groepje mensen iedere dag iets kleins doet dat toch heel groot is, vind ik heel bijzonder.

Het sluit aan bij wat ik zelf iedere dag doe. Een nieuw stuk instuderen gaat precies zo. Een overzichtelijke dagindeling, concentratie, discipline, gewoon hard werken. Ik kies een stuk dat ik wil leren, ga naar de muziekwinkel, kom thuis met de partituur, zet een kop koffie, een asbak en een metronoom op de piano en begin, potlood in de hand, aan de eerste pagina. Ik loop het bladzij voor bladzij, balk voor balk door om de beste vingerzetting uit te dokteren. Ik verdeel de technisch lastige passages onder in kleinere stukken en gebruik speciale trucjes om ze in de vingers te krijgen. En dat herhaal ik steeds opnieuw, heel bewust nadenkend over iedere noot, en na verloop van tijd, met een of twee of vier uur studeren per dag, groeit dat steeds verder uit tot ik het na een paar weken op een podium uit mijn hoofd kan spelen. Zo ziet mijn leven eruit. Het is opwindend, inspirerend, lonend en eerzaam. En dat geldt niet alleen voor muziek of schrijven maar ook voor relaties, liefde, vriendschap, zorgzaamheid. Het gaat er uiteindelijk om hoe we onszelf uiten en waar we ons op voorstaan. En in mijn kleine wereldje voelt dat als een revolutie. Op deze manier kan ik alle energie die ik aan mijn slopende, negatieve bullshit heb besteed, vervangen door iets wat bevrijdend en waardevol is. Het stelt me in staat iets substantieels aan mijn wereld bij te dragen en niet langer slachtoffer te zijn. Het is in feite het omzetten van negatieve in positieve energie. Het is iets met een natuurlijke aantrekkingskracht dat geen verdere ondersteuning behoeft, omdat het werkt. Je hoeft het niet aan de man te brengen. Niet te verkopen. En wonder boven wonder: ik beleef het iedere dag weer opnieuw.

TRACK 18

Beethoven, Vijfde pianoconcert ('Keizersconcert'), tweede deel

Radu Lupu, piano

Er is een stuk waarvan ik wil dat het op mijn begrafenis gespeeld wordt. Echt gespeeld, live, door een orkest en een goede pianist, niet dat het uit de speakers klinkt terwijl mensen in de miezerende regen staan te wachten met hun gedachten al bij de koffie met cake.

Het is een van de eerste muziekstukken waarbij ik moest huilen. Beethoven heeft vijf pianoconcerten geschreven en het laatste heeft de bijnaam Keizersconcert omdat het opvallend bombastisch, heroïsch en opdringerig is. (Net als Napoleon, die kleine opdonder.) Het eerste en derde deel zijn heel exuberant: een stortvloed aan noten, een vuurwerkshow, een draaikolk van spanning en sensatie. Ze omsluiten een middendeel van adembenemende schoonheid en sereniteit. Het was allemaal een beetje te veel voor mijn jonge tienerbrein, maar nu ik volwassen ben belichaamt dit concert voor mij simpelweg alles wat muziek is en vermag.

Fucking Beethoven...

Volgens mij is het grootste probleem met de branche waarin ik werk dat de nadruk er meer ligt op ego's dan op creativiteit. Het draait allemaal niet meer om dienstbaarheid aan de muziek maar om uiterlijk vertoon (hogepriester of rebel, je mag kiezen), geld, kleding, pracht en praal. En niet alleen de musici zelf werken daaraan mee, maar de hele industrie eromheen. Vooral prijzengala's zijn een verschrikking. Perverse, gruwelijke aangelegenheden die helemaal niets met muziek te maken hebben.

Het gala van de Classic Brit Awards is wel het summum van alles wat er mis is met de klassieke-muziekindustrie. In 2012 kon ik me niet meer inhouden en schreef ik voor *The Telegraph* een stuk over het monsterlijke karakter van die hele show en de mensen erachter. De volledige tekst vind je achter in dit boek, maar in het kort komt het hierop neer: als je benieuwd bent naar klassieke muziek, zul je blijer worden, meer opsteken en meer genieten van een YouTube-filmpje waarin Leonard Bernstein een half uur over Beethoven vertelt dan van dat hele drie uur durende kutgala.

Ironisch genoeg heb ik jarenlang gedacht dat de Gramophone Awards het echte werk waren: inhoudelijker, luisterrijker, met prijzen voor serieuze musici. Tot ik er zelf voor het eerst heen ging in de hoop daar iets van die diepgang en luister aan te treffen. Het was één grote deceptie en dat kwam hard aan. Zelfs daar hadden de mensen die geacht werden de 'serieuze' klassieke muziek te vertegenwoordigen zulke opgeblazen ego's dat ze bijna ontploften. Daarover schreef ik voor *The Guardian* een stukje waarin ik er geen doekjes om wond (staat ook achterin). Het bracht de redacteur van *Gramophone* ertoe om in een reactie uit te leggen dat ik het verkeerd zag, maar ik blijf erbij dat ik gelijk had. Die lui zijn zelf volledig verantwoordelijk voor de problemen waar ze over klagen.

Naar aanleiding van die artikelen kreeg ik tal van steunbetuigingen en aardige reacties, vooral van mensen in het vak die niet openlijk hun steun konden betuigen zonder hun werk te verliezen. In de commentaren op internet werd vaak naar een oplossing gevraagd. En terecht, want klagen is altijd makkelijk, maar werkbare oplossingen waarmee je echt iets verandert zijn een stuk moeilijker te bedenken. Behalve dat het helemaal niet zo moeilijk is.

Mijn oplossing? Laat ze allemaal lekker in de stront zakken. Speel wat je wilt, waar je wilt, hoe je wilt en voor wie je wilt. Doe het naakt, in een spijkerbroek of in travestie. Doe het om middernacht of om drie uur 's nachts. Doe het in kroegen, concertzalen en theaters. Doe het gratis. Doe het voor een goed doel. Doe het op een school. Zorg dat het laagdrempelig, toegankelijk, respectvol en authentiek is. Geef het terug aan de mensen voor wie het bedoeld is. Laat je niet door een inteeltclubje van bejaarde debielen voorschrijven hoe deze onsterfelijke, waanzinnige, goddelijke muziek op het podium gebracht moet worden. Daar staan we toch zeker boven? De muziek staat er zeker boven.

Er zijn duizenden conservatoriumstudenten die dolgraag voor een publiek zouden spelen dat niet louter uit andere studenten bestaat, en als ze daar niet van houden, zullen ze het sowieso niet lang volhouden. Ga voor een reiskostenvergoeding op scholen, in zaaltjes en clubs spelen en zie het als een opstapje naar betaalde concerten. Ik treed met alle liefde een paar keer per jaar gratis op in scholen of ziekenhuizen – het is een goede voorbereiding op mijn professionele concerten, het stelt me in staat iets waar ik van hou met anderen te delen en het is heel nuttig voor de opbouw van repertoire en uithoudingsvermogen. Laat het weten als je me voor zo'n optreden wilt boeken.

Naast de reguliere recitals die om half acht of acht uur beginnen, geef ik ook kortere recitals om half zeven: dan kunnen mensen meteen na hun werk een uurtje komen luisteren en staan ze op tijd weer buiten om uit eten te gaan met een spannende date, of om naar huis te gaan en de kinderen in bed te stoppen. Of ik treed op om tien uur 's avonds, voor mensen die eerst uit eten zijn geweest en de avond willen afsluiten met wat muziek.

Geef muziek gratis weg. Niet per se hele albums, maar losse tracks. Zet ze op SoundCloud en zorg dat mensen ze kunnen downloaden. Mail ze naar een fanlijst, hoe klein ook. Zorg dat je muziek in het publieke domein is te vinden en niet alleen in bedompte oefenruimtes te horen is of op Amazon begraven ligt onder miljoenen andere albums.

Speel op uiteenlopende podia, van klassieke concertzalen tot dansclubs. De Londense Limelight at the 100 en organisaties zoals Classical Revolution en de Yellow Lounge programmeren avonden met klassieke muziek. En als je in plaats van bestaande liefhebbers van klassiek liever een nieuw publiek wilt bereiken, speel dan geen veel te lange, veel te moeilijke hedendaagse shit, alleen maar om te laten zien hoe avant-garde je bent. Als je van zulke muziek houdt, speel dan hooguit een kwartiertje van dat spul en verder vooral Brahms en Chopin. Want, nou ja... dat is nu eenmaal Brahms en Chopin en hoe oprecht je liefde voor Stockhausen en Birtwistle ook is, we weten allebei dat ze dáár niet aan kunnen tippen.

Speel samen met andere musici, net zoals Beethoven deed. Beetje kamermuziek, wat solomuziek, een paar liederen. Een beetje afwisseling is nooit weg.

Laat de mensen gerust met een drankje de zaal in komen en maak contact, praat met ze, zowel in de zaal als op de sociale media. Dat is enorm belangrijk. Ik zat laatst te lunchen met de baas van een groot platenlabel en we hadden het over de vraag hoe zij meer platen konden verkopen. Hij vertelde dat veel van zijn artiesten ongelofelijk lastig zijn: ze willen niet op locaties spelen die te weinig prestige hebben, willen geen interviews geven, mijden contact met het publiek. Allemaal prima, tot je beseft dat de tijd voorbij is dat de platenmaatschappij er wel even voor zorgde dat er genoeg kaartjes en genoeg albums werden verkocht. Wij musici moeten een band met ons publiek smeden, en dat behelst meer dan na het concert even een paar handtekeningenjagers tevredenstellen. Wees benaderbaar, reageer op tweets en Facebook-berichten, maak grappen, toon je menselijke kant, kap met die kul van de kunstenaar die zich verstopt achter zijn eigen genialiteit. Want als je dit allemaal niet wilt of niet kunt, ga je het heel moeilijk krijgen, tenzij je een talent bent zoals er maar één in elke generatie voorkomt. Alleen maar uitblinken als musicus is niet langer genoeg.

En zorg ook dat je management en je label op dezelfde golflengte zitten. Zo niet, zoek dan iemand anders. Ik heb enorm geboft met mijn manager. En ook met mijn label, Signum: de baas daarvan, Steve, is een moordgast. Toch wil ik nog verder gaan. Ik ben er zo op gebeten om te ontsnappen uit de zelfgegraven loopgraaf van de klassieke muziek dat ik bezig ben mijn eigen label op te zetten, Instrumental Records. Ik wil mijn eigen creatieve hub vormen.

Zou het niet mooi zijn als de meeste vrouwelijke klassieke musici níet werden gepromoot op basis van hun uiterlijk? Als het niet nodig was om een transcriptie voor cello en piano van *Les Misérables* op te nemen als je een album wilt verkopen? Als een platenlabel jou niet voorschreef wat je moet opnemen, welke foto's er op de albumcover komen en welke oubollige professor het cd-boekje vol moet schrijven? Geen platenlabel dat je cd alleen bij zijn eigen schamele duizend Twitter-volgers onder de aandacht bracht en het pas een volle maand na de verschijningsdatum voor twintig euro op Amazon aanbood?

Instrumental is een label waarop ik musici de kans kan geven op te nemen wat ze zelf willen. We gaan prachtige albums ontwerpen, met het hele label toeren, concerten organiseren met respect voor de musici, de muziek en het publiek, nieuw talent koesteren zonder dat hun uiterlijk een rol speelt, musici de royalty's geven die ze verdienen en meer zeggenschap over wat ze willen doen, en zowel on- als offline een schare volgers opbouwen die voeding kan geven aan de hele muzikale revolutie waar we deel van uitmaken.

We kunnen een prijzengala organiseren waar de prijzen echt naar het beste gaan wat de klassieke muziek te bieden heeft – geen ordinaire, infantiele bagger en geen inteeltfeestje waar 'applaus voor jezelf' het motto is. Gewoon briljante musici, hartelijke, vlotte presentatoren, vrolijkheid, muziek, inspiratie en plezier in een sector van de kunst die altijd ofwel te hoog ofwel te laag mikt en doodsbang is voor alles wat daartussen zit.

En het mooiste is dat ik al stilzwijgend steun lijk te krijgen van een van de machtigste tv-zenders in het land, via mijn werk voor Channel 4. Ik bewonder en hou van de BBC (even afgezien van Jimmy Savile). Maar ze preken daar toch vooral voor eigen parochie. Hun klassieke-muziekprogramma's zijn eerder bedoeld voor bestaande liefhebbers dan voor een nieuw publiek. Met steun van Channel 4 en met mijn eigen label moeten we een platform kunnen bouwen waar musicus en publiek op één lijn zitten en waar de muziek vooropstaat. Dan kan ik eindelijk gaan werken aan de droom die ik al heb zolang ik me kan herinneren.

En als je dit leest en je hebt hier zelf ideeën over, doe dan mee. Of je nou bij een van de grote labels zit en het beu bent om als oud vuil behandeld te worden, of dat je popelt om je eerste opname te maken: laat het me weten. Vond je het ook zo verschrikkelijk dat Lang Lang bij de Classic Brit Awards een polonaise van Chopin doodleuk halverwege afkapte, zonder enige toelichting – enkel omdat het voor tv was en dus niet langer mocht duren dan de magische ADHD-aandachtspanne van drie minuten? (Speel dan iets korters!) Wil je best met je publiek in gesprek gaan, wil je mensen laten kennismaken met iets zuivers en moois, heb je lak aan de twintig procent van het publiek die liever heeft dat je je klep houdt en gewoon speelt? Kom op dan, we gaan cd's maken, toeren, we gaan iets prachtigs, iets briljants doen dat de moeite waard is en in dienst staat van de muziek, het publiek én de musici.

Ik heb meegedaan aan een avond in het Barbican waar ik met Stephen Fry sprak over de moeilijkheden waar de klassieke muziek in verkeert. Ik speelde piano, beantwoordde vragen en we debatteerden. Toegangsprijs vijf pond, zaal nokvol, er bleek echt behoefte aan zo'n programma met debat en levende muziek. Stel je voor: een tournee van waanzinnig getalenteerde musici die vragen uit het publiek willen en kunnen beantwoorden, die de discussie aangaan en iets vertellen over de werken die ze spelen, die gratis masterclasses en lezingen geven, eerlijk voor hun mening uitkomen, doen wat ze kunnen om het muziekonderwijs in dit land te stimuleren.

Oké, ik weet dat het een beetje klinkt als een utopisch visioen dat ik bij elkaar heb gedroomd toen ik te lang op de plee zat, maar geloof me: dit gaat gebeuren.

Ik was laatst op een middelbare school in het landelijke Hertfordshire, ter voorbereiding op een nieuwe serie voor Channel 4. Ik wilde weten hoe het stond met het muziekonderwijs op scholen. En ik zag daar een klas met dertig gretige, betrokken kinderen die dolgraag meer met muziek willen doen. Hun (fantastische) leraar heeft een totaal jaarbudget van 400 pond voor 160 kinderen.

Nood maakt vindingrijk. Wat ik te zien kreeg deed denken aan de improvisatiekunst van theatertroep Stomp: vuilnisbakken en koekblikken die als trommel dienden, een cello die eruitzag of hij als brandhout was gebruikt en een paar geblutste trompetten waar je nauwelijks op kon spelen. Er is iets gruwelijk mis met een onderwijsstelsel waarin de aanwezigheid van alle benodigde ingrediënten – bevlogenheid, nieuwsgierigheid, keihard werkende en vindingrijke leraren – slechts beloond wordt met bezems en vuilnisbakken in plaats van met instrumenten en subsidies voor privéles.

Hoeveel toekomstige Adeles, Ashkenazy's, Simon Rattles of Elton Johns lopen we mis simpelweg doordat ze nooit de kans krijgen om te leren wat musiceren is? En belangrijker nog, los van eventueel commercieel succes: hoeveel jonge creativiteit wordt door de politiek niet bij voorbaat de kop ingedrukt uit laksheid, electoraal gewin en verkeerde prioriteiten? De zoveelste tak van kunst die het moet bezuren. We leven in een tijd waarin de boulevardpers de verwende mentaliteit van instantroem verheerlijkt, een tijd waarin platenmaatschappijen pas interesse voor je krijgen als je 20.000 volgers op Twitter, een miljoen views op YouTube en een kant-en-klaar, zelf geproduceerd album hebt. En in deze tijd vond iemand het een goed idee om muziekonderwijs niet langer te beschouwen als een basisrecht maar als luxe. Als dat niet verandert, zal het op de lange termijn verstrekkende gevolgen hebben. Dus laten we daar iets aan veranderen.

Kijk naar wat Sir Nick Serota met het Tate Museum heeft gedaan: ooit was dat de speeltuin van een piepkleine elite en nu trekken de verschillende vestigingen zeven miljoen bezoekers per jaar, mensen die een kijkje komen nemen in een wereld die hun enkele decennia geleden volstrekt vreemd zou zijn gebleven. Hij en zijn mensen zijn erin geslaagd de verstikkende moderne kunstcultuur open te breken en de deuren wijd open te gooien voor iedereen, zonder dat ze de kunst zelf daarvoor hoefden aan te passen of 'makkelijker' te maken. Waarom kunnen we dat niet ook met klassieke muziek doen? Onze muziek aan de man brengen zonder tieten, gimmicks en cross-over bagger? In veel opzichten is klassieke muziek de laatste kunstvorm die nog voor de massa moet worden ontsloten. Dat zal verdomme toch eens tijd worden. En wat nog beschamender is: deze situatie is niet alleen de schuld van de platenlabels, de managers en de industrie. De musici hebben het ook heel erg aan zichzelf te danken.

Het is kennelijk niet van vandaag of gisteren dat de klassieke muziek 'gered' moet worden. Al meer dan tien jaar voorspelt men de dood van deze industrie en klinkt de roep dat het roer om moet, dat artiesten anders in de markt moeten worden gezet en gepromoot.

Ik vind ook dat er iets moet veranderen. Niet om 'de industrie te redden'. Niet om te zorgen dat dirigenten een halve ton kunnen blijven verdienen met één avondje werk. Zelfs niet om te zorgen dat de talrijke wereldberoemde orkesten in Londen allemaal kunnen blijven bestaan (al hoop ik dat van harte). Ik kan er gewoon niet tegen dat zo weinig mensen klassieke muziek als een reële luistermogelijkheid krijgen aangeboden.

De Proms zijn al heel lang een voorbeeld van hoe het wel moet, daar mogen we enorm trots op zijn. Toen de verkoop dit jaar van start ging, waren de 80.000 kaartjes binnen een paar uur uitverkocht. We mogen trots zijn dat we onderdak bieden aan het grootste muziekfestival ter wereld, met de grootste en beroemdste talenten. De concerten worden uitgezonden op de radio en via internet, en voor een groot deel ook op tv. Zo worden miljoenen luisteraars bereikt. Wat is het geheim van de Proms, dat zij tegen de stroom in succes hebben terwijl overal elders wordt geklaagd over dalende bezoekersaantallen? Komt het misschien doordat het niemand daar een moer kan schelen hoe de mensen in het publiek gekleed zijn? Door de gevarieerde programmering? De afwijkende aanvangstijdstippen: lunchtijd, begin van de avond of juist laat op de avond?

Al die dingen bij elkaar, ongetwijfeld. Maar de belangrijkste reden dat de Proms een succes zijn, is volgens mij dat ze daar niet zo in zichzelf gekeerd zijn. Er wordt niet op het publiek neergekeken, je krijgt er altijd de indruk dat je gewoon welkom bent, ongeacht je kennis van klassieke muziek, je ervaring, smaak, kleding, achtergrond of intelligentie. Wil je applaudisseren nog voordat het werk helemaal gespeeld is? Ga lekker je gang. Weet je niet hoe je de naam van de componist moet uitspreken? Dondert niet. Ben je niet zo iemand die graag hardop verkondigt wat de titel is van de toegift die de solist speelt? Des te beter. En zo'n sfeer weten ze hier te creëren op een manier die weinig of geen van de andere grote concertzalen lukt.

De Proms zijn natuurlijk ook een uitstalkast voor de obscene hoeveelheid talent die ons land te bieden heeft: Stephen Hough, Paul Lewis, Nicola Benedetti, Benjamin Grosvenor enz., ze komen er allemaal uitgebreid aan bod. En als we die Proms-aanpak kunnen uitbreiden naar de hele klassieke muziek in Groot-Brittannië, gaan we een zonnige toekomst tegemoet. Dat begint ook al te komen. In de VS trokken klassieke concerten vorig jaar meer bezoekers dan footballwedstrijden. Maar we moeten die kans nu niet verknoeien.

TRACK 19

Rachmaninov, Rapsodie op een thema van Paganini

Zoltán Kocsis, piano

Sergej Rachmaninov. Een componist van wie ik zo veel hou dat ik zijn naam in cyrillisch schrift op mijn onderarm heb laten tatoeëren. Reus van een kerel, bijna twee meter, manisch, ongelukkig, bipolair, miljonair, virtuoos pianist en componist. In een tijd waarin Stravinsky, Schönberg en anderen tegen 'de tirannie van de maatstreep' ten strijde trokken en voor de 'emancipatie van de dissonant' opkwamen door de grenzen van de tonaliteit tot voorbij het uiterste op te rekken, hield Sergej moedig stand en bleef hij als een romantische mitrailleur het publiek bestoken met briljante en poëtische composities van buitengewone diepgang.

Hij was een kettingroker, probeerde zijn depressie met hypnose te bestrijden, trouwde met zijn volle nicht en had zulke kolenschoppen van handen dat hij met één hand twaalf toetsen op de piano kon omvatten.

Tal van componisten hebben een set variaties geschreven op Paganini's beroemde thema, van Brahms tot Liszt en Lutosławski. Maar aan die van Rachmaninov kan niemand tippen. Temeer omdat ze gecomponeerd zijn door een vent die wel is omschreven als 'twee meter chagrijn'.

In maart, toen we negen maanden uit elkaar waren, begonnen Hattie en ik stilaan weer met elkaar te praten. Ik besefte heel goed dat ik haar moest bewijzen dat ik niet langer dezelfde doodsbange, wispelturige controlfreak was als in de vijf jaar dat we bij elkaar waren geweest. Dat besef ik nog steeds. En zij besefte dat ze me enorm miste en dat ze, alle vrijheid en voordelen van het singlebestaan ten spijt, in feite alleen griezels en mafkezen was tegengekomen. Dus na een paar maanden luisteren, mijn best doen en keihard proberen mezelf van mijn beste kant te laten zien (al schoot ik nog steeds vaak tekort) sprak ik met haar af in de 'geheime tuin' in Regent's Park en vroeg haar ten huwelijk.

Ze zei ja.

Misschien verandert ze nog van gedachten. Misschien besluit ze dat het toch niets voor haar is. Er zijn zo veel redenen waarom het mis kan gaan. Maar ik weet absoluut en categorisch zeker, voor de eerste keer, dat ik hier helemaal voor ga en dat zal blijven doen zolang zij me wil hebben.

Ik had er vijf jaar samenwonen met Hattie voor nodig gehad om te begrijpen wat eraan schortte, wat ik verkeerd deed en vooral: wat ik eraan moest doen.

Er zijn tal van zelfhulpboeken over liefde en relaties. Daarin wordt gesmeten met termen als 'codependency', 'grenzen' en 'spiegelen'. Boeiende lectuur, maar ik kan er meestal weinig mee. Voor mij zijn ze net als die artikelen in *Men's Health* of *Cosmopolitan* over hoe je een perfect lichaam krijgt: lezenswaardig en heel even hoopgevend, tot je beseft dat ze een totale omslag in je eetgewoontes, bewegingspatroon, discipline en dagindeling vergen. Het is een giller dat uitgerekend ik het presteer om hier relatieadvies te geven. Maar luister: vraag iemand die na jarenlang heroinegebruik eindelijk is afgekickt hoe hij dat heeft geflikt, en je zult daar meer van opsteken dan van een of andere huisarts die niet eens weet hoe hij een shot moet zetten.

Ik heb een rampzalig huwelijk achter de rug en ben de liefde van mijn leven bijna kwijtgeraakt omdat ik probeerde alles in mijn eentje uit te vogelen. En het heeft vijftien jaar geduurd, maar nu heb ik eindelijk een vuistregel die voor mij lijkt te werken: als je je ego opzij kunt zetten, is het simpel. Lukt dat niet, dan gaat het nooit werken. In elk geval is één ding overduidelijk: het probleem ligt bij jou en nooit bij de ander.

Nu kun je nog zo veel redenen aanvoeren waarom ik dat verkeerd zie – kan me geen reet schelen. Ik geef het je op een briefje: als er iets 'scheef' zit in je relatie, als je ongelukkig bent en als je iedere zin begint met 'als hij/zij nou eens dit of dat...', dan kun je het wel vergeten, dan wordt die relatie nooit wat en zul je je alleen maar ellendig voelen. Wat voor sommige mensen trouwens ideaal is, zeker voor mensen zoals ik, want ik vond het héérlijk om me ellendig te voelen. Het gaf me energie en bevestigde me in mijn overtuiging dat de wereld kut was en tegen mij samenspande, zodat ik lekker knus in mijn eigen zelfmedelijden kon wegkruipen.

Het verbaast me dat zo veel mensen zo graag ongelukkig zijn. Ongelukkig over hun lichaam, hun seksleven, hun relatie, hun baan, carrière, familie, gezin, vakantie, kapsel, noem maar op. Onze hele culturele identiteit is gebaseerd op de gedachte dat wat je hebt niet goed genoeg is, dat je altijd iets wilt wat sneller, glimmender, kleiner, groter, beter is. De reclame-industrie wordt daar schatrijk van en fabrikanten van geneesmiddelen, tabak en drank legt het ook geen windeieren. Vroeger waren mensen gelukkiger. Veel gelukkiger. Toen de samenleving op rantsoen stond en onder economische crises en oorlog zuchtte, waren de mensen emotioneel gezonder, meer verbonden met elkaar en meer voldaan dan wij vandaag de dag met onze kloterige iPhones en glasvezelbreedbandpakketten.

En al die verwachtingen projecteren we op onze geliefden. Zodra het effect van de aanvankelijke chemische reactie in de hersenen raakt uitgewerkt (als je boft pas na zes maanden, meestal al na een paar weken) gaan mannen weer verlangen naar een vrouw die jonger, strakker, geiler, mooier, sexyer en dunner is, en vrouwen naar meer zekerheid: mannen die rijker, gevoeliger, sterker, meelevender, spraakzamer en zelfverzekerder zijn. Allemaal bullshit, maar het zit wel diep verankerd in onze maatschappij.

Als je momenteel een relatie hebt met iemand van wie je houdt en je wilt dat zo houden, dan kun je een paar simpele dingen doen om jezelf te verzekeren van een gelukkige, duurzame relatie.

Ten eerste: jij hebt geen gelijk. Maakt niet uit waar het over gaat, al weet je nog zo zeker dat je gelijk hebt en geven al je vrienden je gelijk: je hebt ongelijk. Word je kwaad omdat hij jullie trouwdag is vergeten? Niet doen. Kop houden. Zit ze te zeiken dat je alleen maar met je werk bezig bent, zaagt ze er eindeloos over door en word je daar pissig van? Niet doen. Je bent een zak. De grootste vijand van iedere relatie is scoringsdrift. Zoals de grote Perzische dichter Rumi schreef: 'Ergens voorbij de ideeën van goed en kwaad ligt een weide, dáár zien wij elkaar.' Ik heb een vriend die met zijn vriendin in relatietherapie was en al zijn verwijten opspaarde om haar daarmee bij de therapeut om de oren te slaan. Eén keer hadden ze huiswerk gekregen en had zij dat niet gemaakt. Straal vergeten. Hij had het huiswerk natuurlijk wel gedaan. Had hij haar eraan herinnerd, in de hoop dat ze een stap verder zouden komen als ze allebei hun huiswerk deden, dat het hen nader tot elkaar zou brengen? Ben je gek. Hij verkneukelde zich juist dat zij het niet had gedaan, wachtte tot ze bij de therapeut zaten en sloeg toen toe, als zo'n zelfvoldaan rotkind dat eindelijk eens iets goed heeft gedaan en de hele klas, de hele wéreld moet het weten. Jezus.

Verder: wees *blij* dat je ongelijk hebt. Neem als uitgangspunt: 'Ik moet me uit de naad werken om goed te maken dat ik steeds ongelijk heb, in de hoop dat ze me dat uiteindelijk vergeeft', en je zit geramd. Beschouw elk diner/ommetje/uitstapje/gesprek als een eerste date met iemand op wie je vreselijk graag indruk wilt maken. Pieker over wat je aan moet trekken, wees bang dat er tijdens het eten iets tussen je tanden blijft zitten, was van tevoren je ballen nog even voor het geval er die avond iets van komt, neem bloemen voor haar mee, vraag in het restaurant om het meest romantische tafeltje, hou je aandacht erbij en luister naar alles wat ze zegt alsof je leven ervan afhangt.

Geef. Blijf geven. Geef tot je niet meer kunt en geef dan nog wat meer. Als ze je horendol maakt zodat je uit het raam wilt springen van ellende, ga dan theezetten, geef haar een massage, bef haar, koop een fucking diamant voor haar. Dat is echt een waanzinnige oefening. Doe dat een maand en kijk eens hoeveel verschil dat maakt. En haal het niet in je botte kop om het te doen omdat je er een beloning of bedankje voor verwacht. Doe het omdat je van haar houdt, omdat ze fantastisch is, omdat je haar aanbidt en begeert. Als dat allemaal niet zo was zouden jullie niet samen zijn. Want diep van binnen weet je dat je in je handjes mag knijpen dat je deze kans krijgt om in die ijzige kou en pisregen naar buiten te gaan en een bos van haar lievelingsbloemen te kopen.

Leg een eed af dat – behoudens overspel of ernstige mishandeling – uit elkaar gaan geen optie is. Mag niet eens ter sprake komen. Het uitgangspunt is dat jullie samen een team vormen. Punt. Over, klaar, uit. Elk probleem, hoe ernstig ook, los je samen op. Weglopen is er niet bij. En die eed leg je af op de manier van een roker die met succes is gestopt. Wat er ook gebeurt, ze steken er nooit meer eentje op. Met een huwelijk of relatie is zo'n eed nog tien keer makkelijker, want een sigaret kan je niet lekker pijpen en je gaat er uiteindelijk aan dood. Je belooft gewoon om er koste wat kost voor die persoon te zijn, schouder aan schouder, samen in de strijd, één front, meer dan de som der delen. Dat is ook wat je haar in de begindagen wel honderd keer hebt verteld, duizend keer hebt geschreven en gesms't, wat je in haar oor fluisterde als jullie lagen te neuken. Wees een vent, wees een man van je woord en hou je eraan.

Vraag niet naar elkaars verleden. Vraag onder geen beding naar haar exen, hoeveel minnaars ze heeft gehad, of ze al eens anale seks heeft gehad, of ze het doorslikte, of ze weleens met iemand anders dit land/hotel/restaurant heeft bezocht, enz. enz. Ga jullie relatie niet zitten analyseren, ga niet hardop denken over waar jullie in je relatie staan en welke kant het op moet. Dat is nooit ergens goed voor.

Speel in op haar behoeften, doe dingen die haar een fijn gevoel geven, ook al vind je het stom, verkeerd of verwennerij. Neem aan het eind van de dag altijd tien minuten de tijd om elkaar te vertellen hoe je dag was. Vijf ononderbroken minuten per persoon: een paar dingen waar je dankbaar voor bent, een paar dingen die de ander deed die jou hebben geraakt, een paar dingen waar je naar uitkijkt, een paar dingen waar je je zorgen om maakt. En sluit altijd af met 'ik hou van je' en een kus. Altijd.

Dat is vooral belangrijk als je kinderen hebt. Bij de kinderen mag er geen twijfel over bestaan dat mama/papa vooropstaat. Jullie relatie is de spil van het gezin en dat moet ook duidelijk zijn. Hou van je kinderen, leg ze in de watten, sta altijd voor ze klaar en geef ze alles wat jij niet van jouw ouders kreeg. Maar breek nooit een gesprek met je vrouw af omdat dat grut de kamer in stormt en om een ijsje begint te jengelen. Pas je plannen niet alleen aan hun wensen aan. Maak ze niet tot het centrum van je hele universum. Want uiteindelijk zullen ze je dat kwalijk nemen en erger nog: opgroeien met een narcistische mentaliteit waarvan ze zich, als ze geluk hebben, hooguit na tientallen jaren kunnen bevrijden.

Dit is allemaal heus niet zo ingewikkeld. Het enige wat roet in het eten kan gooien ben jijzelf, of beter gezegd: je ego. Natuurlijk zouden jullie allebei weleens met een ander willen neuken. Natuurlijk gaat het je irriteren als de ander een paar kilo is aangekomen en niet meer zo knap is als in het begin. Natuurlijk denk je dat het allemaal makkelijker zal gaan in een frisse, spannende nieuwe relatie. Maar dat is niet zo. Het enige wat je dan doet is weer tien jaar van je leven vergooien, uiteindelijk in precies dezelfde situatie belanden en een nog iets grotere hekel aan jezelf krijgen. Hou daarmee op. Besef dat je volmaakt gelukkig kunt zijn met degene bij wie je nu bent, werk aan je relatie en gebruik je energie om iets constructievers te doen dan al die bullshit van 'stel dat' en 'wat als'.

En het mooiste is dat dit allemaal kan worden samengevat in twee woorden: aardig zijn. En verwar dat niet met zwakte. Aardig zijn is een kunst die op uitsterven staat. Het is de allerbelangrijkste gave die een mens kan bezitten en er is een groot tekort aan.

Als niets anders helpt, bedenk dan eens hoe je leven eruit zou zien zonder je geliefde. Niet een of andere fantasie, dat je met het ene lekkere ding na het andere ligt te krikken, bakken met geld kunt uitgeven, net zo lang kunt uitslapen als je wilt en de deur van de plee open kunt laten. Nee, de misselijkmakende, eenzame, kille realiteit dat je haar dag na dag moet missen. Loop eerst eens duizend mijl in die schoenen en kijk dan hoe het gaat. Verplaats je maar eens een paar uur in die positie en bekijk het van alle kanten. Doorleef het echt. En wees dan niet zo'n lul en doe weer wat je te doen staat.

Grappig genoeg ben ik in mijn relatie gelukkiger dan

ooit nu ik dit allemaal begrijp. Hattie en ik hebben samen iets waar ik anderen vroeger om benijdde zonder goed te snappen wat het eigenlijk was. We passen gewoon bij elkaar. Ik ben sterker wanneer zij in mijn leven is, ik ben opener en vriendelijker en kan het leven beter aan. Ik weet het keer op keer te verkloten, en vervolgens erken ik dat en maak ik het goed, doe beter mijn best, zet ons tweeën bovenaan. Dat is de enige manier, de beste manier, de meest lonende manier. We *zien* elkaar: ik zie haar en zij ziet mij, en daarmee is alles goed. Ik kijk aan tegen een toekomst met concerten, filmopnamen, reizen, schrijven: een mooi leven, en dat leven zou ondenkbaar zijn zonder haar. Het mooiste is dat ze echt, maar dan ook echt gek op me is. Verbazend genoeg vindt ze me sexy, talentvol en af en toe grappig. Ze geeft mij zo veel terug wat onverwacht, verrukkelijk, schitterend en attent is. Ze is loyaal, chaotisch en maf en een geweldig musicus en schrijfster. Mijn versie van de loterij winnen is dat wij samen als zeventigplussers hand-in-hand bij de bushalte zitten, zo'n bejaard stelletje waar iedereen onwillekeurig om moet glimlachen.

TRACK 20

Bach, Goldberg-variaties, aria da capo

Glenn Gould, piano

Bach begint en eindigt zijn Goldberg-variaties met een en dezelfde aria van tweeëndertig maten. Met de dertig variaties erbij telt het werk trouwens ook precies tweeëndertig delen. En aan het eind is de cirkel rond en eindigt hij precies waar hij begon, de eerste en de laatste tweeëndertig maten van het stuk zijn noot voor noot identiek. Maar als toehoorder verkeren we natuurlijk in een heel andere toestand dan een uur geleden (als de pianist zijn werk tenminste goed heeft gedaan). Bach heeft ons meegenomen op een reis, en de manier waarop we die reis ervaren, wordt weer gefilterd door onze eigen bagage, herinneringen en gevoelens. Jij reageert er anders op dan ik en vice versa. Dat is wat muziek zo mooi maakt, zeker zulke onvergankelijke muziek als deze.

Het voelt goed om dit boek af te sluiten zoals we zijn begonnen, met de aria uit de Goldberg-variaties. Want dat is het punt met muziek: we horen muziek en we voelen er iets bij. En als we precies dezelfde muziek op een ander moment horen kunnen we er, ook al is de muziek niet veranderd, toch weer een iets ander gevoel bij hebben.

Mijn eigen persoonlijke Goldberg-variaties begonnen als een baby van drie kilo die zich de longen uit het lijf schreeuwde, en daarna heeft mijn leven heel wat variaties doorlopen. Soms verrukkelijk, soms meedogenloos, soms hoopvol en soms doordrenkt van woede en verdriet. Ik heb mijn kindertijd verloren maar een kind gekregen. Ik heb een huwelijk verspeeld maar een zielsverwant gevonden. Ik was het spoor soms bijster maar heb uiteindelijk een carrière gevonden, en een vierde of vijfde kans op een leven met alles wat ik me maar kan wensen.

Een paar weken nadat ik Hattie ten huwelijk heb gevraagd, zitten we met zijn allen in de woonkamer naar mijn eerste project voor Channel 4 te kijken, en dat is waar dit boek mee begon. Het is het eind van een hele reeks hoofdstukken uit mijn maffe leventje en het begin van een nieuwe episode. Een die hopelijk iets minder verdriet, iets meer muziek en veel meer liefde zal brengen.

Als ik de Goldberg-variaties ooit in de concertzaal uitvoer, zal ik deze afsluitende aria rustiger en zachter spelen dan dezelfde noten in het begin, want zo voelt het in mijn hoofd na deze lange reis met al die variaties.

Tering, wat ben ik daar blij om.

Nawoord

Ik heb geen idee of ik de komende paar jaar overleef. Ik heb al vaker momenten gehad dat ik me goed, sterk, stabiel en robuust voelde en het daarna toch allemaal weer naar de klote ging. Ik ben helaas altijd maar twee slechte weken verwijderd van een gesloten afdeling.

Ik heb geen idee of de in dit boek geuite gedachten over mezelf en over muziek zullen groeien en bloeien en iets duurzaams en waardevols kunnen opleveren.

Maar ik heb sterk het gevoel dat ik een revolutie doormaak, zowel privé als in mijn werk.

De revolutie in mezelf houdt in dat ik alles wat ik meende te weten grondig heb heroverwogen en mezelf openstel voor ideeën die me vroeger voorkwamen als wezensvreemd, vals en onmogelijk. Het heeft veel tijd gekost en er zat een hoog, nauwelijks betaalbaar prijskaartje aan.

De revolutie om mij heen, in het vak waaraan ik mijn leven wijd, staat in de kinderschoenen. En ik heb het geluk een kleine bijdrage aan die strijd te kunnen leveren, samen met een paar anderen die net als ik de muziek willen bevrijden van de dictatuur van de klootzakken.

Jij kunt daar ook aan bijdragen, gewoon door naar muziek te luisteren. En dat misschien te delen met een vriend. Of met je kinderen. Allemaal heel loffelijk. En aardig.

Muziek kan een licht werpen op plaatsen die anders in duisternis gehuld blijven. Zoals die grote geniale gek Robert Schumann ons opdraagt: 'Licht verspreiden in het duister van het menselijk hart: dat is de taak van de kunstenaar!' Ik denk dat het de taak is van ons allemaal, wat we verder ook met onze tijd doen.

En zolang ik dat nastreef, kan ik toch tevreden in slaap vallen, of ik mezelf nu staande houd of niet.

Dankwoord

Er zijn zo veel mensen zonder wie ik hier, zeker weten, niet meer zou zijn. Ze hebben allemaal deel uitgemaakt van mijn leven, soms een paar uur of een paar dagen, soms jarenlang. Sommigen zijn onlosmakelijk met mijn bestaan verbonden, vanaf het eerste begin of later. Ik richt me bij het oplossen van mijn eigen shit vooral op mezelf, op wat ik zelf verkeerd doe, beter kan doen en volwassener moet aanpakken, maar het straalt af op anderen. Zo zijn veel van mijn relaties, zowel oude als nieuwe, opgebloeid en uitgegroeid tot iets wat ik een paar jaar geleden nooit had durven dromen. De waarheid is: zolang ik zelf groei, groeien mijn relaties ook.

Ik heb gekozen voor een vak (of misschien heeft het gekozen voor mij) dat gepaard gaat met de beklemmende en riskante realiteit dat ik vele uren alleen zit, in een klein kamertje of op een groot podium, in opperste concentratie, alleen met mijn gedachten en gevoelens. Niet echt goed voor iemand met een wankel mentaal evenwicht en een vrachtlading bizarre neurosen. Ik voel me afwisselend veilig, bang, gestrest en herboren. En soms, gek genoeg, allemaal tegelijk.

Onder de mensen in mijn naaste omgeving is er een kleine groep die mij overeind houdt en dankzij wie ik me veilig en gezond voel.

Mijn moeder, die me nooit de rug heeft toegekeerd, die

altijd haar best doet om er voor me te zijn als ik dat vraag, die me liefdevol blijft steunen en aanmoedigen.

Mijn beste vriend, die in alles het best is, de getuige bij mijn huwelijk, Matthew, wiens vrouw mijn wonden hechtte, die me meer dan eens naar het ziekenhuis heeft gereden, voor me heeft bemiddeld bij politie en artsen, voor mijn ex en mijn zoon heeft gezorgd, taken en verantwoordelijkheden op zich heeft genomen die niemand op zich zou hoeven te nemen, en dat alles altijd even voorkomend en liefdevol, zonder dat er ooit een klacht over zijn lippen kwam.

Sir David Tang, die me op mijn lange reis heeft gesubsidieerd, gesteund en geholpen in een mate die ik niet eens kan beginnen te beschrijven zonder hem tekort te doen. Hij is de gulste man die ik ken, en een van de meest bewonderenswaardige.

Benedict Cumberbatch, vijand van alle spellingcheckers ter wereld, die me zo vaak heeft vergast op zijn goede raad, vriendschap, films, etentjes en premières, zijn gezelschap en dubieuze modeadvies, zijn tijd en energie, zelfs al zat hij midden in de opnamen van de zoveelste honderd miljoen dollar kostende Hollywood-blockbuster. Op school kende ik hem als een kleine boekenwurm, een beetje een nerd, een stille, aardige jongen. Dat is hij nog steeds, hij is alleen niet klein meer. Hij is een reus onder de mensen en de meest getalenteerde acteur van zijn generatie.

Billy Shanahan is mijn arme, geduldige psychiater. Toen ik hem voor het eerst ontmoette (de laatste in een veel te lange rij therapeuten) was meteen duidelijk dat ik hem kon vertrouwen, omdat hij weet wat ik ook weet: dat het leven vluchtig en onbeschrijfelijk kwetsbaar is en dat er veel, veel, veel te veel mensen zijn voor wie zelfmoord een denkbare uitweg is. Hij is een van die zeldzame artsen die in staat lijken tot oprecht begrip en medeleven, en dat is een miljoen antidepressiva waard.

Derren Brown is, en ik zeg dit niet om te slijmen, werkelijk de sympathiekste man die ik ooit heb ontmoet. Hij staat al jarenlang voor me klaar, zowel zakelijk als privé. Hij heeft een groot hart en is waanzinnig, griezelig aardig, behulpzaam en in ieder opzicht volstrekt betrouwbaar. Mocht ik het in mijn carrière ooit zover schoppen als hij in de zijne, dan kan ik alleen maar hopen dat ik een fractie van zijn realiteitszin en bescheidenheid aan de dag kan leggen. Hij inspireert me meer dan ik kan zeggen.

Stephen Fry komt niet alleen spreken op onze bruiloft, hij is ook al tijden een ferm pleitbezorger van al wat goed is. Hij steekt voortdurend zijn nek uit over kwesties die schrijnend, verkeerd begrepen, ingewikkeld en belangrijk zijn. Als een van de weinige mensen die ik ken, is hij altijd volledig zichzelf, of hij nu thee met je drinkt of voor de camera staat te praten over manische depressie of homodiscriminatie. Met zijn advies, zijn steun en zijn waanzinnige intelligentie heeft hij vaak genoeg voorkomen dat mijn gepieker in een totale inzinking ontaardde. Hij is verdomme een held en de enige man voor wie ik homo zou worden.

Mijn Britse uitgever Canongate, die zich net als ik in maart 2014 geconfronteerd zag met de dreiging van een rechtszaak. Hoewel we alles hebben gedaan wat in onze macht lag om de zaak in der minne te schikken, werden we uiteindelijk toch gedwongen ons recht om dit boek te publiceren bij de rechter te bevechten. Ik zal Canongate altijd dankbaar zijn dat ze me in die keiharde, veertien maanden lange juridische strijd hebben bijgestaan. Je kunt je niet voorstellen hoe zwaar het was om dat vol te houden, maar tot mijn grote opluchting heb je nu een boek in handen dat op geen enkele wijze op grond van enige Britse gerechtelijke uitspraak is gecensureerd.

Denis Blais. Je hebt me van een nobody veranderd in een nobody met enige bekendheid, met vijf cd's, een hoop concerten, tv-programma's, een hele hoop media-aandacht, een boek, een dvd, wereldtournees en een tevreden bankmanager. En dat deed je behoedzaam, nuchter, zorgzaam en liefdevol. Je deed het ook als ik zeurde en zanikte, brulde, gilde, jankte en jammerde. Je hebt me niet één keer laten zakken. Jij bent verantwoordelijk voor alles wat mooi is in mijn carrière en alles wat waardevol is in mijn privéleven. Je bent mijn manager, advocaat, impresario, therapeut, verpleger, lijfwacht, fotograaf, filmer, schrijver, bankier, chef, gids, priester, schoonmaker, consultant, producent, vriend, kameraad en surrogaatvader. En we gaan samen verder op het pad dat we vijf jaar geleden zijn ingeslagen.

Jack. Mijn jongen. Jij bent altijd het belangrijkste in mijn leven geweest en zult dat altijd blijven. Ooit zul je misschien zelf vader worden en zul je dat begrijpen. Tot het zover is kan ik alleen maar zweren, bij alles wat me lief is, dat niets ook maar in de buurt komt van de liefde en trots die ik voor je voel. Jij bent mijn jong, het kleine ding dat ik in mijn armen hield en de fles gaf en knuffelde en dat groter is geworden en de wereld is gaan verkennen en is uitgegroeid tot een eigen, geweldige persoonlijkheid. Bij mij kun je altijd terecht, hier zul je altijd een thuis vinden, en je hoeft nooit te vrezen dat je werk moet doen waar je een hekel aan hebt, enkel omdat de hypotheek moet worden afgelost. Ik wil dat je alles kunt doen wat je voldoening schenkt en een glimlach op je gezicht brengt. Word wie je wil worden en weet dat ik niet trotser op je kan zijn dan ik al ben, gewoon trots op wie je bent. Meer dan enig ander ben jij mijn grootste bron van inspiratie, mijn absolute bron van vreugde.

En tot slot Hattie. Het is een waarheid die nog relatief nieuw voor me is, maar ik weet nu dat de liefde van een fijne vrouw de redding voor een man kan zijn. En jij bent zo veel meer dan een fijne vrouw. Jij bent dapper, onbekrompen, eigenzinnig en sprankelend. Je hebt een energie die mijn wereld en mijn hart ondersteboven gooit en doet tollen. In al je verrukkelijke mafheid straal je met iedere vezel, iedere porie van je lichaam bovenal een allesverzengende schoonheid uit. En ik hoop dat ik me altijd zal blijven verbazen over het enorme geluk dat ik jou aan mijn zijde heb. Ik wil altijd het gevoel blijven houden dat ik net dat kleine beetje tekortschiet, zodat ik des te meer mijn best voor je blijf doen. Ik wil continu het voorrecht verdienen om jouw man te zijn, continu laten zien dat mijn trouw aan jou, aan ons, voor mij op de allereerste plaats komt. Omdat ik van je hou. Ik hou zo fucking veel van je.

Er was eens een kwetsbare man. En hij kwam een kwetsbare vrouw tegen. Tot hun geluk beseften ze dat kwetsbaar plus kwetsbaar samen sterk is, dus zijn die twee mafketels met elkaar getrouwd. Omdat het waarlijk, werkelijk, onbetwistbaar en ontegenzeggelijk datgene is wat je moet doen. En op een dag kregen die twee hun eigen maffe kleine jonkies. En die maakten ze knettergek, zoals ouders altijd doen.

Appendix

'Verontwaardiging over Jimmy Savile verhult het feit dat onze cultuur pedofilie stimuleert. Geloof me, ik weet waar ik het over heb.'

***The Daily Telegraph* Culture Blog, 1 november 2012**

We lezen steeds meer over de gruwelijke dingen die hebben plaatsgevonden en het inmiddels onloochenbare feit dat anderen ervan op de hoogte waren, en we geven op luide toon uiting aan onze verontwaardiging. Daar zie je de vervelende, irritante kant van Twitter, de boulevardpers, de internetblogs en die luidruchtige, praatzieke kerel in de pub. De morele superioriteit. Dat woedende zelfvoldane geblaat van al die heilige boontjes.

Al die verontwaardiging helpt geen zier. Hoe vaak werd er niet 'dit nooit weer' geroepen en is het daarna toch gewoon weer gebeurd? Woorden als 'zedenmisdrijf' en 'misbruik' staan in geen verhouding tot de gruwelijke realiteit van kinderverkrachting. Laat staan de straffen die ervoor worden opgelegd. Je kunt langer in de cel belanden omdat je tegen iemand 'Ik maak je af' roept (maximaal tien jaar) dan voor seks met je eigen dochter van drie (maximaal zeven jaar). Dezelfde kranten die doodleuk foto's van zonnebadende meisjes van veertien publiceren en hen in seksueel getinte taal beschrijven, uiten nu luidkeels hun afschuw en verontwaardiging over de misdaden van Savile en Glitter en hun soort.

Om beroemdheden hangt hetzelfde waas van macht, gezag en geheimhouding als rond de kerk. Waarom zou je in godsnaam verbaasd zijn dat er in die kringen sprake is van seksueel misbruik? Het enige wat mij verbaast is dat mensen werkelijk verbaasd schijnen te zijn. Overal waar sprake is van macht is ook sprake van machtsmisbruik.

Ik ben vijf jaar lang misbruikt op school, minstens één leerkracht wist ervan en zelfs toen zij bij de schoolleiding haar zorgen had geuit, werd er niet ingegrepen en ging de verschrikking gewoon door.

We lezen zoiets en we denken 'vreselijk toch' en gaan weer verder met ons ontbijt. Niemand wil echt weten hoe het is. De fysieke verkrachting is nog maar het begin. Elke keer als het gebeurde, raakte ik een stukje van mezelf aan hem kwijt, tot er bijna niets meer van mij over leek dat nog echt was. En die stukjes van mezelf lijken met de jaren niet terug te komen. Wat al te vaak onvermeld blijft, wat geen aandacht en erkenning krijgt, is de last waarmee het slachtoffer wordt opgezadeld.

Ik heb daar al vaak over gesproken, maar een deel daarvan mag wel weer eens worden herhaald. Net zo lang tot zo veel mensen het gehoord hebben dat er harder aan gewerkt gaat worden om het een halt toe te roepen.

De gevolgen waarover ik al eerder heb geschreven. Zelfverminking. Depressie. Drugs- en alcoholgebruik. Herstel-operaties. Dwangneurosen. Dissociatieve persoonlijkheidsstoornis. Onvermogen tot normale relaties. Echtscheiding. Gedwongen opname. Hallucinaties (auditief en visueel). Hypervigilantie. Posttraumatische stressstoornis (PTSS). Schaamte en verwarring op seksueel gebied. Anorexia en andere eetstoornissen. Dat zijn nog maar een paar van mijn symptomen (of hoe je ze ook wilt noemen) als gevolg van chronisch seksueel misbruik. Ik heb er in het recente verleden allemaal mee te kampen gehad en met sommige problemen kamp ik nog steeds. En het misbruik waar ik slachtoffer van was, is alweer dertig jaar geleden. Ik zeg niet dat deze gevolgen onafwendbaar waren. Ik kan me voorstellen dat anderen iets soortgelijks doormaken en het grotendeels zonder kleerscheuren doorstaan. Ik zeg alleen: als je het leven ziet als een marathon, dan komt seksueel misbruik in de vroege jeugd erop neer dat je aan de start verschijnt met een geamputeerd been en een rugzak vol bakstenen.

Ik wil niet over dit soort dingen schrijven. Ik wil niet hoeven worstelen met de gevoelens van schaamte die zo'n onthulling met zich meebrengt. En ik heb geen zin in beschul digingen dat ik mijn verleden misbruik om albums te verkopen, dat ik me wentel in zelfmedelijden en een aandachtsjunk ben, al die verwijten die me al vaak naar het hoofd geslingerd zijn en ongetwijfeld nu weer zullen worden. Maar ik wil ook niet zwijgen of erger nog: het gevoel hebben dat ik eigenlijk moet zwijgen, terwijl onze hele cultuur (verder toch zo ongelofelijk hoog ontwikkeld) seksueel misbruik van kinderen in zo veel opzichten gedoogt, toestaat, stimuleert en zelfs toejuicht. Pedofilie oefent een duistere, vaag prikkelende fascinatie uit waar de pers zich meester van heeft gemaakt.

Het kan gewoon niet: enerzijds suggestieve foto's van kinderen op billboards en in tijdschriften, kinderondergoed met seksueel getinte plaatjes en teksten, kinky danceparty's waar iedereen in schooluniform gekleed gaat, en niet meer dan een taakstraf voor het downloaden van 'ongepaste' afbeeldingen. (Ongepast? Vloeken in de kerk is ongepast, dit is walgelijk.) En anderzijds die grote publieke verontwaardiging over Jimmy Savile. Dat valt gewoon niet met elkaar te rijmen.

Het gaat er niet om dat we censuur uitoefenen op de foto's die kranten publiceren en wat ze daarbij schrijven. (Typisch voorbeeld uit een tabloid: 'Met haar 15 jaar is Chloë Moretz al hard op weg een mode-icoon te worden. [...] De jonge blondine liep met een vriend over straat in een schattig grijsblauw mouwloos jarenvijftigbloesje waarvan ze de punten aan elkaar had geknoopt, zodat er nog net een streepje middenrif onderuit piepte.') Het gaat erom dat we minderjarigen beschermen die geen stem hebben, die nog niet alle gevolgen kunnen overzien en zich niet kunnen verdedigen.

Dit is allemaal al eerder gezegd. En er is niets wezenlijk veranderd. We vergeten het (wie wil hier steeds aan blijven denken?), we denken dat hard brullen onze collectieve schuld vermindert en iets kan verbeteren, we wijzen graag met het vingertje en vormen woedende menigtes. We schrijven 'vuile pedo' op de huizen van veroordeelde pedofielen (of mensen die we van pedofilie verdenken). Maar wat we moeten doen is onze ogen écht openen en dit gewoon niet langer tolereren, zoals we ook homofobie en racisme niet langer tolereren. We moeten met een beter aanbod komen van therapieën voor zowel slachtoffers als daders en mensen die neigingen hebben waardoor ze daders kunnen worden. We moeten de strafmaat voor deze delicten aanpassen en de hele kwestie met meer openheid en integriteit benaderen. Zo zwaar als nodig voor zo lang als nodig, dat moet de richtlijn zijn. Anders houden we, om dat toepasselijke cliché maar te gebruiken, de cirkel van misbruik in stand.

‘Eindelijk: de Classic Brit Awards ontmaskerd als misselijkmakende misdaad tegen de klassieke muziek’

***The Daily Telegraph* Culture Blog, 8 oktober 2012**

Paul Morley verdient een medaille. Deze muziekcriticus, een van de beste aller tijden, heeft genadeloos onthuld wat de Classic Brit Awards eigenlijk zijn: een overbodige, aanstootgevende, achterbakse en schadelijke schijnvertoning.

Hij zat vorige week in de Royal Albert Hall namens Sinfini, de nieuwe website voor klassieke muziek (ironisch genoeg gefinancierd door Universal), en beschrijft de verschrikking die zich daar voor hem ontvouwde. Morley verwoordt wat velen van ons in de wereld van de klassieke muziek al zo lang denken: ‘De manier waarop “klassieke muziek” hier werd opgetuigd in oubollige kroonluchterkitsch zal diegenen die gewoontegetrouw vooral naar popmuziek luisteren niet overhalen ook eens in dit genre te gaan grasduinen.’

Hij legt verder uit welke trucs de organisatoren gebruiken om kritiek op hun drijfveren weg te wuiven en hoe weinig het hele gala te maken heeft met klassieke muziek, of met muziek überhaupt.

Want dat is het punt: met muziek heeft het niets van doen. De mensen achter dit gala (een kongsi van radiobonzen, platenbonzen, pr-mannetjes, impresario’s, promotors en journalisten) zijn al jaren bezig om klassieke muziek te verwateren en te verminken: ze gooien het in een blender met sentimentele cross-over, filmsoundtracks, popopera en een flinke scheut hebzucht en proberen ons te overtuigen dat het mierzoete misselijkmakende resultaat daarvan ‘klassieke muziek’ is.

Ga snel naar Morleys blog op internet en lees en herlees zijn stuk, print het uit, lamineer het en stuur het dan naar het hoofd van ieder bedrijf dat zich inlaat met die hemeltergende baggerzooi van de Classic Brit Awards, vergezeld van een kaartje met de tekst: WAAR BEN JE NOU HELEMAAL MEE BEZIG?

Complimenten voor Sinfini dat ze het lef hadden om Morley zo'n stuk te laten schrijven. Het is vast ook geen toeval dat ze er een popjournalist naartoe stuurden. De meeste recensenten van klassieke muziek durven hun nek niet uit te steken, want het is een klein wereldje en ze weten dat ze persona non grata worden als ze kritiek leveren op de Brit Awards.

Ik wilde zelf al heel lang een stuk in deze trant schrijven, maar ik dacht altijd (althans: mijn manager zei altijd) dat ik dan het verwijt zou krijgen dat het geschreven was uit verbittering en afgunst, omdat ik nu eenmaal concertpianist ben en dus zelf op een nominatie uit zou zijn. Ik ben dit jaar ook uitgenodigd om het gala bij te wonen, maar mijn antwoord was dat ik nog liever in mijn handen zou sch(-)ten om vervolgens te applaudisseren dan weer zo'n avond uit te zitten. Vier jaar geleden was ik zo naïef om wel te gaan, en daarna heb ik gezworen dat nooit meer te doen. Ik heb eerlijk gezegd nog steeds traumatische flashbacks aan dat hele gebeuren. Ik heb me er nooit over uitgelaten, maar Morley inspireert mij om nu ook eens een boekje open te doen.

Dit prijzengala is in het leven geroepen door de brancheorganisatie BPI, en over de nominaties wordt gestemd door 'een genootschap van mensen uit de industrie, de media, de branchevereniging van de detailhandel, de leden van de vakbond van musici, advocaten, concertpromotors en leiders van orkesten'. Alleen het Album van het Jaar wordt gekozen door de luisteraars van Classic FM. Hoe haalden die lui het in hun hoofd dat het in het belang van de klassieke muziek was om Il Divo (het kwartet van cross-over 'opera'-zangers uit de stal van Simon Cowell) in 2011 uit te roepen tot 'artiest van het decennium'? Van het *decennium*. De meest fenomenale klassieke musicus van DE AFGELOPEN TIEN JAAR is dus een zanggroep met een operasausje, bedacht, gevormd en gemanaged door Simon Cowell! Niet Claudio Abbado, Martha Argerich, Stephen Hough, Gustavo Dudamel, Sir Simon Rattle of een van de duizend andere internationaal bejubelde échte klassieke musici, die decennialang hebben gezwoegd, geploeterd, gerepeteerd en gestudeerd om hun talent zodanig te ontwikkelen en te verfijnen dat ze nu graag geziene gasten zijn in Salzburg en Verbier, op de Proms en in Carnegie Hall. Nee, zo'n gefotoshopt, zonnebankbruin, hagelwitte tanden blootlachend, nepklassiek Frankenstein-monster van een bij elkaar geraapte zanggroep.

Wie zijn die lui, dat ze het publiek willen wijsmaken dat Katherine Jenkins een echte operazangeres is, dat Russell Watson echt een week in Covent Garden zou kunnen staan, dat Ludovico Einaudi tot dezelfde wereld behoort als Benjamin Britten, dat André Rieu, Andrew Lloyd Webber en Andrea Bocelli tot de grootste nog levende klassieke musici behoren? Wanneer heeft MasterCard besloten om jaar in jaar uit een kliek te sponsoren die ons het muzikale equivalent van Kentucky Fried Chicken door de strot ramt?

Met een flinke emmer antidepressiva en een geduldige psychiater zou het me misschien lukken om dit van me af te zetten, als het alleen maar een kwestie was van naïviteit bij de organisatoren, of als het op zijn minst goed bedoeld was. Maar dat is niet zo. Ik ben ervan overtuigd dat we hier te maken hebben met een doelgericht, weldoordacht en uitgekookt plan om jaar na jaar, track na track, album na album op het publiek te blijven inhakken tot het op den duur werkelijk gelooft dat er in de klassieke muziek geen onderscheid bestaat tussen Russell Watson en Caruso. Dat je Howard Shore en Beethoven best vol ontzag in één adem kunt noemen. Dat Myleene Klass en Vladimir Horowitz gewoon allebei pianisten zijn.

Ik word daar kotsmisselijk van. Ik word zo witheet dat ik ook genoeg krijg van al dat geblaat over de problemen waar de klassieke muziek in verkeert. Jullie ZIJN GODVERDOMME ZELF HET PROBLEEM. Klassieke muziek is altijd muziek voor het volk geweest. Het is goedkoop (in de cd-winkel kun je voor een prikje allerlei verzameldozen vinden) en laagdrempelig (via Spotify kun je op elke computer met een internetverbinding een schier oneindige hoeveelheid klassieke muziek beluisteren) en het kan je leven op briljante, overdonderende, schokkende wijze op zijn kop zetten. *The Phantom of the Opera* (tijdens de Brit Awards met verve gespeeld) heeft zijn charme, maar het is natuurlijk geen *Figaro*. En als je Gary Barlow, Andrew Lloyd Webber en André Rieu op hetzelfde podium zet waar de Proms plaatsvinden en doet alsof zij klassieke musici zijn, dan beledig je niet alleen de klassieke muziek maar beledig je ons. Ons allemaal.

Ik snap wel dat je nu even de kans krijgt om te schitteren. Dat dit in jullie ogen je enige kans is om een beetje aan te schurken tegen de echte Brit Awards voor populaire muziek. Dat je hiermee op tv komt (en niet eens achter de decoder, zij het wel pas op zondagavond elf uur), dat je over de rode loper mag lopen en naar de paparazzi mag lachen (die geen flauw idee hebben wie of wat je bent), dat je één enkele, gênante avond lang even kunt denken dat je ertoe doet, dat je lekker bezig bent. Maar dat ben je niet.

Het is een onweerlegbaar feit dat we over driehonderd jaar nog steeds zullen luisteren naar en praten over Bach, Beethoven, Chopin en al die anderen. Stel dat eens centraal. Zing daar de lof van. Dat is een schitterende, diepe, geestverruimende, weergaloze waarheid. Ga die niet bezoedelen omdat je zo nodig aan je eigenwaarde wil werken. Je zelfhaat bestrijden doe je maar in je eigen tijd. Wij willen echte muziek. Kijk eens goed naar de Gramophone Awards of de BBC Music Magazine Awards, de echte Oscars en Emmy's van de klassieke muziek, waar echte klassieke musici in het zonnetje worden gezet. Dat is hoe het hoort.

Want het is helemaal niet nodig om het aan te pakken zoals ze het bij de Classic Brits doen. De boodschap van dat monsterlijke spektakel is eigenlijk dat jan met de pet te bot, te ongecultiveerd en te stom is om een mooi gespeelde mazurka van Chopin, een concert van Mendelssohn of een sonate van Beethoven in zijn geheel aan te kunnen. Dat je de mensen een paar klassieke kruimels uit bekende reclamespotjes moet voorzetten, compleet met funky belichting, een blitse podiumpresentatie en musicalglitter, en ze moet wijsmaken dat dat klassieke muziek is. Die mentaliteit is onvergeeflijk, juist bij mensen die eigenlijk ambassadeurs voor de klassieke muziek zouden moeten zijn. Maar nee, jullie blijven het genre liever uithollen en verkrachten tot er helemaal niets meer van over is. En ondanks alle loze praatjes over het vinden van een breder publiek is dat het enige wat jullie ons nalaten.

'Wat klassieke muziek nodig heeft: geen awards maar klysma'

The Guardian Culture Blog, 18 september 2013

De wereld van de klassieke muziek heeft weinig glamour. Je verdient er bijna geen flikker en moet meestal ook nog achter je geld aan zitten. De mensen die het in die wereld voor het zeggen hebben, leven grotendeels nog in de jaren dertig en zijn behept met een chronisch onbegrip voor iedereen die na 1960 is geboren. De industrie bestaat uit enerzijds geldwolven (die voor geld overal toe bereid zijn, zelfs het onherkenbaar verminken van hun eigen muziek) en anderzijds het volkje van de 'bloedzuiveren': de ariërs van de muziekwereld, die de muziek willen voorbehouden aan hen die er intelligent en verheven genoeg voor zijn.

Ondertussen wordt die muziek met veel poeha gepresenteerd op een wijze die achterhaald en aanstootgevend is en waar de wereldvreemdheid en arrogantie vanaf druipen. Maar in plaats van daar iets aan te veranderen reageert men als een ongemanierd dik kind dat op school werd gepest en zijn zelfvertrouwen steevast op de verkeerde manier probeert op te vijzelen. Een prijzengala voor de klassieke-muziekindustrie (voor de industrie, niet voor de luisteraars): op papier klonk het vast geweldig. Maar helaas, het snobisme en de zelfbevlekking van de zichzelf feliciterende incrowd die zich voorstaat op zijn voorliefde voor Varèse en Xenakis vergroten slechts de kloof tussen alles waar klassieke muziek écht om gaat en dat wat de lui achter de schermen belangrijk vinden.

De Gramophone Awards zijn een treffend voorbeeld. Allereerst verdienen ze felicitaties, en niet zo'n klein beetje ook, omdat ze tegenwicht bieden aan de Classic Brit Awards. Want dááraan wil ik verder geen millimeter krantenpapier vuilmaken, behalve om te zeggen dat ik nog liever mijn geld zou verdienen met het maken van clownporno dan daaraan mee te doen. Daarbij wil ik wel een van de belangrijkste genomineerden van dit jaar noemen: naast Alfie Boe en Katherine Jenkins was dat Richard Clayderman, wiens album *Romantique* (de titel alleen al) werd genomineerd voor Album van het Jaar. Het bevat een medley uit *Les Miserables* en Claydermans eigen onnavolgbare transcriptie van 'You Raise Me Up'. Als je meer wilt weten van klassieke muziek kun je nog beter naalden in je oren steken of jezelf volproppen met meth.

Maar goed, de Gramophone Awards. Ik ben dol op het tijdschrift *Gramophone*. Ik ben abonnee en koop iedere maand weer voor minstens vijftig pond aan cd's na het lezen van hun recensies. Zoals een liefhebber van modeltreinen in een Hornby-winkel helemaal uit zijn dak kan gaan met het laatste nummer (in maagdelijke staat!) van *Heritage Railway*, zo ga ik uit mijn dak als ik lees over een nieuwe opname van een werk van Rachmaninov door de zoveelste geniale Russische pianist. Het is zoiets als een popblaadje voor de sociaal minder vaardige klassieke-muziekfan, niet meer en niet minder. Op de schaal van eerste levensbehoeften zweeft het ergens tussen pindakaas en vochtig toiletpapier: heel fijn dat het er is, maar je kunt ook zonder.

Heel anders dan bij de verfoeilijke Brit Awards worden bij de Gramophones serieuze klassieke musici in het zonnetje gezet: Sir John Eliot Gardiner, Steven Osborne, Antonio Pappano en diverse anderen kregen dit jaar een dik verdiende prijs. Dat is heel mooi. Als Osborne en Pappano voetballers waren geweest, zou iedereen ze kennen. Maar dat zijn ze niet. En alle ceremonieel vertoon van dit prijzencircus ten spijt doet de muziekindustrie ook bijna niets om te zorgen dat ze die status en erkenning krijgen.

Behalve om een enkel grapje voor insiders werd er nauwelijks gelachen, de dankredes waren stijfjes en slecht geschreven en nergens werd een gebaar gemaakt naar mogelijke geïnteresseerden van buiten het wereldje zelf. Dit prijzengala draaide weer eens helemaal om Onszelf. We feliciteren Onszelf, zetten Onszelf in het zonnetje en vinden Onszelf o zo belangrijk, en de muziek blijft het unieke domein van een klein groepje. We trekken weer een lekker hoge muur op tussen muziek en publiek. Beelden van een webcam in het Lagerhuis zouden nog boeiender zijn dan een tv-uitzending van het gala van gisteravond, áls dat door een godswonder op tv zou worden uitgezonden.

Het probleem met klassieke muziek is dat de hele industrie zich zo diep voor zichzelf schaamt. Omdat kunst wordt beschouwd als een verwijfd en wereldvreemd tijdverdrijf van de bevoorrechte klasse, schiet de industrie door in de neiging zichzelf te verontschuldigen voor haar bestaan. Klassiek als genre is onderhand het muzikale equivalent van wat ik 'jasturberen' noem: janken terwijl je je zit af te rukken, uit schaamte voor waar je aan denkt. En ach, ik zou erom kunnen lachen en weer gewoon achter mijn pianootje kruipen om verder te gaan met studeren, als ik het niet zo hartverscheurend vond. De erfenis waarmee dit ons opzadelt, de tol die we hiervoor uiteindelijk moeten betalen, is te verontrustend om te negeren.

E.M. Forster omschreef een symfonie van Beethoven als 'het meest sublieme lawaai dat het oor van de mens ooit binnendrong'. Goethe noemde architectuur 'gestolde muziek'. Klassieke muziek heeft de eeuwen doorstaan omdat ze een niet-aflatend, onfeilbaar, zielverzengend vermogen heeft ons allemaal mee te nemen op een reis naar zelfinzicht en zelfverbetering – iets waarvoor je verder alleen terecht schijnt te kunnen bij Simon Cowell ofwel Deepak Chopra. Dat is geen luxe maar een grondrecht. En vooruit, op het gevaar af dat ik nu klink als een nuffige moeder die een kinderpartijtje tot de orde roept: de industrie achter de musici verpest het voor de rest.

Dat onmachtige geblaat over 'een jong publiek bereiken', die beschamende trots waarmee Classic FM aankondigt dat ze een stuk gaan draaien dat wel twaalf minuten duurt ('ons grote werk na zes uur vanavond'), die eindeloze reeks radioprogramma's over 'klassieke muziek' die vooral over filmmuziek gaan, de totale segregatie van klassieke muziek op radio en tv en in de pers, de onontkoombare Classic FM Hall of Fame, de compilatie-cd's met 'het beste van', die eeuwige ouverture 1812 van Tsjaikovski met zijn kanonschoten (denk aan je hart, veteranen!). Beetje bij beetje vreet het de fundering weg onder wat klassieke muziek nu juist zo oneindig mooi en fantastisch maakt.

Gisteravond kregen we een irritant virtuoos optreden van Benjamin Grosvenor (hij is echt zo goed als ze zeggen) en een dankrede van Julian Bream voor zijn Lifetime Achievement Award, waarin hij zich liet kennen als een toffe gast die te midden van al deze geestelijke armoe eindelijk een menselijk geluid liet horen. Maar verder was het vooral veel wezenloze pracht en praal. Alleen maar blanke mensen in de zaal (afgezien van het bedienend personeel), likeurtjes en lamsvlees voor gasten die continu met hun smartphone in de weer waren, muziek uit speakers op het volume van liftmuziek (serieus: als ze bij de Gramophone Awards al muziek draaien op zo'n volume dat je er niets van hoort, kun je toch alle hoop wel laten varen?) en een lucht zo zwaar van de verveling dat je er bijna in stikte.

Als onze politici blijven bezuinigen op kunst zonder dat iemand ze ter verantwoording roept, wordt het toch tijd dat de sector zelf eens de mouwen opstroopt en het roer omgooit. Jezus: Beethoven gruwde zo van de manier waarop met musici en componisten werd gesold dat hij het vertikte zich nog langer als voetveeg te laten behandelen. Hij trapte deuren in, legde bommen onder de stoel van zijn publiek en eiste onbeschroomd zijn plaats op als de man die het tijdperk van de Romantiek inluidde. Het enige wat wij tegenwoordig doen, is een clubje insiders in een koud, donker hok vier uur lang de gelegenheid geven zich klem te zuipen met goedkope wijn.

Hoe groot mijn bewondering voor Steven Osborne, Zoltán Kocsis en de andere fantastische Gramophone-laureaten van 2013 ook is, de prijsuitreiking van gisteravond heeft niets maar dan ook niets gedaan voor de beeldvorming of de toekomst van de klassieke muziek. Ik was liever thuisgebleven om naar Glenn Gould te luisteren.